JN431911

제도 너머의 문학

남기택 평론집

북스힐

책머리에

이번 평론집을 관통하는 문제의식은 문학 제도에 관한 것이다. 여기서 제도라는 말은 문학 행위에 수반되는 전반적인 형식을 통칭하는 개념으로 사용하고자 했다. 예컨대 근대적 문학 개념 자체가 제도적인 것이다. 한국 문학장에서 작가는 등단이라는 제도적 절차를 거쳐야 해당 행위의 전문성을 부여받으며, 개별 텍스트 역시 매체라는 제도에 의해서 생산 및 유통된다. 이러한 제도적 형식은 일종의 문학 공준으로 기능하고 있는 셈인데, 그것이 지극히 상대적인 질서라는 점에서 여러 시의성을 산파하기도 한다.

예컨대 이 책에서도 다루고 있는 심연수의 경우를 보면 문학 제도와 관련된 상상이 텍스트의 다양성을 실증하는 주요 방법론일 수 있음이 쉽게 증거된다. 본문에도 썼듯이 근대적 의미의 문학은 곧 매체의 문학이라 비유할 수 있다. 오늘날의 문학이 근대라는 제도와 더불어 존재하는 이상 잡지나 단행본 같은 출판 시스템과 불가분의 관계 하에 놓인다. 신문학 초창기를 이끈 계몽 매체나 한국 문학장의 초석을 다진 1920년대의 동인지 문단은 고전적 예시에 해당될 것이다. 한편 그런 정의가 심연수에게는 적용될 수 없다. 그에게는 출판자본이나 제도에 의해 결과된 정본으로서의 텍스트가 생전에는 존재하지 않았다. 그렇다면 심연수는 시인인가 그렇지 않은가?

심연수 육필 원고는 본격 문학작품으로부터 산문, 일기, 편지, 노트 등 다양한 형태를 포괄한다. 심연수의 육필 원고와 방대한 기록들은 유족들에 의해 생생히 보존되어 있다. 이 자료들은 삶과 예술의 일치라고 하는 문학 본연의 가치를 실천했던 개성적 사례를 증거한다. 나아가 1930-1940년대 디아스포라의 삶을 살아야 했던 우리 민족의 구체적 실정을 추론할 수 있는 유산이기도 하다. 삶을 반영하는 예술이라는 원론적 관점으로 볼 때 심연수와 같이 생생하고도 다채로운 흔적을 보여주는 사례는 찾아보기 어려울 정도다. 주목해야 할 문학적 실정일 것이다.

문학이 제도적이라는 명제는 이 평론집 스스로가 증거하는 바와 같다. 강원문화재단의 지원을 받아 어떻게든 해당 기간 안에 책을 만들어야 한다. 그뿐만이랴. 창작을 위시한 문학 담론은 전문 시스템과 출판자본을 전제하고 있다. 등단이라는 제도는 여전히 한국 문학장의 통과의례로 기능하는 중이다. 문학장 내부에 구조화된 문단권력과 상징자본은 공공연한 사실이다. 오늘날 문학 활동이 미적 자율성에 기반한 제도적 범주 아래에서 작동한다는 점을 부정할 수 없다. 이런 전제는 하나의 역설을 동반하는데, 제도라는 것이 각 사회구성체마다 다양한 형태로 분파되기 마련인 만큼 문학 담론의 공준이라는 것도 지극히 상대적일 수밖에 없다. 한국 문단이라는 경계를 조금만 넘어서 보자면 우리 모두는 지극한 특수성이요 변방일 뿐이다.

이 평론집이 한국 문학장 외부의 질서와 텍스트들에 주목하려 한 이유는 이러한 문제의식과 무관하지 않다. 문학장 제도뿐만이 아니라 미적 공준의 개방을 향한 실천적 노력들에 응답하고자 노력했다. 지금도 드러나지 않는 많은 작가와 작품들이 삶의 일부로서 문학을 현전하기를 자처하고 있다. 진정성보다 포즈가 앞선 예들도 무수할 것이다. 기존의 미학적·제도적 수월성으로 포착되지 못하는 작품들은 소위 지역 문단에 헤아릴 수 없이 많다. 이는 지정학적 위치와는 무관한 실정이다. 자기만족적 텍스트는 필자가 주로 정위하는 강원 영동권에도, 최근 3년간 주말에 거주했던 서울 서초동에도, 강남 한복판에도 즐비하다. 다양한 포즈들로써 문학의 가치와 한국문학의 총량이 구성되는 것이라면, 평론은 그 공과를 가감없이 드러내도록 노력해야 할 줄 안다.

이 책 1부는 '문학이라는 제도'라고 표제를 건 후 문학적 문제화와 경계의 층위를 다룬다. 다양한 지역의 문학장 실정을 일부라도 포착해 드러내고자 했다. 2부는 '경계와 경계 너머'라는 표제가 함의하는 바대로 우리 시대의 중층적 상상을 소개하였다. 주로는 시세계를 다루지만 산문집이나 장편소설을 포함시켜서 이 책 스스로의 경계가 확대되기를 바랐다. 3부는 '서정의 본령과 확장'이라는 표제로 제반 시집의 경향을 다뤘다. 시집들을 보면서 기존 서정의 영역이 확장되는 양상에 주목하고자 했다.

이 책에서 다룰 구체적 대상으로는 필자가 주목해 온 강원권 문학장 양상을 염두에 두었지만, 그 밖에도 문학 제도나 미학의 경계 재구에 관련된 단상을 두루 포괄하였다. 혹여 강원권 문학장의 실정에 대해 관심 있는 독자라면, 이 평론집이 필자가 작업해 온 기존의 결과물들과 연동되어 있다는 점을 참고해 주셨으면 한다. 즉 『강원영동지역문학의 정체와 전망』(청운, 2013), 『강원영동지역 근현대 문학사료 연구』(심지, 2016), 『지역학으로서의 문학』(삼경문화사, 2020) 등으로 제출되었던 기타 논거들은 이 평론집이 다루지 못한 관련 현황의 결락을 사후적으로 보완하고 있다.

부족함이 많은 글들을 보기 좋은 책으로 완성해 주신 북스힐 출판사에 깊이 감사드린다.

2020. 11.
언장골 서재에서
남기택

차 례

3부 서정의 본령과 확장

1부

문학이라는 제도

문학적 문제화의 층위

01

당대를 지배하는 이데올로기의 폭력적 위계를 분석한 뒤 푸코가 이어갔던 작업은 서구 지식과 문화의 발생론적 기원을 해부하는 일이었다. 고대 사상의 묘파 과정에서 도출한 '파레시아', 즉 '진실을 말하는 용기' 개념은 푸코의 후기 사유를 대변한다. 여기에서 그가 강조하려고 한 바는 지식의 윤리적 태도와 관련된다.(미셸 푸코, 오트르망 역, 『담론과 진실』, 동녘, 2017) 고대의 에피스테메가 객관적 진리를 향하는 현자의 태도로부터 그리스도교적 종교 공동체의 위상과 결부된 목자의 그것으로 전이되는 과정은 역사의 우연이자 필연이었을 것이다.(나카야마 겐, 전혜리 역, 『현자와 목자: 푸코와 파레시아』, 그린비, 2016) 푸코의 제언 속에는 보편화된 문화와 지식이 내재한 일종의 발생론적 결절이 적시되어 있다. 그 매듭을 가치판단하는 기준은 다양하겠지만, 개인의 정동과 공동체 단위의 가치를 아우르는 윤리적 태도가 어느 무엇보다 의미 있는 기제이리라 본다. 여기에는 특정 집단이나 세력의 이해관계로부터 자유로운 계보학적 시선이 전제되어야 한다.

그런 관점에서 따지자면 우리 시대의 지식이라는 것도 당대 권력의 원천이자 부속물일 수 있음을 부정하기 어렵다. 시학을 위시한 문학의 담론 역시 예외일 수 없다. 더더욱 한국 사회의 물적 토대를 구성할 모더니티라는 제도가 식민화된 제도의 폭력으로부터 비롯되었던 선험적 모순은 회의의 수위를 더하는 요인일 것이다. 지적 의문과 반성이 우리 시의 전통적 경향 중 하나라는 사실은 결코 우연이 아니다.

> 오 죽어 있는 방대한 서책들
>
> 너를 보는 설움은 피폐한 고향의 설움일지도 모른다
> 예언자가 나지 않는 거리로 창이 난 이 도서관은
> 창설의 의도부터가 풍자적이었는지도 모른다
>
> —김수영, 「국립도서관」 부분

『달나라의 장난』(1959)에 수록된 이 작품의 창작일은 1955년으로 부기되어 있다. 시를 쓸 무렵의 김수영이 본 국립도서관은 오늘날 국립중앙도서관의 초기 형태였다. 근대 최초의 국립도서관은 1945년 10월, 서울 중구 소곡동에 있던 조선 총독부 도서관을 재개관한 것이다. 하드웨어의 차원이긴 하지만, 식민 시대의 유산을 국가 지식의 보고로 삼은 셈이니 그 자체가 하나의 아이러니에 비견될 법하다. 이 작품에서 김수영의 반성은 세대와 시대 간의 간극으로 확장된다. 단순한 의미로 환원될 수 없는 다층적 문제의식을 함의하고 있음이 분명하다. 무엇보다 서책 혹은 도서관이라는 상징, 지식에 대한 풍자와 요설이 핵심 화소로 각인된다. 이는 사변을 통한 지적 회의의 공론화요 주관적 장르인 서정시가 공동체의 가치를 문제화하는 방식일 수 있다. 지식과 사유를 정면으로 다루는 이러한 태도는 김수영식 시적 반성을 적실히 전조한다. 또한 그 같은 아비투스는 우리 시대의 문학적 상상력이 형성하는 주요한 흐름이자 하나의 계보라 하겠다.

이 글의 문제화라는 표현은 특정 쟁점을 야기할 만한 요소라고 하는 사전적 의미와 다르지 않다. 한편 어떤 상황이 실재와 맺는 관계를 부각시키기 위한 푸코식 방법론의 시적 전유이고자 한다. 21세기에 이르러 김수영과 같은 문제화의 예시는 다양한 지류로 분화되었다. 이들 양상을 내적 반성의 범주로 묶으려는 시도는 일반화의 오류를 동반할지 모른다. 그런 위험을 무릎쓰고, 작금의 시단은 개인의 정동과 공동체의 가치를 아우르는 이미지를 이미 스스로 생산하고 있다. 사적 적멸의 순간으로부터 정치사회적 사건을 전유하는, 개체의 운명과 존재 너머를 지시하려는 고투의 시화가 우리 곁에 있다. 개성의 미학이 견고히 유지하는 경계 속에서도, 동일성의 장르라는 서정시의 운명을 딛고, 주체의 경계를 확장하고 타자의 공동체를 구성하기 위한 정동의 모험. 윤리적 시학의 내면화라고 부를 만한 이 과제와 길항하는 유산이 여전하기만 하다.

02

시대의 성숙은 사유의 깊이를 부른다. 다단했던 시국은 극적인 상황을 연출해 주었다. 지난 2010년대 후반은 이른바 탄핵 정국을 지나며 새롭게 성립된 정부가 그 뜻과 의지를 정착해 나간 시기로 보아도 무방할 듯하다. 이와 연동되는 다양한 사건이 한반도 주변을 관통해 지나갔다. 2010년대 후반은 그러한 정세를 갈무리하고 새로운 도약의 분기점을 준비해야만 했다. 극적 계기는 정치적 격동의 차원만이 아니었다. 미투 운동으로 상징되는 패러다임 변화는 윤리의 기준을 발본적으로 재구성하는 중이다. 오늘날의 문화적 지평은 그야말로 다양성의 시대를 증거하고 있다. 문학은 이들 지양의 순간을 내면으로 변주해야 한다.

2000년대 이후의 시편들이 보여준 개성은 문학장이 그간 거느려 온 공준을 넘어서고 있음을 충분히 입증하였다. 2010년대 후반의 시적 다양성 역시 문학의 현실 수용과 감각적 반응을 그 자체로 증거하는 결과들이라 하겠다. 그럼에도 불구하고 무늬만 다를 뿐인 갈등, 인간에 부여된 존재론적 한계는 여전히 시작의 상수일 수밖에 없다. 그리하여 반성의 사유는 시단의 주류 경향으로 이어졌다. 이상 기온과 먼지 속에서도 진지한 성찰의 시어들이 오롯하다. 낮은 침잠은 겨울이라는 시간이 지닌 생리와 조응하는 일종의 천성일 수도 있겠다.

허리 굽은 할아버지들
정자 안에 모여 앉아
우왈좌알 떠드는 소리 들린다

나도 저렇게 모여 앉아
좌알우알 떠드는 날이 있겠지
꼬부랑 깽깽 할아버지가 되어.

—이은봉, 「개운산 공원」(『시정신』 1, 2018) 부분

시적 반성의 다양한 층위 중에서도 가장 먼저 주목되는 차원은 개인적 성찰의 양상이다. 어느 시인이든 시작 과정에서 인간의 존재론적 한계를 깨닫는 순간과 대면하게 된다. 적멸을 향하는 삶의 운명은 선험적으로 비극적일 수밖에 없다. 이 작품은 일상적인 삶의 풍경 앞에서 우연히 마주한 발견의 순간을 적나라하게 그린다. 형식적으로는 설명 투의 진술로써 삶의 의미를 이미지화하는 보편적 방식을 보여주고 있다. 특별한 기교를 통해 시적 효과를 운산하지 않는, 이른바 생활시의 전형이라 할 만하다. 우리 시단의 많은 경향들이 이러한 작시법을 따른다. 그 평범한 시어를 특별히 인용하는 데에는 배경 차원에서의 설명을 부기해야만 한다.

정년을 맞아 대학 강단을 떠난 시인은 낙향하여 관련 지역의 문단에서 시작 활동을 이어가는 중이다. '공원'은 정신없던 생활의 무대를 벗어난 주체들에게 다가오는 여유의 장소를 대변할 수 있다. 어느 순간 우리는 "우왈좌알"이든 "좌알우알"이든—'왈'이나 '알'은 오기일지 모르나 원문 표기 그대로이다—사변으로써 생활을 대신하는 혹은 유적 존재를 실현하는 시간을 맞게 될 것이다. 현실의 비루함 속에는 생의 본성이 담긴다. 시의 장르적 조건이라 할 미적 거리를 외형상으로 추구하지 않아도 좋다. 서툰 의장일지라도 모든 시어는 언어가 곧 존재의 집이라는 근본 명제를 에둘러 증거하고 있다.

그러한 생활의 시간마저 지나가 버린다면, 결국 적멸의 순간에 이르게

된다. 언제나 그렇지만 2010년대는 역시 한국 문단의 소중한 인연들과 이별한 아쉬운 해이기도 하였다. 그렇게 떠나간 한 시인은 "인간이란 언제나 기별의 기척일 뿐"(허수경, 「빙하기의 역」)이라고 노래한 바 있다. 시 「당신, 어둡고도 환한」(김지윤, 『문학사상』 2018년 11월호)이나 산문 「너와, 걸었다」(박경희, 『문학동네』 2018년 겨울호) 등을 위시하여 여기저기서 제출된 그에 대한 비망록들은, 비록 기척뿐일지라도, 떠나간 이의 문학적 삶과 그 진정성에 보내는 안타까운 기별이었다. 그렇듯 시는 부박한 삶의 운명 앞에서 개인과 타자를 위무하는 미학적 포즈를 드러낸다. 이러한 사적 문제화들은 자기만족적인 시학을 넘어서서 윤리적 공동체를 상상하기 위한 자양분일 것이다.

> 첫 눈이 온다, 아!
> 이 눈이 우리를 데려다 주리라
> 종전과 평화, 자유와 평등에게로
> 들어보라
> 어둠이 바람에 날리는 소리가 들리는가
> 판문점이 열리고
> 감시초소가 폭파되고
> 철길이 이어지고
> 끝끝내
> 꽁꽁 닫혔던 마음까지
>
> —안현미, 「흰 눈이 우리를 데려다 주리라」
> (『ASIA』 2018년 겨울호) 부분

사회적 질곡을 전유하는 반성의 층위 역시 빈번한 양상으로 부각되고 있다. 이 작품에는 '이란의 시인 포루그 파로흐자드풍으로'라는 부제가 달린다. 시인이자 영화감독으로서 파격적인 삶을 살다 요절한 포루그 파로흐자드는 밤과 어둠을 내면화한 그녀의 역작 「바람이 우리를 데려다 주리라」를 남겼다. 위 작품은 포루그의 시작 형식은 물론 밤과 어둠이라는 적멸의 대상을 사회적 기제로 확장시켜 투사하는 형국이다. 2010년대 후반 한반도 기류 변화는 전 세계적 관심을 끌어모았다. 화자는 20세기의 이데올로기적 갈등을 상징했던 남북한 군사 대립이 해소되어 가는 장면을 응시한다. 작품이 수록된 매체가 내건 'ASIA'라는 표상이 규정한 성격이기도 하겠지만, 국가 간 경계를 넘나들며 시의 양태를 변주하려는 의도가 엿보인다.

포루그에 대한 오마주는 압바스 키아로스타미의 영화 〈바람이 우리를 데려다 주리라〉(1999)가 대표적인 선행 사례이다. 이 작품은 자연을 배경으로 삶과 죽음이 공존하는 이미지를 한 편의 영화적 서사로 훌륭히 재현한 바 있다. 전형적인 시골 마을에서 죽음을 앞둔 노파의 장면을 특종 취재하려는 기자의 기획은 끝내 전도되고 만다. 영화의 순간들은 삶 속에 죽음이 있고 죽음을 통해 삶을 발견하는 과정을 잔잔히 그리며, 그 의미를 인간의 제도화된 감각으로 전이시킨다. 죽음으로써 존재를 감각케 하는 형국일지 모른다. 어떤 시인의 눈에는 이것이 "베어 버리려다 그냥 둔 죽은 나무/ 죽은 나무에는 죽음이 살아 있다"(함민복, 「죽은 나무」, 『신생』 2018년 겨울호)는 발견이었을 것이다. 죽음 속에 살아 있는 죽음이라니! 그런 감각과 정동이 사회적 관계로 확대될 수 없을까. 「흰 눈이 우리를 데려다 주리라」는 분단과 대립 역시 흰 눈처럼 빛나며 동시에 사라지는 순간을 생성하고자 한다.

개인적이고 사회적인 반성의 양상이라고 살핀 이러한 시편들이 지닌 문제점 중 하나는 상쇄된 미적 거리일 것이다. 거대담론의 시대가 해체된 이래 형식상 파격은 한국 시단의 큰 개성이자 미학적 자질로 거론되고 있다. 이른바 반영론적 시학에 입각한 생활의 시편들은 이미 매너리즘이 되었다. 하지만 일상적인 어법이 미적 거리의 기능을 상쇄한다는 등식 역시 상투적인 판단이다. 언어의 물성을 재현코자 하는 시어의 궁극적 기능은 통사적 개성 혹은 기호의 반문법적 배치로부터 비롯되는 것이 아니다.

시학의 중심 과제라 할 언어의 현대성은 기표의 파격이 아닌 미적 인식을 유발하는 내밀한 운산에 관건이 놓인다. 그 토대에 핍진한 경험이 전제되어야 함은 비단 예술의 감각에 국한되지 않는다. 따라서 미적 거리를 문법 질서의 괴리나 구문 운용의 이질감으로부터 발단코자 하는 태도는 언어 공동체의 보편적 감각을 벗어난 자의적이고 미시적인 욕망일 수밖에 없다. 구체적 경험과 일상어의 상호 지양이 이르게 될 미학적 지평은 창작자나 수용자 모두에게 요구되는 항상적 숙의 대상이다.

03

주체의 반성은 때로 인간이라는 개체 범주를 넘어서고자 한다. 이는 개인은 물론 그 집합으로서의 사회적 반성 수준을 초월하는, 이른바 존재론적 사유의 층위를 형성한다. 예컨대, “쉼 없이 강가로 모여드는 거품들/ 말하자면, 오수의 그늘이 나의 힘이다// 살아있음으로/ 나는 매일매일 격렬하다/ 기꺼이 하수다”(함순례, 「나는 하수다」, 『세종시마루』 1, 2018)라고 할 때, 화자의 신체는 물로 치환된다. 기꺼이 하수가 되겠노라는 다짐 속에는 스스로가 오염된 찌꺼기(下水)이자 한 수준 낮은 존재(下手)임을 긍정하는 태도가 담겨 있다.

오늘날의 사회적 모순 혹은 타자와의 갈등이 도구적 이성 간의 대립으로부터 비롯되었다는 분석은 인간의 역사에 대한 전망을 어둡게 한다. 발본적인 인식 전환의 필요성이 요청된 것도 이미 오래 전의 일이다. 어려운 문제는 주체와 타자, 인간과 자연, 개체와 개체 사이를 관류하는 윤리적 입장의 설정이다. 개인적 반성이든 사회적 반성이든 인간중심주의적 시선을 벗어나기 어렵다. 더더욱 근대적 의미의 서정시는 동일자의 미학을 전제로 한다. 위와 같은 ‘나’의 ‘하수-되기’는 탈주의 시선을 의도적으로 지향하는 경우라 하겠다. 주체를 벗어나 찌꺼기의 물이 되어 새로운 순환을 도모하는 자세인 것이다.

오얏꽃 피는 새벽에서
오얏꽃 지는 저녁까지

아득한 이수(理數)가 얼마인지
얼마를 걸어야 닿는 건지
이승의 신발 다 닳고
저승의 맨발 다 닳도록
쉬지 않고 가야 만나는 그 마을까지
꽃잎이 기다리다 꽃향기
다 쉬어버려서 눈물이 쉬어서
독마다 우물마다 눈알마저 쉬어버려
내 그대 번지 찾아가는
오얏꽃동 오얏꽃리
오얏꽃 피는 천 리
오얏꽃 지는 만 리

—정일근, 「오야꽃」(『동안』 2018년 겨울호) 전문

자연의 본령을 내면화하는 양태도 있다. 위에서는 시나브로 중진의 반열에 오른 시인이 오얏꽃의 생리에 투사된 반성을 보여준다. “이승의 신발”이나 “저승의 맨발”이라는 표현이 아니더라도 존재의 무게를 감지하는 화자의 시선에 손쉽게 공감할 수 있다. 오얏꽃이 지닌 생리를 “오얏꽃동 오얏꽃리”로 장소화하는 표현은 오랜 성찰의 시간이 전제되지 않고는 부조하기 어려운 감각을 함의한다. 인간의 관점을 넘어 자연과 장소가 하나되는 사물화의 지평이라 부를 만하다.

같은 지면의 또 다른 작품에서 시인은 “왕년은 흘러가는 것, 다시 돌아오길/ 기다리지 마라, 이미 다 흘러갔다”(「왕년에, 왕년에」)라고 적었다. 이보다 더 솔직하고 적나라한 반성의 시어도 보기 어려울 듯하다. “도대체 무엇을 기다리는 거냐/ 감사하라, 가끔 시 청탁서가 오는 일을”이라는 일갈은 저 침잠된 오얏꽃 마을의 물화된 정동을 견인하는 동력일 수 있다. 개체의 자존에 대체되는 인식론적 단절의 기제를 눈여겨보아야 할 것이다.

이러한 문제적 단층들 사이에는 보다 구체적인 장소를 변주하는 경우도 빈번히 자리한다. “지축은 십년 넘게 폐허였다/ 나는 폐허를 지나야만 서울

로 들어갈 수 있었다"(손택수, 「지축을 지나다」, 『창작과비평』 2018년 겨울호)와 같은 진술이 그것이다. 흐르는 시간 사이로 "폐허가 너와 나를 잇는 경계였던 시절도 가고/ 빗돌처럼 아파트가 올라온다"는 간극이 놓인 결과, 지축이라는 장소는 "폐허를 잃어버린 폐허의 얼굴"이 되었다. 어느 장소를 폐허로 만들어 버린 것과, 폐허의 외관이 변했으되 또 다른 폐허의 얼굴을 부여하는 것은 공히 자본이라는 제도의 실정과 무관하지 않다. 아파트로 상징되는 주거시장의 효율적 배치 구조는 서울과 기타 지역의 위계를 반복 재생산해 왔다. 혹자는 이를 주체 간의 연결과 유대를 차단하는 자본과 권력의 기획으로 보았다.(오민석, 「공동체의 운명」, 『신생』 2018년 가을호) 실로 장소의 위계에는 특정 장소로부터 배재된 기타 공간을 타자화된 지역으로 호명하는 불가항력적 물신이 작동하고 있다. 개체 너머의 반성은 이처럼 물신화된 세계관을 초월하려는 요구를 반영한다. 장소의 반성이자 사물의 반성이 형성하는 구도라 할 수 있겠다.

> 은백색 설원을 가로지르는 최단거리를 한 마리 늑대가 달리는 것을 보았다. 빳빳한 갈색 털에 반짝이는 눈송이가 묻어 있었다.
>
> 조금은 부신 내 의식의 설원을 그날의 늑대가 절박한 바람의 속도가 되어 일직선으로 달리는 것이 보인다. 엄동설한 한가운데 굽이에서 깨끗한 하늘은 더 넓고, 늑대 한 마리, 모처럼 상쾌한 아침을 달리고 있다.
>
> 이유는 보이지 않는 대로, 오직 달리기 위하여 달리는 자동사 자체가 되기 위하여 달리고 있다.
>
> 늑대 한 마리. 바람에 일어서는 자욱한 가루눈 사이로 사라지는 지평선 너머까지 필사적으로 달리고 있다. 자욱함의 일부가 되어 사라지면서 멀리 달리고 있다.
>
> —허만하, 「기억」(『문학사상』 2019년 1월호) 전문

존재론적 반성의 사유는 '나'라는 주체의 지표를 지우려고도 한다. 위와 같은 묘사의 경우에는 자아 대신 "한 마리 늑대"의 영지를 내세운다. 늑대는 전후 맥락상 외로운 존재에 유비될 수 있다. "바람의 속도"로 달려가는 늑대의 이미지는 비의적이기만 하다. 이유는 보이지 않는다. 오로지 "달리기 위하여 달리는 자동사 자체"라 한다. 이 지극한 추상 속에는 여러 종류의 '되기'가 중첩되어 있다. 존재를 대변하는 늑대, 끊임없이 질주하는 삶의 본성, 여기에 조응하는 눈과 바람 혹은 겨울이라는 시간, 모든 관계를 스스로 지시하는 자동사로서의 언어 등이 그것이다. 이들이 이미지로만 제시하는 형이상학적 관계에 구체태가 부여되는 차원은 결국 독자들의 지양 단계일 것이다. 이 작품은 오로지 무의식 속에 자리하는 사유의 길항을 형상화할 뿐이다. '기억'이라는 표제는 원체험으로 각인된 경험, 존재에 관한 무의식을 소환하고 있다.

시인 스스로는 작품 하단에 늑대가 연출하는 비의적 풍경을 "순수한, 쓰임새의 도식과 무관한 달림"(「시작노트」)이라고 썼다. 늑대는 "시와 철학의 접점"을 달리고 있는 것이다. 존재의 본성을 시각화하는 늑대의 질주는 보들레르식 감각 이미지를 환기한다. 주지하는 바와 같이 보들레르는 자연의 이미지를 극한으로 추구하여 시적 현대성을 일단락 지은, 곧 리듬에의 귀속으로부터 시적인 것을 해방시킨 시인으로 평가된다. 그의 「만물조응(correspondance)」은 우주의 요소와 사물 간 유비를 적시하고, 이를 감각과 관능으로 체현한 바 있다. 그런 방식을 빌자면 「기억」에서는 조응의 주체가 늑대의 정동으로 확장된다. 늑대는 존재 자체가 투사된 하나의 물성인 셈이다.

모두에 참조한 저서에는 푸코는 자신의 문제화가 실재하는 구체적 상황에 대한 하나의 답변이요 일종의 창조라고 강조하였다. 문제화는 실재와 독특한 관계를 맺는 절차이자 진실과 실재 간의 독창적이고 특이한 관계를 분석하는 틀인 것이다.(『담론과 진실』) 오늘날 시단의 반성적 성찰들은 이러한 문제화를 환기하는 문학적 양태일 수 있다. 우리가 발견한 시어들이 모든 상처를 보듬기에는 불가항력일지 모른다. 그럼에도 불구하고 주체 스스로의 한계, 사회적 윤리의 지평, 존재 자체의 재구성 등과 같은 상처의 실재와 조우하려는 시도는 값진 것이다. 독자로서는 그 다양한 층위를 감각코자 노력할 필요가 있다. 이는 텍스트의 미학적 의미를 전유하기 위한 방법론인 동시에 시학의 위계에 내재된 형이상학적 구도를 정제할 실천이기도 하다.

격변의 세월을 견디는 문화적 위무로서 반성의 시편들이 문학장 내에 존재한다. 시작 행위는 성찰의 이미지를 잠재적 가능성으로 재현하고, 그 의미를 현재화하는 것은 비평이 처한 '논쟁적 장으로서의 운명'(양경언, 「비평이 왜 중요한가」, 『창작과비평』 2018년 겨울호)을 실천하는 과정과 다르지 않다. 시어들은 진실에 대한 인식론적 접근의 기제로서 실재하며 우리 감각을 종용한다. 김수영이 아프게 바라본 "예언자가 나지 않는 거리"(「국립도서관」)는 여전한 창밖의 풍경일 것인가. 칠흑 같은 적멸의 운명 속에서도 빛나는 생성의 순간을 그리는 이미지들이 있다. 그것이 곧 시가 존재하는 중요한 이유가 아닐까. 시적 문제화 혹은 문학적 파레시아의 형상들은 개인의 정동과 공동체의 가치를 결합하는 구성적인 담론이고자 한다. 타자를 아우르는 윤리적 실천 속에서 시학의 지평은 도래할 공동체의 미적 경계를 확장해 나갈 것이다.

경계의 안과 밖
—제주권 문학장의 개성

01

2020년은 전 세계적으로 이동에 관한 인식을 재구성할 기념비적 시점이 될 것임이 확실하다. 유례없는 전염병 사태로 인해 모더니티의 근간인 경계 간 소통이 속절없이 제한되고 있는 사건은 인류 역사에 영원히 기록될 것이다. 한편 문학의 상상력에는 경계가 없다. 지역 문학장의 다단한 현상에는 작금의 현실이 가장 민감한 촉수를 거쳐 반영되고 있을 것이며, 이에 대한 천착은 경계의 의미와 그 너머를 지향하는 우선의 방법론이기도 하다.

외부자의 시선으로 볼 때 제주권 문단은 내용과 형식 면에서 고유한 자기 범주를 형성하고 있는 듯하다. 이는 일차적으로 지정학적 조건이 강제하는 특수성일 수 있겠으나, 제주작가회의를 중심으로 한 견고한 시스템이 내적 수준을 담보하는 중요 기제로 작동해 왔으리라 본다. 한국 문학장이라는 좁은 범주에서 지역 단위의 위계와 분할이 필요한지에 대해서 이견이 존재할 줄 안다. 그럼에도 불구하고 우리의 삶이 구체적 장소에서 실재함을 인정하는 태도는 필요하다. 이는 지역에 대한 행정 단위의 이론적 구획과는 차원을 달리하는 문제이다. 문학을 비롯한 모든 예술의 발단은 구체적 삶의 체험일 것이며, 우리가 속한 장소는 그 물리적 기원으로서의 존재론적 의미를 지닌다.

『내일을 여는 작가』 2020년 하반기호 지역란은 새롭게 구성된 편집위원회가 '지역의 새로운 문학'이라는 타이틀을 걸고 권역별 젊은 작가의 작품세계를 조명하려는 의도로 기획되었다. 제주는 그 첫 번째 순서로서 김신숙과 문경수의 시, 김진철의 동화를 소개하고 있다.

나의 마음은 아무렇지 않다

시. 시.
비쩍 마른 입술과 탈진한 몸은
그것이 입에서 나는 소리라고 말한다

내가 껴안아 온 건 터진 샌드백이 아니라
바스라지지 않는 비굴한 위선의 쌀가마니였으므로
물에 만 밥처럼 끼니 삼아 한 움큼씩 욱여넣는다

나는 아무렇지 않은 마음으로 말뿐인 시를 쓴다

주먹세례를 피해 줄행랑치면서
남들에게 그저 구걸이나 하면서

—문경수, 「네 멋대로 써라」 부분

문경수의 「네 멋대로 써라」는 표제에서 고다르 영화를 떠오르게 한다. 물론 내용은 다르다. 장 뤽 고다르의 영화 〈네 멋대로 해라〉(1960)가 누벨바그 시대의 영화 운동에 관한 상징적 의미를 지닌다면, 그 이유는 기존 관성을 벗어나는 시발점의 작품이기 때문일 것이다. 여기에는 문학적 서사로부터의 단절과 영화에 대한 영화의 출발이라는 의미가 포함된다. 실로 안하무인 건달이자 소매치기 잡범으로 등장하는 주인공 미셸 포와카르의 연출에서 개연성 있는 서사를 발견하기 어렵다. 인물의 파편화된 성격 속에는 당대의 도덕 관념과 실존적 권태가 반영되어 있을 뿐이다.

「네 멋대로 써라」는 시에 관한 자의식과 화자의 내면을 진술한다. 지극히 개인적인 사건과 인식을 주관적으로 다루고 있다. 문경수 시가 일종의 메타시로 전경화된다는 점에 주목하자면, 장르 자체를 사유하는 장르라는 차원에서 고다르 영화와의 유사성을 도출할 수도 있겠다. 하지만 「네 멋대로 써라」의 상처는 사적인 가족사 층위가 두드러진다. 원죄가 "내 얼굴/ 때리던 아버지"와 "뇌 병변 장애를 가진 어머니"로 각인되어 있다. 화자는 이것이 마음의 상처이고 시의 본령이어야 한다는 일종의 정언명령에 사로잡혀 있다. 선험적 상처가 실재함에도 불구하고 "나의 마음은 아무렇지 않"기에 시는 시를 배반하게 된다. 화자의 시는 "아픈 마음에서 들려오는 소리"가 아니라 "입에서 나는 소리"요 "말뿐인 시"일 수밖에 없다. 상처를 받아들이고 아파하지 못하여 위선의 시를 쓸 수밖에 없고, 여전히 줄행랑을 치거나 구걸하는 상태가 지속된다. 지독한 자학의 포즈로 현재를 진단하며 시를 끝맺는 형국이다. 그런 반성의 자화상은 일종의 역설에 가깝다. 시선의 진정성은 상처와 위선을 직시하는 데에서부터 비롯된다. 뼈아픈 반성 자체가 상처 속에 자리한다. 하지만 이러한 구도는 상투적인 외장일 수도 있다. 반성의 자화상은 이미 고전이 된 지 오래다. 시적 긴장의 상쇄를 감내하면서까지 반복되는 위선의 고백은 그만큼 적나라한 반성적 수위를 증거할 것이다.

이 지점에서 시인의 등단작을 오버랩해 볼 필요가 있겠다. 거기서는 "아버지가 아무도 나갈 수 없는/ 미로를 만들어내는 동안// 가도 가도 끝없는 복도를 헤매면서/ 나는 망치를 들고 앞을 부쉈다// 하루에도 몇 군데를 돌면서/ 깨진 벽에 시멘트를 바르는 아버지// 얼마나 많은 실금을 문질러야 미로가 완성될까"(문경수, 「미장」, 『내일을 여는 작가』 2020년 상반기호)라고 적었다. 개인의 기억과 상처를 미로와 미장이라는 시적 장치를 통해 긴장감 있게 묘사하는 작품이다. 주관적인 토로에 머무르지 않고, 사인화된 내면을 대사회적인 관계와 언어 감각으로 확장시키는 데에 성공했기에 공감을 얻었을 것이다. 미적 자율성의 서정적 장르인 시가 개인의 내면을 넘어 공동체와 교감하는 언어 구조물일 수 있는 이유가 여기에 있다. 잘 조직된 작품은 내면의 견고한 경계 속에서 완성되며, 그 순간 스스로를 벗어나 미적 가치로 확장된다.

한편 아버지와 '나' 사이에 놓인 미로는 결코 완성될 수 없는 간극이다. 그 사실을 시인도 잘 알고 있을 것이다. 「네 멋대로 써라」의 화자가 아무렇지도 않은 마음을 반성하고 있는 상황 역시 출구를 모르는 미로 속의 처지와 같다. 존재 자체가 미로일 수밖에 없다. 그럼에도 불구하고 미로라는 뻔한 아포리아를 전면에 드러내고 있는 구도는 아직 시작의 출발 단계를 벗어나지 않았음을 반증하는 지표일지 모른다. 그 신중한 행보에는 주목할 필요가 있으리라 본다. 이 신예 작가가 '아버지, 엄마'와의 오이디푸스 관계를 벗어나 외부를 향해 미장의 손길을 뻗는 순간이 기대된다.

내면적 반성의 진정성에 관한 공감 이외에 이 작품이 전하는 시적 화두로서 '네 멋대로 써라'라는 표제의 상징을 간과할 수 없다. 아무렇지도 않은 마음으로 말뿐인 시에 머물 수밖에 없었다는 주조가 왜 멋대로 쓰라는 작시의 명령으로 귀납되는가? 이와 관련된 또 다른 역설이 작품 이해의 관건이라 여겨지는데, 전후 문맥을 떼어놓고 보면 '아무렇지 않다'는 '네 멋대로'와 같다. 이는 미적 자율성의 현대시가 전제한 장르적 조건이기도 하다.

부연하자면 이 작품의 반성은 이중의 층위를 지닌다. 첫 번째 층위가 가족사의 상처에 대한 반성 차원이다. 부모에 대한 이해가 부족했던 화자가 과거를 반성하는 것은 철이 드는 모습이다. 그렇다고 그것이 시작의 태도이자 내용에 등치될 수는 없다. 1연에서 전제된 시의 기원으로서 "아픈 마음"이 가족사의 반성이어야만 할 필요는 없는 것이다. 두 번째 층위는 시적 태도에 관한 반성 차원이다. 이는 "말뿐인 시"에 대한 반성을 뜻한다. 여기에는 가족이라는 존재의 기원에 대한 반성과 별개로, 언어와 시학에 대한 반성이 집중되어야 한다. 이런 반성이 결과한 시작의 갱신이 "네 멋대로" 쓰는 자세로 집약될 수 있다. 이때 "네 멋대로" 쓰는 시는 "말뿐인 시"와 전혀 다른 차원일 것이다. 시에 대한 시의 자의식, 언어의 전유, 긴장된 미적 거리 등이 목적의식적으로 체현된 태도라고 할 수 있겠다.

요컨대 「네 멋대로 써라」는 가족사에 초점화된 본문의 반성 수위를 넘어서는 또 다른 반성의 층위를 남겨 두었다. 시작의 자세에 관한 태도가 그것인데, 의뭉스럽게도 이는 표제의 명령어가 체현하고 있다. 그렇게 볼 때 이 작품은 자신도 모르게, 장르에 대해 반성하는 장르라는 차원에서 〈네 멋대로 해라〉의 오마주가 되었다.

02

김신숙의 「소작농」은 섬마을 소작농 일가의 연대기를 특유의 상상과 언어로 그리는 작품이다. 짐짓 투박한 농투성이의 고단한 삶이 소재인 듯하지만 '연대(煙臺, 沿臺, 烽燧)', 즉 바닷가 봉수와 길항하는 역사가 부분적으로 점묘됨으로써 설화적인 분위기를 전조한다. 너울 위에 콩을 심고, 이랑이 밀려와 부딪치는 장소는 현실 너머 환상의 공간을 환기하고 있다. 그러한 비의감의 비유는 "파도 부서진 조각들"이 "뱀비늘처럼 반짝"이는 바닷가의 스산한 풍경으로부터 기원할 것이다. 해당 장소의 과거와 현재에 대한 구체적 경험과 오랜 천착 없이는 상상하기 어려운 발상으로 보인다.

> 사내는 소를 잡고 와서는 백태처럼 흙길에 누웠다 방풍림 사이로 내려가다 다시 오르막길이다 숨이 마를 즈음 무너진 연대가 나온다 어디가 머리인지 어디가 꼬리인지 알 수 없는 섬사람들 너울 위에 콩을 심었다 이랑은 밀려와 부딪쳤다 다시 일으켜 세우며 콩을 심었다 밭을 믿지 않는 사람들 밭을 때리며 갈았다 이랑을 세우고 한 계절 부딪치면 밭은 사라지고 파도 부서진 조각들 뱀비늘처럼 반짝였다
>
> 큰 사내는 소를 잡고 작은 사내는 개를 잡았다 비 오면 지렁이 나오고 집 지키는 구렁이 살았다 보살도 머물지 않는 절이 하나, 마을 수도관이 다 얼어도 절물은 얼지 않았다 사내들 가파른 땅을 소작하다 뱀을 두 동강내기도 했다 잘린 뱀도 그냥 죽지 않았다 세로로 머리를 곧게 치켜들었다 툭 떨구었다 오래전 망가진 연대의 돌덩어리 흙속에 묻혀 있다가 가끔 삽의 머리를 분질렀다

(중략)

개를 삶으면 혓바닥이 정말 길었다 삶은 장콩도 어둠 속에서 장이 되었다 우리는 항아리뚜껑을 열어 보지 않았다 파도가 사내의 칼로 보이는 밤도 많았지만 죽어가는 개들도 거품을 물었다 엄마도 작은엄마도 자꾸 고꾸라졌다 해녀들이 고꾸라지며 너울에 콩을 심듯 엄마도 작은엄마도 가파른 땅에 콩을 심었다

태풍이 불면 마중을 나갔다 곧게 솟은 파도들이 이미 죽은 머리를 치켜세우고 부딪쳤다 밀려오는 저 헛것은 누구의 땅인가 누런 흙길은 개털처럼 먼지가 날렸다 작은 사내가 먼저 떠났다 소의 척추를 닮은 큰 사내도 떠났다 망보던 사람들 다 사라지고 아파트가 높았다 이랑을 세우고 와 한 차례 부딪치면 부서진 조각들이 아파트 창바람처럼 높이도 울었다 여자 울음 닮아서 반짝였다 불 다 꺼진 아파트 백태 낀 혀일지라도 잘 삶아져 있었다

—김신숙, 「소작농」 부분

섬마을 바닷가에 점철된 소작농의 시적 일대기는 아무래도 화자의 가족사적 경험에 연동될 수밖에 없다. 묘사 대상이 되는 사내와 여자의 삶이 삼자의 시선으로 처리되고 있지만, '할머니, 큰언니, 막내, 엄마, 작은엄마' 등의 사적 호명이 시어 사이사이에 섞여 있기 때문이다. 이러한 인물 관계 아래 "어디가 머리인지 어디가 꼬리인지 알 수 없는 섬사람들"의 공동체적 역사와 내밀한 가족사가 교차되면서 하나의 시적 서사를 변주해 나간다. 전설 같은 이야기는 위에서 보는 바와 같이 비극적 정조로 일관된다. 그런 기조는 소작농의 정체 자체가 고단한 신분이라는 점과 무관하지 않다. 소작농이라는 계층 범주 아래 각 인물들은 저마다 내면의 상처와 서로 간의 애증 속에 뒤섞여 헛것과도 같고 먼지처럼 날리는 "남루한 신분들"의 존재로 점묘된다.

상처로 일관된 가족사의 배경에 다양한 동물과 자연물이 함께한다는 점도 시적 서사의 우화적 성격을 강화하는 장치일 것이다. '소, 개, 뱀' 등은

이들의 삶 속에 함께 존재한다. 동물들은 객체이기도 하면서 주체의 양태이기도 하다. 소와 개를 잡고 "여자를 가르며 사는" 삶이 곧 이들의 삶이고, "백태처럼 흙길에" 눕거나 "백태 낀 혀로 아내를" 때리는 행위가 곧 이들의 행위였기 때문이다. 배경으로 등장하는 자연물 역시 마찬가지이다. "파도가 사내의 칼로 보이는 밤"이나 "너울에 콩을 심듯"이라는 수사에서 배경이 곧 삶의 실정에 등치되는 현실을 엿볼 수 있다. 파도와 콩은 생존의 수단으로 반복된다. "해녀들이 고꾸라지며 너울에 콩을 심듯 엄마도 작은엄마도 가파른 땅에 콩을" 파종해야만 했다. 소작농의 가족사에는 이처럼 주체와 객체의 구분이 무의미하다. 인간, 동물, 자연이 혼종되어 비의적 경계를 구성해 나간다.

시인의 가족사를 연상케 하는 보다 구체적인 진술을 얻기 위해 인접한 작품을 참고할 필요가 있겠다. 「소작농」의 비의적 경계가 워낙 견고한 까닭이기도 하고, 작가의 의도와는 무관하게 반복적으로 배치되는 화소를 통해 경계 너머를 감각할 수 있기 때문이다. 예컨대 "아이들 이고지고 다니는 이사가 너무 힘들어 일수 얻어 가장 싼 땅을 사 무허가로 집을 지은 아버지, 농부 중에도 가장 낮은 소작농"(김신숙, 「꽃다지」, 『제주작가』 2019년 여름호)이라는 진술은 김신숙 시에 등장하는 '소작농'의 정체를 단적으로 지시한다. 여기 기록된 농투성이의 연대기가 주술적인 상상력을 통해 극화된 양상이 「소작농」이라고 할 수 있겠다.

「소작농」에서 재현되는 장소와 역사가 신기루와 같이 떠도는 것은 그러한 경계 너머의 삶을 기원하는 내면적 욕망 때문일 수 있다. 서정적 동일화나 역사적 서사만으로는 재현할 수 없는 퇴색한 연대에 봉화의 불씨를 지펴 올리려는 구도를 짐작할 수 있다. 하지만 정치사회적 감각은 주술적 진술로 위장되고, '아파트'라는 이질적 이미지를 통해 소환될 뿐이다. 아파트는 이 연대기 속에 공존하는 과거와 현재를 지시하면서 이질적 풍경이자 또 다른 경계로 등장한다. 아파트는 망을 보던 인물들의 행위를 대체하는 구조물이다. 아파트라는 명명 자체에 분리와 구별이 담긴다. 여전히 현실에 익어 있는 존재의 처지가 유지되면서 그 비애의 깊이와 길항하는 경계가 아파트라고 할 수 있다. "망보던 사람들 다 사라지고 아파트가 높았"지만, '이랑'의 굴곡은 여전하기만 하다. 「소작농」에는 이랑을 세우고 부딪치는 비유가 첫 연과 마지막 연에 등장하는데, 이는 삶의 고통을 시각화하는 일관된 보조 장치로 볼 수 있다. 이랑은 두둑이나 고랑이라는 의미를 통해 굴곡진 경계를 지시하고, 한편으로 경계를 통해 다른 생성을 계기하는 기제가 된다. 예컨대 "앉아서 불씨를 지키다 무릎이 굳어버린 늙은 여자들은 비슷비슷한 이랑을 가지고 있었다"거나 "여자는 사라진 곤로 같은 것들을 따라 이랑을 만들었다"(김신숙, 「곤로가 있던 엄마」, 『제주작가』 2019년 가을호)와 같은 표현에서 상처이자 경계로서 이랑의 기능을 체감할 수 있다.

「소작농」에 반복해서 등장하는 비유이자 종결구 이후 남는 강렬한 이미지는 백태 낀 혀인 듯하다. 백태는 불가항력적인 비루한 삶, 혹은 그런 삶의 질에 유비된다. "불 다 꺼진 백태 낀 혀일지라도 잘 삶아져 있었다"와 같이 농익은 백태의 실재를 인상 깊게 그리며 연대의 신호는 꺼진다. 이렇듯 「소작농」은 다소 긴 호흡으로 가족사와 지역 공동체의 남다른 의미를 감각적으로 제시하였고, 스스로 연변봉수의 인상적인 불꽃이 되고자 한다. 이는 고유한 개성으로 지역의 삶과 역사적 상처를 재단해 왔던 김신숙의 시선이 질적 도약을 준비하는 시간에 처해 있음을 지시하는 사건이기도 하다. 작가 개인의 차원에서든 그가 속한 문학장의 차원에서든, 기존 경계가 재구되는 중층 결정의 순간이 전조되고 있음을 주목할 만하다.

『우리는 한쪽 밤에서 잠을 자고』(김신숙, 한그루, 2017)로부터 이어져 온 특정 소재나 반복되는 패턴은 경계의 대상임이 분명하다. 무릇 시라는 장르는 문학과 예술의 일종이고, 모든 미적 체험은 구체적 경험에 근거한다. 개성적 지향의 재기와는 무관하게, 시어는 핍진한 체험에 근거할 때 공감과 미적 정서를 파생할 수밖에 없다. 또한 작시 과정은 물론 모든 사유는 일종의 매너리즘을 동반한다. 무의식적 관성에 대한 반성은 시인의 숙명일 것이다.

03

동화로 제출된 김진철의 「서천꽃밭과 저승길」은 우리 시대를 풍자하는 우화의 성격을 강하게 드러낸다. 저승을 배경으로 둔 이 이야기는 "요즘 이승에서 기이한 전염병이 퍼져 지옥으로 오는 영혼의 수가 갑자기" 증가한 사태로부터 발단된다. 전 세계적인 감염병 상황이 저승에서도 동시대적 문제일 수밖에 없다는 발상이 흥미롭다. 죽은 영혼이 폭증하면서 기존의 저승길로는 감당할 수 없는 상황이 되자, 지옥을 다스리는 염라대왕은 이승에서 지옥으로 연결되는 길의 신설을 결정한다. 저승차사들의 사전 조사 결과 서천꽃밭 가장 서쪽의 꽃밭마을이 예정지로 결정된다. 꽃밭마을을 저승길로 바꾸는 것에 반대하는 수석 꽃밭지기 고장애기는 서천꽃밭을 처음 만든 삼승할망의 도움을 받고자 이승으로 향한다. 이윽고 천지궁에서는 천지왕 주재로 "새로운 지옥길은 필요한가"라는 주제에 대한 토론회가 열리게 된다.

> "저희도 그 길들을 사용할 수 있는지 모두 조사해 봤습니다. 하지만 그 길들은 과거 기준으로 만들어진 것이라 여러 조건이 현재와 맞지 않아 이용이 어렵습니다. 무리하게 그 길을 이용하다가는 사고가 날 위험이 높습니다. 그리고 현재에 맞는 앞으로 인간 세계의 기이한 전염병들은 계속 될 것으로 예상됩니다. 그래서 현재에 맞는 조건으로 전염병에 특화된 새로운 길을 만들어야 지옥으로 오는 영혼들을 관리하는 데 더 효율적일 것입니다."
>
> "염라대왕께서는 지옥으로 오는 영혼들은 그렇게 생각하면서 서천꽃밭의 꽃밭지기들은 왜 배려를 안하시는지 모르겠습니다. 이들도 이승에서의 삶을 마치고 저승에 와 있는 영혼들입니다. 그들의 터전을 하루아침에 빼앗아 갈만큼 새로운 길을 내는 것이 중요한 일인가요?"
>
> "모두 저승의 안전을 위해서입니다. 지옥에 혼란이 오면 저승의 질서가 무너집니다. 그러면 서천꽃밭도 안전하지 못하겠죠. 그렇게 되는 것을 미리 막기 위한 일입니다."
>
> "길을 하나 더 낸다고 저승이 안전하게 되나요? 그러면 저승으로 오는 영혼들이 늘어날 때마다 또다른 길들을 만들어야 할 텐데요. 이런 방식으로 문제를

해결하는 것은 바람직하지 않습니다."

삼승할망과 염라대왕은 모든 신들이 보고 있다는 것을 잊은 듯이 한참을 서로 말다툼을 주고받았어요. 모여 있던 신들도 함부로 끼어들 수 없었죠. 토론이 격렬해지자 천지왕이 나서서 말렸어요.(김진철, 「서천꽃밭과 저승길」에서)

염라대왕과 삼승할망은 위와 같이 격결한 토론을 펼친다. 천지왕은 이를 중재하며 마지막 발언 기회를 주고, 이어 투표를 시작하면서 이야기는 종결된다. 의도적인 열린 결말의 방식이다. 이처럼 개방 형식으로 끝맺는 구성은 동화 장르가 지닌 선험적 조건을 벗어나면서 새로운 상상력을 자극하는 요소임이 분명하다. 또한 권선징악의 계몽적 서사를 확장하려는 미학적 시도라 할 만하다.

천지국 신들의 투표는 어떻게 결정됐을까? 서술자는 그 답을 독자들의 상상에 맡김으로써 동화적 메시지의 현재화를 도모한다. 동화의 역사 속에는 당대 이데올로기가 투영된 결과 원래 화소가 극화되는 사례가 존재한다. 「서천꽃밭과 저승길」은 우리 시대가 직면한 중요한 사건을 소재로 다루면서도 그것을 해결하기 위한 공동체의 노력이 어떠해야 하는지를 구성원 스스로에게 묻고 있다. 동화의 수용 대상인 아동이나 청소년을 위시하여 성인 독자들에게도 중요한 화두이자 미적 감각이 아닐 수 없다.

신화적 상상력에 근거하여 지역사를 동화화하는 작업은 김진철에게 있어서 특화된 영역인 듯하다. 「마마신과 산호해녀」(김진철, 『잔소리 주머니』, 파우스트, 2017)와 『낭이와 타니의 시간 여행』(김진철, 한그루, 2019)은 대표적 전사일 것이다. 「마마신과 산호해녀」는 여신 설문대가 제주를 만든 데에서부터 시작된다. 그렇게 만들어진 삼다도 남쪽의 사계마을에 천연두가 퍼지자, 으뜸 해녀가 용궁에 가서 산호꽃을 구해 와 대별상이 뿌리는 천연두 씨앗을 물리쳤다는 이야기이다. 『낭이와 타니의 시간 여행』은 제주 수월봉의 기원과 역사를 다룬다. "깊고 깊은 땅속에 마그마마을"의 "캄캄한 땅속을 흘러 다니는 말썽꾸러기 낭이와 타니"(8쪽)는 물님의 도움으로 거대한 폭발과 함께 지상으로 나온다. 이렇듯 화산활동으로 비롯된 수월봉에 관해 마그마를 의인화하여 형상화한 작품으로서, "오랜 시간 동안 수월봉과 함께했던 돌들의 눈으로 수월봉의 자연, 역사, 문화 이야기들을"(111쪽) 동심으로 풀어내는 데 성공하고 있다.

김진철식 로컬 히스토리는 이번 단편에서도 수월하게 재현되었다. 경어조로 순화된 문체는 동화라는 장르의 조건에 충실한 결과일 것이다. 관성적인 교훈이 예의 삽입되기도 한다. 이를테면 고장애기는 삼승할망을 만나러 지상으로 가는 중 물을 건너면서 위험에 봉착한다. 하지만 욕심 덩어리를 만나서는 '마음정화꽃'으로 욕심을 버려 해결하고, 일찍 베여버린 나무정령을 만나서는 '마음치유꽃'으로 나무들의 이야기를 들어주며 위기를 극복한다. 이 과정은 고장애기가 이승으로 가는 여정의 역경을 상징하지만, 지나치게 빠른 전개와 줄거리 중심의 제시로 인해 극적 긴장을 상쇄한다. 교화는 동화 장르의 핵심 요소이기에 짐짓 서정적 교술이라는 외장을 취하기도 하지만 이 작품이 전반적으로 계몽의 포즈를 강요하지는 않는다. 보편적이면서도 특수한 제주 신화의 상상력이 바탕하고 있다는 점도 이 작품에 전제된 탄탄한 기조를 짐작케 하는 요인일 것이다.

지금까지 살핀 제주권 젊은 작가들의 작품은 개인적 체험을 공동체적 가치와 연계하면서 고유한 문학 언어를 조탁하는 데에 남다른 수준을 보여주었다. 지역 문학장이 갖추어야 할 중요한 조건이자 미덕이 잘 드러났다고 본다. 문학장의 기능은 이와 같이 로컬 히스토리의 문학적 형상화 양상과 더불어 정체성과 특이성의 지평을 갱신해 나갈 것이다. 한국 문학사를 되돌아보면 특정 지역이나 계파에 의해 문단 헤게모니가 좌우되어 왔던 양상을 확인할 수 있다. 물론 이는 오늘날 한국문학의 위상을 가능케 한 주요 동력으로서 나름대로의 긍정적 의미를 지닌다. 그럼에도 불구하고 문단 권력을 둘러싼 갈등은 문학의 다양성을 억누르는 물리적 기제이기도 하였음을 부정하기 어렵다. 따라서 지역 문학장의 현재와 미래에 대해서 모색하는 일은 기존 문단 구조의 제도적 속성을 비판적으로 검토하고, 무엇보다 문학작품 내에 잠재되어 있는 권력의 지정학을 구명하는 데에 초점이 맞춰져야 한다. 이를 통해 궁극적으로 한국 문학장의 다양성을 밝히는 동시에 지역 문학장과 문화의 수위를 제고하는 계기가 되어야 할 것이다. 그런 점에서 제주권 소장 작가들이 제시한 로컬 히스토리의 문학적 가능성은 미학의 지평 확장을 비롯하여 관련 담론의 활성화를 유도하는 기제로 기능할 수 있다.

이들 작품이 저마다의 방식으로 선취한 소통의 의식 혹은 무의식은 더욱 값지다. 오늘날의 이론적 수위에서 로컬리티나 모빌리티를 매개로 한 인문학적 상상력은 공간적이고 시간적이며 이동적인 세계에서 우리가 살아가는 방식을 이해하는 단초가 된다. 이러한 시의성에 대한 공감과 이해는 문학작품 내부에 담긴 의미 및 현재성을 논구하는 데에 도움을 준다. 한 예로 '모빌리티의 정치'는 거리두기 시대의 국내외 정치문화 지형을 판단하는 데에 유용한 이론적 모델을 제공한다. 수송 모빌리티의 이동 배제에 대한 진단, 특히 재난의 모빌리티는 우리의 문화적 지정학은 물론 바이러스 전파와 관련된 모순적 역학구도가 UN 평화유지군의 콜레라 전파 사례와 같이 이미 역사적 경험이었음을 실증한다.(피터 애디, 최일만 역, 『모빌리티 이론』, 앨피, 2019) 각 문학장의 로컬 히스토리를 문학적으로 현재화하는 작업은 이 지점에서 보다 풍요로운 미학적 근거를 생성할 수 있으리라 본다. '지역의 새로운 문학'을 통해 우리는 개인의 내면과 가족사, 공동체의 역사와 설화적 전통이 지금 시대와 문학장의 경계 너머로 분출되는 개성적 방식들을 감상하였다.

경계 너머의 지향은 담론 수준의 당위성에 한정되지 않는다. 언어와 상상의 매너리즘은 제주권 소장 작가들만의 문제가 아니다. 관성을 넘어설 순간이 모두에게 필요하다. 스스로를 지양하며 언어의 경계를 갱신하려는 자의식은 하나의 필연이다. 작가는 자신이 처한 물리적 실정과는 무관하게 삶의 경계를 항상적으로 확장해야 하는 운명 속에 놓여 있다.

문학장과 로컬 히스토리
—강원권 『두타문학』 50년

01

『두타문학』, 문학사적 사건

삼척 지역을 거점으로 활동하고 있는 두타문학회가 창립 50주년(2019)을 넘겼다. 지역에 기반하고 있는 문학 단체로서 50년의 활동 역사는 한국 문단 전체를 두고 보더라도 접하기 드문 사례이다. 물론 이것이 미적 수월성의 제고와 문학사적 의의에 그대로 등치되는 조건은 아니다. 한국 문학장 내에서 두타문학회의 활동이 보여 준 성과 및 시사점에 대해서는 다각도의 면밀한 검토가 수반되어야 할 것이다. 그럼에도 불구하고 한국 문학장의 변방, 특히 강원 영동권 지역의 문학사적 실정에 비추어 볼 때, 두타문학회의 과거와 현재는 그 자체로 의미심장한 사건이요 하나의 특수성임이 분명하다.

문학사적 특수성이라는 언표 속에는 여러 겹의 층위가 포함될 수 있다. 우선 한국 문학사의 통시적 맥락 속에서 지닌 의미를 주목해야 한다. 한때 문학사를 이끌던 동인지 문단의 시대가 존재했음은 잘 알려진 사실이다. 1919년을 전후한 시기가 대표적 예시인데, 이때는 제국주의 문화 정책이라는 정치사회적 배경 위에서 다양한 동인지 문화가 한국 문단을 점유한 시기였다. 최초의 순수한 문학 동인지라 평가되는 『창조』(1919)를 위시하여 군소 동인지들의 활동은 한국 현대문학의 정립에 큰 기여를 했다. 종합 문예지를 표방한 『시문학』(1930)이나 『조선문학』(1933) 등이 태동하게 된 맥락에도 앞선 동인지들의 전사가 깊게 관련되어 있다.

동인지와 같은 잡지 메커니즘은 사실 근대적 문학의 태동 단계로부터 작동했던 주요 동력이었다. 예컨대 『소년』(1908)을 통한 최남선의 출판문화 운동이 근대문학 형성에 지대한 영향을 미쳤다는 점은 주지하는 바와 같다. 그것을 순수한 문학지 활동으로 보기는 어렵다. 『소년』에 이은 『붉은 저고리』(1913), 『아이들 보이』(1913), 『청춘』(1914) 등의 발간 목적이 젊은 독자를 대상으로 한 계몽의식 설파에 있는 동시에, 그러한 의도로 인하여 주요 논조가 낭만적 이상과 동경의 정서에 기초하게 된다는 점은 문학 저변의 이데올로기적 함의를 추론케 하는 소이라 하겠다. 그렇지만 주요 작가와 인맥을 통한 동인지 메커니즘과 출판문화가 근대적 문학장이라는 시스템을 형성하는 물리적 기제였다는 점을 부정하기 어렵다. 『두타문학』은 이와 같은 동인지 문단의 역사적 궤적을 잇는 흔적이라 하겠다.

한편 강원권 지역 문단의 역사적 길항 속에 자리하는 『두타문학』의 특수성 역시 따져보아야 한다. 1950년대 이전까지만 해도 강원권 지역에는 본격적인 문학 매체가 존재하기 어려웠다. 이는 한국 사회의 변방이라는 지정학적 특수성과 비주류 행정 단위에 대한 정치적 배제 등이 종합적으로 작동한 데에 따른 자연스러운 결과였을 것이다. 그리하여 한국전쟁 이전에 강원권 지역에서 활동한 대표적 문화 매체는 1945년에 창간된 『강원일보』나 『동방신문』 정도의 언론 매체에 불과하게 된다.

전후에는 이 같은 언론 매체가 활황을 맞는 동시에 본격적인 동인 단체가 태동하였다. 오늘날 역시 동인지를 중심으로 하는 문학 활동은 강원권 지역 문단의 전형적 특성을 구성하고 있는데, 그 대표적 전거로서 전쟁기에 성립된 '청포도동인회'를 꼽아야 한다. 황금찬, 최인희, 김유진, 이인수, 함혜련 등이 1951년 강릉에서 조직한 이 모임은 1952년 동인지 『청포도』를 창간하고 2집(1953)까지 발간한다. 『청포도』는 등단 문인들의 전문적인 활동이 아니었다. 단명에 그치고 만 역사 역시 아마추어적인 성격을 반증한다. 하지만 『청포도』의 존재는 관련 지역의 문학장에 많은 영향을 미치게 된다.

뒤이어 1959년 강릉을 거점으로 조직된 관동문학회의 기관지 『관동문학』은 범지역적인 문학 매체를 자임하며 오늘날까지 강원권 문단을 이끌고 있다. 대부분 단명한 1950-1960년대의 기타 동인 활동에 비해 그 명맥이 60여 년 이상 지속되고 있다는 점은 특기할 만하다. 하지만 동인 단체로서의 실질적인 활동이 전개되는 것은 1980년대에 이르러서인 까닭에 초기 관동문학회는 일부 문인을 중심으로 한 개인적 활동이 중심인 것으로 볼 수 있다. 영동권 남부 지역에서 두타문학회가 조직적 동인 활동을 꾸준히 펼친 점은 강원권 문학장을 성숙시킨 남다른 기제로 기록되어야 한다.

이처럼 다양한 제반 양상 위에서 두타문학회의 전신 삼척문학회는 1969년에 결성되었다. 두타문학회는 삼척 지역에서 자생한 문학 동아리로서 창립 당대부터 지금에 이르기까지 연간 동인지 발간을 중심으로 활동하고 있다. 매월 개최되는 시 낭송회와 지역 주민을 대상으로 한 문학 행사 역시 꾸진히 진행 중이다. 위에 언급한 바와 같이 동인 활동과 그로부터 파생되는 출판문화 운동은 한국 문학장을 이끌어 온 주된 동력이었다. 오늘날과 같은 형태의 문학 제도를 정립하고 발전시켜 온 과정에서 동인지 매체가 중요한 역할을 담당한 것이다. 이러한 한국 문학사의 메커니즘은 강원 영동권 지역에서 『두타문학』을 통해 체현된 셈이다. 더불어 지역 문학장의 실체를 구성했던 하나의 문학사적 사건은 왕성한 생명력을 지닌 채 여전히 현전하고 있다.

02

동인지의 아비투스

두타문학회 50년의 역사적 의미를 객관적인 외부자의 시선으로 조명하기 위해서 무엇보다 그 발생 맥락과 매체가 지닌 메커니즘에 대해 주목하고자 한다. 〈디지털삼척문화대전〉(http://samcheok.grandculture.net)에 따르면 『두타문학』은 삼척 지역의 문학 범주에서 주요 항목으로 소개되고 있다. 이 항목의 집필을 필자가 담당한 만큼 여기에 근거하여 두타문학회의 발생론적 의미를 논구하자면, 『두타문학』은 두타문학회에서 연간지 형식으로 발간하는 문학잡지로서 당해 문학회 회원들의 작품을 중심으로 구성되는 까닭에 기관지이자 동인지 성격이 강하다고 정의되어 있다. 두타문학회의 전신인 삼척문학회는 동인지 1집을 1970년 4월에 『삼척시단』이라는 제하로 발행하였다.

두타문학회 결성은 그 이전 산발적 문학 활동의 전사와 연동된다. 1960년대 이전에는 이 지역 출신으로 이성교·최인희(시), 홍영의(수필), 김영기(평론) 등이 중앙 문단에서 활동하고 있었다. 지역 내에서는 동인지 『동예(東藝)』를 수기하여 프린트 제작한 동예문학회의 출현(1961)이 최초의 동인 활동으로 기록되고 있다. 『불모지』(1965)는 『동예』에 이어 등장하였다. 그 밖에도 『죽서루』(죽서루아동문학회), 『수적(水滴)』(수적동인회), 『불사조』(불사조동인회), 『0시문학』(0시문학회) 등이 1960년대 동인 활동의 흔적을 보인다. 이상 정립기 삼척 지역 문학장의 양상에 대해서는 정연휘 편, 『삼척문학통사』(2011)에 비교적 상세히 기록되어 있다. 이들 초기 동인지의 면면을 보면 대개 등단 이전 문청들의 열의가 두드러지는 동시에 단명에 그치고 만다. 작품 역시 대개 아마추어리즘을 벗어나지 못하는 것이 사실인바 이를 넘어서기 위해서는 문학적 성숙의 시간을 필요로 했다. 따라서 본격적인 지역 문단의 모양새는 두타문학회의 활동에 이르러 비로소 갖추어진다고 할 수 있겠다. 그럼에도 불구하고 『동예』와 『불모지』는 척박했던 삼척 지역에서 자생적으로 발생한 최초의 조직적 문학 활동이었으며, 이어 두타문학회를 태동시킨 원동력이 되었다는 점에서 분명한 의미를 지닌다.

『삼척시단』 창간호의 면모를 살펴보자면, 가장 먼저 이곳 지역 출신이자 문학평론가로 활동하고 있던 김영기가 축사를 작성하였다. 이 글은 “삼척

지방문학이면 당연히 강원도 지방문학인 것이고 한국문학인 것"이요 "그때 지방문학은 한국적이길 원하는 것이고 세계적 보편성을 띠우기를 원하는 것"임을 강조한다. 그 밖에 정일남(「어부사」, 「산울림」), 김영준(「개나리 피다」, 「무제·3」), 김익하(「학은 전형(典刑)에 날다」), 정연휘(「기억·4」, 「무궁화 동산」), 함영범(「애틋한 가슴」, 「이대로 간다해도」), 고성범(「흑애」, 「해당화」), 김경희(「파문」, 「이삭」), 이종한(「거리의 푸라타나스」), 김광용(「이사」, 「다리」), 박자운(「하늘」), 최홍걸(「우기」, 「어항속 언어」), 이희돈(「그 우연의 날을」, 「이슬 찾는 아침」) 등이 수록된다. 이 책자는 동인 시화전을 계획하고 자료집 겸 제작된 것임을 편집후기를 통해 알 수 있다.

밤 불빛은 잠겼네
밤 바다의 불빛은
우리 형들 서러운 불빛.

우리가 이 어촌에서
길들은 설움이사
억대를 이어온 저 붉은 불빛 아닌가.

배 만들어
거기 한 생활 실어 담고
어두운 밤 불빛도 실어 담고
배 멀미 다앓고 난 질긴 목숨들

고기잡이에 길든 형들
출입하는 길은 하늘 닿은 물길.

(중략)

우리 어촌은

뜬 눈으로 밤을 새우고.
해송 허리에 열리는 아침이
해당화 꽃 한송이로
온 바다를 붉히네.

―정일남, 「어부사」 부분

『삼척시단』의 작품들은 표제로부터도 드러나는 것처럼 다소 과잉된 감정을 절제된 수사 없이 장황하게 표출하는 경우가 상당하여 습작기의 전형적 형태를 지닌다. 소재나 주제 역시 구체적 체험에 바탕한 것보다는 추상적이고 보편 서정에 기댄 감상주의 경향이 지배적이다. 한편 위 작품은 지역적 환경과 삶의 역사가 농축된 시적 묘사로서 일정한 수준을 구가한다. "이 어촌"의 생활에 담긴 애환을 담화 주체의 변화를 통해 시적으로 이끌어가고 있으며, 감정을 진술하는 것에 그치지 않고 적절한 대상에 이입하여 전이시키고자 했다. 전문적인 문학 수업이 어려웠던 지역의 문화적 토양 속에서 이처럼 의식적인 문학적 지향을 펼쳐 나갔던 것은 두타문학회는 물론 강원권 지역 문학사의 질적 제고를 위한 계기였으리라 본다.

삼척문학회의 동인지 2집은 동년 10월 『삼척문학』이라 제호를 변경, 자필 프린트판으로 발행되었다. '제3회 광공제'라는 행사의 일환으로 제작되긴 하였으나, 같은 해에 두 권의 동인지를 발간하기 위해서는 당시로서 남다른 노력과 열정이 필요했을 것이다. 여기에는 1집에 수록된 동인들 외에 박운(「진실」, 「사랑이 싹터오는 계절에서」), 윤성우(「무지개」, 「낙엽」), 이종희(「여행의 노래」, 「고독한 신앙」), 홍말순(「빛바랜 사랑」, 「외로움의 시간에」), 윤경희(「가을의 창을 열자」, 「구름」), 박종철(「불꽃」) 등의 작품이 추가된다. 또한 이란희(「벗에게 띄우는 글」), 정연휘(「어떤 분노와 슬픔의 충격」) 등의 수필과 김익하(「화문성(花紋城)」)의 소설이 새로운 장르로 포함되고 있다. 편집후기에도 기록되어 있는 것처럼 "시 위주에서 종합지로 상승한 셈"인데, 이런 면모는 남다른 성과가 아닐 수 없다. 『삼척문학』 3집은

1971년 2월, 역시 자필 프린트판으로 제작되었다. 여기에는 정일남이 쓴 「동인 서약서」와 평론가 김영기의 특별 기고문 「두타산의 인상」을 비롯하여 시(김영준, 김형화, 정일남, 이희돈, 함영범, 고성범, 윤경희, 박자운, 윤성우), 수필(박종철), 단편소설(김익하) 등이 수록된다. 그 밖에 '시 특집·정연휘 편'이 마련되어 신작시 9편이 실리는 등 동인지의 체재를 규모 있게 갖추려 한 흔적이 엿보인다. 1971년 10월에 간행되는 『삼척문학』 4집은 비로소 활자본의 형태를 지닌다. 5집은 공백기를 거쳐 1977년에야 발행되는데, 여기에는 평론가 김영기와의 대담을 전재한 「삼척문학·기타」가 주목된다. 이 글은 동인지가 지역 문단에서 지닌 위상, 문제점, 그리고 지역문학의 방향성과 기존 동인들의 전반적 작품세계에 대한 촌평을 포함하고 있다.

『두타문학』은 1979년에 속간된 6집부터 지금의 동인명과 제호로 변경되었다. 지면도 훨씬 풍요로워져서 시, 수필, 단편소설 이외에 꽁트, 동화 장르를 볼 수 있다. 무엇보다도 김익하의 중편 「삼백 예순 한 개의 못」이 수록되고 있음이 주목된다. 특별기고 형식으로 실린 김영기의 「두타문학론」은 이승휴 문학사상을 중심으로 강원 영동권 지역의 문학적 역사를 기술하였고, 그에 대한 상징으로 '두타문학'이라는 표제를 내세웠다. 이를 통해 두타문학회로의 개명 의도와 지향을 엿볼 수 있다. 기존 '삼척문학'이 환기하는 국지적 의미를 벗어나 지역색을 드러내면서도 보편성을 상징하는 표제로서 두타문학은 선택된 것이다. 머리말 역시 "두타문학으로 改題하면서 오늘을 바탕으로 내일을 설계하는 정신적 자세를 확립하여 지역 사회에 기여하는 문학인으로서의 긍지와 보람을 자랑으로 알며 진취적이고 행동적인 정진을 다짐"함으로써 개명 의도를 설명하고 있다. 이후 휴지기를 거친 『두타문학』은 시화전 자료집 형태로 약식 발행한 7집(1983) 이후 8집(1985)부터 제대로 된 연간지 형식을 갖춘다. 이때부터는 완전한 자생력을 지니어 현재까지 꾸준히 발간되어 왔다.

종합하자면 『두타문학』은 전체적으로 시 장르의 우위를 보이는 가운데 소설, 산문, 아동문학 등 다양한 장르의 창작이 지속적으로 이어지고 있다.

내용적으로는 전통적 리리시즘 경향을 위시하여 지역적 경험이나 이른바 향토문학의 양상이 주종을 이룬다. 이는 그대로 강원권 지역문학의 특성에 해당될 것이다. 한편 지역문학의 정체성이란 고정된 실체가 아니라 유동적이고 구성적 개념이라는 점을 염두에 둘 필요가 있다. 창작 방법에 있어서도 기존의 미적 판단 기준이 지닌 폭을 넓히고, 지역적 삶의 형상화라는 큰 틀에서 다양한 창작 실천을 위한 노력이 필요하다.

이런 관점에서 볼 때 두타문학회가 지닌 아비투스, 즉 동인지 활동의 개성과 메커니즘은 역으로 관성이요 한계일 수 있다. 익히 아는 바와 같이 한국문학사에서 동인지 문단은 이미 1930년대 후반에 막을 내렸다. 이어서 필자 섭외와 내용성을 담보하는 편집위원회를 위시하여 잡지 시스템을 갖추고 동인과 지역과 기타 경계를 넘나드는 전문 저널리즘의 시대가 형성, 지금까지 지속되고 있는 것이다. 두타문학회가 특정 지역을 거점으로 동인 경계를 구축하고 50여 년의 세월을 연간 기관지 발간에 주력하는 모습은 그 자체로 충분한 지역 문학사적 의미를 지닌다. 비판적으로 보자면 그것은 일종의 매너리즘일 수 있다. 지역 문단이라는 경계를 확장하고, 트랜스 로컬리티의 지향을 통해 미적 수월성을 담보 및 강제하려는 노력은 문학인의 권리이자 의무이기도 하다.

03

남은 100년의 길

두타문학회의 아비투스가 내재하고 있는 경직성은 어쩌면 그 내부의 문제로 한정되지 않는다. 문학적 다양성을 향한 외부의 노력이 병행되어야 한다. 두타문학회를 포함한 지역 문단의 활성화를 강제할 필요가 있다. 상대적으로 열악한 문학 인구의 양성과 제도적 저변 확대를 위한 다각도의 노력이 요구되는 시점이다. 한편 『두타문학』이 동인지 메커니즘을 견고하게 유지하고 있는 데에는 현 단계 문학 제도의 행정적 성격이 관계된다. 이는 이른바 파트롱(patron), 즉 후원 제도의 결과이기도 하다. 재정이 열악한 지역의 문학 단체는 기관지 발간 예산을 지자체 보조금으로 충당한다. 지역 문예 단체들 간의 문예진흥기금 분배가 매체 생산에 결정적으로 기능하고 있는 것이다. 시장 경제가 공고한 토대로 구조화된 이상 출판문화의 성립에는 자본 논리가 필연적으로 매개될 수밖에 없다. 이를 극복하는 시스템으로 보조금이라는 제도가 정착되었고, 오늘날 제도적 파트롱의 골자를 이루고 있다.

문학장의 파트롱 제도는 오랜 역사를 지니고 있다. 서양에서 문화예술을 지원하고 육성하는 문화는 이미 2천 년 이상의 전통을 지닌 것이었다. 중세에 이르러 파트롱의 사인화 경향은 여러 폐단을 낳았다. 급기야 이를 극복하는 것이 미적 모더니티의 핵심 과제 중 하나가 되었다. 도구화된 파트롱 제도로부터 벗어나 자율성을 쟁취하는 과정이 근대적 예술의 성립 과정이기도 하였던 것이다. 하지만 다양한 후원 제도는 오늘날까지 문학장을 비롯한 예술 전반을 추동하는 근본적 동력으로 여전히 작동하고 있다. 제도적 후원에 근거하고 있는 지역의 동인 매체는 묘한 역설의 구도 위에 놓여 있는 셈이다. 결국 문제는 자본이요, 자본의 강제를 넘어서는 방법은 주체의 자유이자 혜안일 수밖에 없다는 자의식이 필요하다.

창립 50주년을 앞두고 발간된 『두타문학』 41집(2018)에는 놀라운 풍경이 연출된다. 김익하, 박종철, 정일남과 같은 창립 당시의 회원들이 여전히 준수한 작품을 선보이고 있는 것이다. 이곳 출신의 문단 원로 이성교 역시 "停車場마다/ 仁情을 먼지처럼/ 뿌려놓고 가는/ 蔚珍行 버스"(「겨울 바다」)와 같이 관련 지역에서의 농축된 정동을 드러낸다. 이 작품은 겨울 바다를 배경으로 두고 오랜 문우를 향한 정담이라는 외형을 지니지만, 그 근저에는 인간의 실존적 환경에 관한 오랜 천착이 무의식적으로 배태되어 있다.

시인 정일남은 만해론을 선보인다. 한용운에 관한 일대기를 짧고 정연한 문장으로 정리한 글이다. 문학론의 정치함을 찾아보기는 어렵지만 시의 진정성과 관련된 확고한 신념과 탐구 자세를 엿보기에 충분한 논지이다. 중견 정도에 이르러 책을 멀리하는 행태는 개인의 물리적 한계라기보다 한국 문단의 병폐적 관습에 가깝다. 스스로의 자각과 실천 없이는 극복하기 어려운 문제일 것이다. 정일남의 텍스트는 진정한 문학의 길을 은연중 웅변하고 있는 듯하다.

김익하의 소설 「탱자나무집 현자」는 어머니의 부고를 접한 현자 씨의 이야기이다. 이 짧은 이야기 속에는 "일생 탱자나무울 속에 갇혀 살았"던 어머니의 삶, "사십 안팎에 남편을 잃은" 모녀의 운명이 주요 화소로 배치된다. "아버지를 향했던 그리움으로 맺혔던 눈물"은 주검이 된 어머니의 것이었지만, 유년에 아버지와 이별한 화자의 회한이기도 하다. 김익하는 근년에 『소설 이승휴』(2016)를 통해 탁월한 역사소설의 감각을 입증한 바 있다. 이승휴의 재현은 삼척이라는 장소의 역사적 정당성을 부여하고, 그 물화된 대상으로 죽서루를 복원하였다. 이 장편은 역사와 장소, 인물과 사건이 하나의 총체성 아래 길항하는 우리 시대의 서사시에 비견되었다. 「탱자나무집 현자」는 혈육을 향한 인간의 내밀한 감정과 존재론적 욕망을 긴장된 문장을 통해 재현하고 있다. 이 일련의 작업 역시 스스로의 창작 행위를 통해 문학의 길을 체현한 결과가 아닐 수 없다.

이들 작품은 『두타문학』의 현재성을 상징하는 대표적 예시이리라 본다. 이들이 보여 준 작가로서의 자세는 『두타문학』 50년의 문학사적 의미와 연동된다. 『두타문학』은 삶과 창작이 유리되지 않는 에크리튀르의 실존이요, 지역과 예술 공간이 하나의 장에서 길항하며 텍스트를 구성하는 문학적 경계에 해당된다. 이러한 진정성 앞에서 동인지로서의 매체적 한계에 대한 우려는 부박한 기우에 불과할지도 모르겠다.

『두타문학』이 100년이 이르기 전에 선배 문인들은 지상과의 인연을 다할 것이다. 아니 그때는 50주년 당대의 대부분 문인들이 작품을 발표하기 어려운 시간이다. 『두타문학』 41집에서 박종철 수필이 아프게 그린 "작품조차 쓰지 못하는 나는 한 마리의 벙어리 동물에 불과하다"(「꽃이 말을 걸다」)는 자화상은 우리 모두의 운명으로 다가오리라. 그럼에도 불구하고 『두타문학』의 여정은 앞으로도 지속될 것임이 분명하다. 새롭게 전개될 문학회의 미래가 절박함 속에서도 종요롭게 빛날 것임을 믿는다. 『두타문학』은 이미 스스로 로컬 히스토리가 되었기 때문이다.

문학, 운동, 로컬리티
—대전권 『작가마당』의 미래

01

2010년대 후반은 『작가마당』이 20년이라는 청년의 나이를 넘어 성숙에 이르는 시기이다. 대전충남권 문학 운동사에서 『작가마당』은 남다른 의미와 위상을 지닌다. 1998년에 결성된 '대전충남 작가회의'라는 조직은 관련 지역 내 민족문학 운동의 오랜 역사적 경험이 집약된 결과로 등장하였고, 같은 해 『작가마당』 1호를 발간하였다. 20대 대학원생 신분이었던 필자에게 『작가마당』과의 인연은 중층적이고도 운명적인 것이었다. 젊은 평론가 지망생이 지닌 좌충우돌의 문학적 세계관을 세련하고 정립하는 중요한 계기였다고 할 수 있겠다.

근대적 범주로서 문학은 미적 자율성의 영역에 해당되며, 그런 이유로 하나의 공준 아래 일반화될 수 없다. 짧은 역사에도 불구하고 오늘날 세계적 수준의 다양성이 한국 문학장의 개성에 해당되는 것은 문학이 지닌 생래적 본성이 우리 문화의 특수성과 결합된 결과일 것이다. 이때 개인을 비롯한 공동체적 삶의 반영으로서 예술을 이해하는 감각은 중요한 변수가 된다. 그런 감각은 내면의 자의식을 넘어서는 것이다.

한편 2000년대를 전후하여 사인화 경향이 심화되고 있는 문단 풍토 속에서 운동의 관점에서 문학적 세계관을 단련하는 조직적 계기는 점차 약화되고 있다. 예술 이전에 인간 자체가 관계로 규정되는 유적 존재로서의 본성을 지닌다. 인간이 지닌 사유 역시 삶의 환경에 좌우되기 마련이다. 젊은 상상력에 담긴 개성과 치기를 변증법적 감각의 부재로 한정할 수만은 없는 이유가 여기에 있다. 이처럼 변화된 문화적 배경 위에서 『작가마당』은 보다 다양하고 조직적인 소통의 계기를 함의할 수 있어야 한다.

『작가마당』은 출범 초기부터, 신생의 조직에서 펴내는 기관지임에도 불구하고, 시와 소설을 위시한 창작 장르는 물론 평론을 포함하는 종합지로서의 성격을 지니고 있었다. 이는 무엇보다도 그 전부터 지속되고 있었던 지역 내 문학 활동의 역량 덕분이라 하겠다. 척박한 문화 환경 속에서도 문학적 신심을 놓지 않았던 개별 단체들의 조직적 성과가 전제되어 있었기에 대전충남 작가회의의 성공적 전개가 가능했다고 본다. 그런 점에서 1989년에 결성된 '대전충남 민족문학인 협의회', 그 실체로서 '새날', '젊은시', '허리와어깨', '화요문학', '충남교사문학회' 등의 동인 활동은 『작가마당』의 역사와 더불어 소중히 기록되어야 할 것이다.

02

필자로서는 '맥락과비평 문학연구회'라는 소장 연구자들의 존재를 부기하지 않을 수 없다. 대개 지역의 대학원에 적을 둔 이들은 기존부터 공부모임을 지속하며 『라깡과 문학』(예림기획, 1998) 등 성과물을 준비하고 있었다. 당대 이들의 활동은 자연스럽게 작가회의 평론분과 작업과 연동되었고, 편집위원회 구성 및 잡지의 평단을 강제하는 하나의 소이로 기능하였다. 하여 발간 초기부터 지금까지 『작가마당』의 비평란은 기획과 필진 섭외에 있어서 평론분과 구성원들이 주요 역할을 담당해 왔다.

작가회의 산하 여느 지회와 달리 대전 작가회의의 독자적 평론분과 사업이 지금까지도 정기적으로 지속되고 있는 현황은 조직 자체의 위와 같은 발생적 맥락과 관계된다. 대전충남 작가회의가 출범 초기부터 시, 소설은 물론 평론 인자를 포함하는 조직적 구성이 가능하였다는 점은 매체 자체의 전문성과 완성도를 배가하는 물리적 조건일 수 있었다. 지역에 거점을 둔 대개의 문학장에서 겪는 실정적 어려움 중 하나가 본격 평론의 생산과 소통 문제이다. 이 역시 서울을 중심으로 평단이나 에콜이 집중되어 있는 학계 구조의 결과일 수 있다. 이러한 실태 속에서 해당 지역의 소장 연구자들이 관련 분과에 소속되어 『작가마당』의 평론 부문을 구성하는 데 기여하고 있는 점은 주목할 만하다.

더불어서 『작가마당』은 전문 문예지의 메커니즘을 담보하고자 노력하였다. 대표적인 예가 창작 노동에 상응하는 원고료 지급, 편집위원회의 실질적 활동을 통한 관련 콘텐츠의 기획, 그에 따른 전국 단위의 필진 구성 등이었다. 작가회의 지회 운영의 역사가 상당한 시간에 이른 지금도 일부 지역에서는 원고료를 지급하지 못하는 등 열악한 재정 형편을 벗어나지 못하고 있다. 또한 회원 작품에 국한하여 지면을 구성함으로써 연간 기관지나 동인지 형태로 스스로를 한정하는 경향도 볼 수 있다. 물론 그 자체가 가치판단의 기준일 수는 없다. 매체의 성격은 구성원들의 동의에 따라 달라질 수 있다. 어느 경우든 관련 매체의 위상과 역할에 관해 구성원들이 진지하게 반성한 결과이어야 할 것이다. 그러한 관점에서 『작가마당』은 분명한 입장을 지니고 있었다. 기관지나 동인지를 넘어 전문 문예지로서의 형식과 내용을 담보하고, 전국 단위의 소통을 출범 당시부터 목적으로 지니고 있었음을 기억할 필요가 있다.

약관의 시간을 지양해 온 만큼 이제 『작가마당』은 보다 성숙해져야 할 것이다. 문화 운동을 모토로 건 매체 입장에서 지역에 거점을 둔 전문적 문예지로 거듭나야 하는 것은 일종의 숙명과도 같다. 무엇보다도 2007년 이래 반년간지로 발간되고 있는 형태를 계간지로 전환해야 하는 과제가 시급하다. 이를 비롯하여 매체적 혁신의 문제를 진지하게 고민할 시점에 이른 듯하다.

매체의 위상과 구성 방식에 대해서는 여전히 회원마다의 입장 차이가 존재하는 줄 안다. 어떤 시각을 지니든 분명한 것은 『작가마당』이 전문적인 문예지요 건강한 문학 운동의 매개여야 한다는 사실이다. 그렇게 볼 때 『작가마당』은 보다 정치한 생산 시스템을 우선 담보할 수 있어야 한다. 이를 위해서는 전문적인 편집회의 테이블이 일상적으로 작동되어야 할 것이다. 계간지로의 발전적 전환은 편집위원회의 상설화를 전제해야만 한다. 가장 중요한 문제는 재정일 것이다. 현 단계 대부분 문학 단체들은 지역별 문예진흥기금에의 의존도가 크다. 회원 확충이나 문화사업 등을 통한 재정 문제 해결은 구성원 모두가 함께 고민해야 할 문제일 수밖에 없다. 2010년대 후반은 정권 교체와 더불어 적폐 청산이 시대적 과제로 공론화되고 있다. 이러한 정세 속에서 『작가마당』은 스스로가 담당해야 할 사회적 역할과 더불어 지역문학 운동의 매체 구조를 발전적으로 재생산할 전술적 목적을 분명히 지녀야 한다.

그보다 중요한 것은 내용적 갱신의 수준일 것이다. 위의 조직적 전환과 더불어 『작가마당』이 담당해야 할 문학적 내용으로서 가장 중요한 것은 무엇인가. 필자는 『작가마당』이 지역별 문학 운동의 교두보로서 기능해야 한다는 점을 다시 강조하고 싶다. 현재 대전 작가회의로 분화된 만큼 『작가마당』은 대전권 문학 운동의 거점 매체 역할을 담당해야 한다. 이는 『작가마당』이 지닌 현재적 의미와 연동된다. 필자는 오래 전 『작가마당』에 신동엽에 대한 생각을 다음과 같이 썼다.

> 신동엽 시세계는 현재와 과거를 등재하는 과정 속에 모순된 역사를 끊임없이 지양하고 있다는 점에서 문제적이다. 이것은 그가 살았던 당대의 문제로부터 비롯된, 당대를 극복할 수 있는 의식적 무의식적 실천이었다. 그의 시가 오늘의 관점에서도 여전히 유효할 수 있는 것은 이 당대적 질의 수위와도 관련된다. 즉 신동엽의 당대성, 그가 부여안고 치유하려 했던 민족의 아픔은 오늘날에도 여전한 상처로 남아 있다. 60년대의 모토였던 근대화주의가 민족적 난제를 해결하지 못하는 서구식 근대화론의 모델로 진행된 점을 염두에 둘 때, 그리고 그것이 오늘날에도 영향력 있는 그늘을 우리의 삶에 드리우고 있을 때, 근대성

> 의 동일화 논리에서 배제된 채 현존했던 이면의 질서를 발견하고 복원시키는 일은 매우 중요하다.(「신동엽 시의 현재성」, 『작가마당』 2, 1999)

이 말은 신동엽 시가 당대 문명에 대한 부정적 인식을 바탕으로 하되, 민중의 역사관으로 현실을 시화했음을 지적한다. 또한 그것이 오늘날에도 의미 있는 성찰의 방식을 제공하고 있다는 데에서 신동엽 시의 현재성을 찾을 수 있다는 언급이었다. 신동엽 시에 대한 필자의 생각은 지금도 다르지 않다. 그 소박한 시적 언어들 속에 문학의 진정성과 현재적 가치가 담겨 있다는 점에서 신동엽 시는 이 시대에도 여전히 유효하다. 이제 질문은 우리 스스로에게 되돌아와야 한다. 『작가마당』의 현재성, 곧 당대적 가치는 무엇인가.

2000년대 이후 지역에 기반한 문학 매체는 외형적으로 볼 때 범람의 수준이라 해도 과언이 아닐 것이다. 문예지의 홍수라는 상황 속에서 『작가마당』의 존재 이유는 항상적 고민의 대상이어야 한다. 『작가마당』의 당위성은 한국작가회의 대전지회라는 조직적 실체와 관련될 수밖에 없다. '지회'의 성격은 '로컬'의 의미론적 수위를 필연적으로 동반한다. 『작가마당』은 대전이라는 지역의 문학 수준을 제고하고 건강한 문화 풍토를 사유해야 하는 과제를 선험적으로 지니고 있는 것이다.

03

지역문학 운동의 내용 구성에 있어서 문학적 정체성과 문화적 고유성은 핵심적 기제이어야 할 것이다. 이러한 입장은 역설적으로 문화적 경계에 대한 반성적이고도 이론적인 성찰을 요구한다. 공간과 장소, 지역적 정체성을 반영하는 방식에 대한 미학적 고민이 뒤따라야 하는 것이다. 지역성의 문제를 소재주의적 관점으로 오해하는 수많은 경향에 대해 진지한 반성이 필요하다. 장소성의 반영은 소재를 포함하여 언어, 형식, 사상, 실정 등의 문제가 동시에 수반되는 미적 사유의 시간을 전제한다.

지역의 경계를 물리적인 차원으로 단순화할 때 지역이기와 분파주의의 한계를 은연중 답습할 수밖에 없다. 네그리와 하트가 말하는 '부패한 사랑'의 방식에 주의해야 할 것이다. 이들에 따르면 정체성과 통일성은 창조를 포함하지 않으며 차이 없는 반복에 그친다. 따라서 진정한 사랑은 "공통적인 것 안에서 이루어지는 특이성들의 마주침과 실험"(『공통체』)이어야 한다.

이때 강조되어야 할 것이 트랜스로컬의 관점이다. 트랜스로컬은 지역 경계와 정체성을 넘어 특이성들과의 조우를 감각하려는 목적의식적 상상력을 통해 가능하리라 본다. 이는 근공간 중심의 장소애 혹은 정체성을 향한 선험적 가치론에 집중되는 공간론을 극복하려는 실천적 태도이기도 하다.

『작가마당』은 건강한 문학 운동을 지향해 왔다. 문학 운동이라는 슬로건은 이념 지향적 태도와는 다르다. '운동'이라는 범주에 담긴 매카시즘적 색깔론과 좌파적 급진론 양자를 모두 부정해야 할 것이다. 문학은 삶을 반영하는 것이고, 삶은 운동으로 구성된다. 『작가마당』이 문학 이념으로 내세우는 운동은 삶의 본질을 구성하는 역학으로서의 운동이요, 취미나 여기로서의 자기만족적 수준을 넘어서, 보다 전문적이고 실천적인 문학 활동을 지향하는 방법론으로서의 운동이다.

청년의 나이를 경험한 『작가마당』은 앞으로도 왕성한 활동을 통해 지역 문학 운동의 선도적 매체로서 기능할 것이다. 되돌아보면 문제점이나 부작용이 없지 않았다. 누군가가 떠나가고 누군가는 새로 들어왔다. 때로는 상처를 받고, 조직적 와해의 순간도 경험하였다. 모든 편린들에 내재했을 진정성만큼은 의심의 여지가 없으리라 본다. 그리운 이름들을 하나씩 불러보고도 싶은 즈음이다. 문학을 선택한 우리의 삶이 매 순간 즐겁지만은 않겠지만, 가슴 깊숙한 그리움은 힘든 하루를 지탱하는 소중한 원동력일 것이다. 그렇게 기연의 에크리튀르는 우리 인생에서 지속되고 있다.

경계의 중층성
—부산권 시적 상상력의 지평

01

문학의 경계라 할 때 우선 떠오르는 것은 장르론적 수위이다. 근대적 학제가 보편화된 이래 문학은 언어를 매체로 하는 예술의 한 범주를 구성하였고, 시와 소설 등의 하위 장르가 여기 편제되고 있다. 하지만 미적 자율성을 근간으로 하는 오늘날의 문학은 그 미학적 원리로 인해 스스로의 경계를 해체하는 경향에 이른다. 고도화된 자본 체제와 더불어 규정하기 어려운 실존적 조건이 심화되고 있다. 문학 행위의 토대로 작용하는 현실이 바우만 식 '액체근대'(『액체근대』)의 유동성을 지니는 이상 문학의 형식을 한정하는 장르 경계는 개념적 정당성을 유지하기 어려운 실정이다.

경계의 중층성은 인식론적인 것이기도 하다. 경험과 인식과 표현 간의 지양을 통해 미적 가치를 추구하는 것은 문학의 발생적 맥락이다. 이런 지양의 방식이 문학적 인식론이기도 한데, 그 절차가 복잡해지는 과정에서 아포리아가 파생될 수 있다. 여기에는 미학의 분화, 경험의 사인화 등이 연동될 것이다. 더더욱 시는 가장 경제적인 언어로 인식을 매개함으로써 이중의 굴절을 거친다. 그리하여 오늘날의 시는 경계를 규정하기 어려운 미학적 아포리아 자체를 주된 성격으로 부여받고 있다.

다단한 개성으로 확산되고 있는 문단 경향은 시학의 모더니티를 입증하는 남다른 논거임이 분명하다. 동아시아의 변방 국가라는 사회구성체적 특수성은 문학장에도 극적 운명을 부여해 왔다. 그간의 사회적 모순을 충실히 반영했던 문학은 거대담론의 해체와 더불어 새로운 입지를 모색하고 있다. 장르와 인식 모두에서 미증유의 길을 생성해 나가는 중이라 해도 과언이 아닌 듯하다. 성패를 떠나 시단의 활황은 그 모색의 진정성을 반증하기에 충분한 기제라 하겠다.

그럼에도 불구하고 우리 문학장에는 함께 고민해야 할 문제가 여전히 산재해 있다. 외형적인 성장의 이면에 담긴 모순 혹은 오해는 시대적 부채일 것이다. 이에 대한 관심은 '언어 공동체의 미적 가치를 담보해야 할 시학'과 '공준을 거부하고 사인화되는 취향' 사이에 자리하는 간극에 대한 반성적 성찰의 의미를 지닌다. 젊은 상상력들이 사유하는 경계의 지평을 논의하는 과정에서 지녀야 할 입장이기도 하다.

02

서정시는 동화와 투사를 기제로 하는 동일성의 세계로 특화된다. 동일성의 지평이 빈번히 다루는 대상 중 하나로 내면의 경계를 들 수 있다. 이를 대표하는 게 이른바 전통 서정의 양상이다. 손화영 시는 자아의 순수한 내면을 전형적인 서정의 어조로 표현하는 경우에 해당된다. 이는 시집 『자운영은 피는데』(2007)로부터 근작에 이르는 일관된 경향이다. "빛 따라 발길 되짚어/ 얼어붙은 시간의 바닥에 홀로 서면/ 희부연 달빛은 그림자를 에워싸고/ 어둠을 사려 어디론가 떠내려간다"(「달밤」, 『심상』 2014년 11월호)와 같은 묘사는 손화영의 시상이 전개되는 방식을 잘 보여준다. 대상에 착목된 결 고운 시선이 정제된 언어로 친자연적 서정을 이끌어가고 있다.

순수한 의장에도 불구하고 서정적 자아의 내면은 갈등과 소란 속에 놓인다. 동일성의 지평이라는 것이 혼돈의 실존적 조건 위에서는 실상 위선적 시선일 수밖에 없다. 손화영 시의 화자가 「검은 방」(『쨉』 2집, 2013)에서

"진실이 사는 마지막 틈을 찾아/ 혼자 선 차가운 방" 혹은 "목 놓아 손짓하는 존재의 울타리"를 발견할 수밖에 없는 것은 이 때문일 것이다. 진솔한 언어의 거처가 "빠르게 늙어가는 시간을 따라/ 맹렬하게 허물어지는/ 내 안의 방"인 것도 불안한 내면을 반영하고 있다. 전통 서정의 세계를 충실히 따르는 손화영 시는 시류에 동요되지 않는 묵묵한 내적 경계를 견지해 가는 중이다.

이경히 역시 유사한 서정과 시상 전개 방식을 보여준다. 일상적인 언어로 생활의 단편을 담아내는 시편들은 소재를 향한 농익은 시선을 독자에게 익숙한 방법으로 드러낸다. 이경히가 그리는 생활의 경계는 "싱싱하게 자라는 배추 이파리들/ 시퍼런 배추 이파리들이 많아야/ 든든한 울타리가 만들어지지/ 배추 시래기같이 점점 말라비틀어지는 어머니/ 어머니가 품으시는 배추밭에서/ 어머니를 갉아 먹는 배추벌레로 자라는 시간"(「울타리」, 『시와사상』 2014년 여름호)과 같이 제시된다. 여기서 울타리는 구성원의 희생으로써 유지되는 가족 공동체의 질서로부터 부재와 실재가 기연 관계로 길항하는 존재의 형식까지를 아우르고 있다. 폭넓은 경계를 암시하는 비유이자 한 편의 우화와도 같은 양상이다.

「루드베키아」(『작가와사회』 2015년 겨울호)의 경우 이국에서 온 초화류를 빌어 동화풍의 서정을 드러낸다. "가난하면 사랑도 먼 나라 이야기/ 루드베키아/ 출신지가 어딘지는 제발 묻지 마세요/ 뒤돌아 다시 쳐다보는 사람이 너무 많습니다"라는 표현은 화초의 시선을 전유할 뿐만 아니라 다문화 시대를 살아가야 할 공동체의 윤리를 환기한다. 내면의 사유가 식물의 언어와 공동체 윤리라는 경계로 확장되는 형국인 것이다. 꽃을 소재로 시선의 공존을 구상하는 등 식물적 상상력은 이경히 시의 보편적 어법을 시다운 것으로 유지하는 특장이라 하겠다.

세계와 자아 사이에 놓인 경계를 향하는 시선은 언어의 개성적 배치를 포함하여 보다 다양한 방식을 산파한다. 가령 이은주는 "***내부의 소리를 듣기 위해선 외부의 소리를 빈틈없이 차단해야 해***"(「깊은 산책」, 『시향』 2015

년 여름호)라고 쓴다. 이탤릭체로 강조된 이 표현은 자아 탐색의 여정을 지시하는 일종의 정언명령처럼 들린다. 사회적 소통의 가치를 직설적 어조로 표현하기도 했던 이은주 시는 다른 한편에 자아의 깊은 내면을 정위시키고자 한다.

이은주의 근작들이 '공간'이나 '구멍'의 '깊이'에 천착하고 있는 양상은 위의 정언명령을 반영하는 편린이라 하겠다. "부연 눈물 속에 녹아 있는/ 은밀한 곳"(「영감」, 『문학들』 2014년 봄호)이라거나 "나를 미행하고 추궁하던/ 가볍고 어두운 빈 덩어리"(「염려의 진원지」, 『짭』 3집, 2014), 혹은 "서로에게 스며들어 새로운 세계를 만들고자 하는 열망이 가득한 무의 공간"(「구멍·2」, 『시와사상』 2015년 가을호) 등이 그것이다. 이들은 각각 "깊고 깊은, 물결"과 "깊은 바닥" 사이에 "셀 수도 없이 많"이 새겨진 존재들이다. 이처럼 이은주 시편들은 내면을 향하는 '깊은 산책'의 여정과 그에 따르는 감각들을 치밀하게 부조해가고 있는 중이다.

김요아킴의 시어는 시대의 기억에 보다 직접적으로 다가가고자 한다. 서정적 정황을 환기하는 장치들이 요소요소에 배치되어 시어의 일상성을 극복하려 하지만, 핍진한 삶의 반영을 추구하는 경향은 특유의 서사적 지평을 전경화하고 있다. 예컨대 「택시 안에서 서사를 읽다」(『사람의 문학』 2016년 여름호)에서는 "요금미터계가 은밀하게 상승하는 동안/ 창밖으론 불온한 용어들이, 하나 둘/ 흔들리는 불빛으로 곡예를 했다"는 첫 연으로써 택시기사의 기구한 인생 이야기가 발단된다. 기사가 들려주는 "짠한 서사"는 "남도, 시골, 농사, 가난, 가출/ 부산, 달동네, 공장, 야근, 저축/ 결혼, 장사, 성공, 부도, 택시 운전"이라는 일련의 화소로 열거될 정도로 구체성을 지닌다.

「어느 봄날의 기억」(『문학마실』 2016년 6월호) 역시 시대적 상처로부터 시상이 전개된다. 여기서는 "여린 꽃들이 매몰차게 수장된/ 한사코 눈 뗄 수 없었던 충혈된 그날/ 바람이 삼백 예순 날과 술래를 잡았지만/ 이미 보이지 않는 사람들의/ 연민"이 "어둠을 재촉"하거나 "이식된 봄날의 평화로움"을 규정하고 있다. 세월호 비극은 우리 시대를 제의의 시간으로 만들었다.

그 상처는 "심장이 쿵쾅대는 낯선 자본의 한복판"이라는 작위적 배경 제시를 불사케 하는 인식론적 배경일 것이다. 이처럼 김요아킴의 시어가 지닌 경계는 대사회적 의미 요소를 꾸준히 반영하고 있다. 서정적 자아의 전언으로 위장한 우리 시대의 자화상을 엿볼 수 있는 것이 김요아킴 시의 한 미덕이라 하겠다.

> 한옥에서는 풍경도 빌려쓰는 거라네요 차경(借景), 창을 내고 문을 내서 풍경을 들이는 일이 빚이라고, 언젠가는 갚아야 한다고
>
> 직업이 마땅찮아 어떨지 모르겠으나 가능하다면 저도 풍경 대출을 받고 싶어요 집 살 때 빚지는 것도 누가 재산이라고 그랬지요 빚 갚는 마음으로 살다보면 어느새 제 집을 갖게 된다고
>
> 풍경 좋은 곳은 다 부자들 차지라지만 아무리 좋은 액자인들 뭐하겠어요 청맹과니처럼 닫혀만 있다면요 어쩌면 세상에서 가장 지기 힘든 게 풍경 빚인 줄도 모르겠어요 가난하고 외로워할 줄 아는 사람에겐 창가에 스치는 새 한 마리도 다 귀한 풍경이니까요
>
> 갚는다는 건 되돌려준다는 거겠지요 빌린 나도 풍경으로 내어주어야 한다는 말이겠지요 도무지 뭘 빌려주었다는 건지 알 수 없다는 표정으로 무심하게 앉아있는 저 돌처럼, 저도 빌려갈 만한 풍경이 되어서
>
> —손택수, 「차경」(『현대문학』 2015년 9월호) 전문

손택수의 위 작품은 대화체 진술을 통해 풍경에 대한 입장을 표현하고 있다. 구어체 진술은 손택수가 구축한 익숙한 시적 어법이다. 존칭형 어미로써 사유의 겸손함을 가장하는 의장 역시 일종의 수사적 의문과 같은 형식일 것이다. 결국 이 작품은 잔잔한 어조가 함의하는 내부의 전언을 감각하는 것이 관건이라 하겠다. 그 이면에 근대 인식론의 경계를 도발하는 풍경의 주객전도가 자리하고 있다.

풍경은 근대적 자아가 지닌 동일자의 시선을 상징한다. 예컨대 가라타니 고진은 주체의 시선과 더불어 성립된 원근법에 주목한다. 원근의 중심인 자아의 시선으로부터 풍경의 경계가 구성되었다는 것이다.(『일본 근대문학의 기원』) 앙리 르페브르에 따르면 모든 공간은 사회적 공간이며, 그런 의미에서 생산된 공간이다. 자연은 어떤 이유도 없이 존재하지만, 그에 풍경으로서의 의미를 부여하는 것은 일종의 사회적 생산이다.(『공간의 생산』) 이처럼 자연에 관한 서정은 결국 인간의 서정으로 귀속된다. 위의 화자는 그런 동일자의 시선으로부터 근본적으로 벗어나고자 한다. 풍경을 빌린 빚을 갚는 행위가 "저도 빌려갈 만한 풍경이 되"는 것임을 직관적으로 깨닫고 있는 것이다. 손택수 시는 타자의 범주에 자연을 포함시킴으로써 주체마저도 그 일부가 되는 시적 공동체의 새로운 경계를 보여주고자 한다.

이러한 인식이 풍경에 관한 사유에서 드러난 시적 무의식일지 몰라도 오늘날 경계의 재구와 관련하여 의미 있는 단서를 제공한다. 거대담론이 약화된 시대의 공동체론은 우리 시학의 지평에도 시사하는 바가 크다. 현 단계 공동체를 사유하는 방식은 레비나스, 블랑쇼, 낭시 등에서 볼 수 있는 것처럼 윤리적 존재론의 입장을 강조하고 있다. 이들 이론은 민족과 국가라는 실체를 넘어 타자의 공동체를 역설한다. 이때 타자는 동일자를 전제하는 타자가 아닌 동등한 존재의 조건이자 절대적 외부로서의 타자를 가리키며, 존재론 역시 인식 주체를 중심으로 하는 것이 아니다. 민족문학의 지향이 강한 한국문학장에 있어서 초월적 타자라는 감각은 낯선 것일 수밖에 없다. 이들 공동체론이 시사하는 실존적 사건으로서의 타자와 특이성 지평을 적극적으로 전유해야 하는 것은 경계의 사유를 위한 주요 전제라 할 만하다.

03

시의 언어는 지시적 의미망을 벗어난다. 시어와 일상어의 차이점 중 하나는 감각을 지연시키는 작용을 한다는 데 있다. 문학이 미적 자율성이라는 공준을 지닐 때 시는 개인적 내면을 표현할 수밖에 없다. 그것이 '시'로 존재하기 위해서는 내면의 사유를 시적으로 구성할 형식이 필요하다. 이른바 시학은 시적인 형식을 이론화하는 대표적 담론이자 협의에 해당된다. 하지만 시학의 경계를 넘어서는 항상적인 운동 과정에 놓이는 것이 시어의 운명이다. 문학이 늘 소수자 문학인 것은 시어가 지닌 이런 혁명적 지향 때문일 것이다.

시적 상상력을 통한 내면의 반성에는 언제나 시학의 경계가 수반된다. 우리 시대의 젊은 상상력을 통해서 발견되는 특징 중 대표적인 것이 형식적인 쇄신이라는 점은 이를 증거하고 있다. 낯선 형식의 추구는 시를 구상하는 근본적 동력이기도 하다.

막다른 골목과 뚫린 골목들이 끝없이 나타났다가 사라졌다 부리가 긴 잿빛 새들이 어지럽게 날아다녔다 현기증 때문에 골목에 잠깐 서 있었다 아주 긴 골목이 보이는 대문 안에는 검은 항아리들이 가득했고 항아리 옆에는 풀들이 자라고 있었다 항아리를 밟고 옥상에 올라가 나는 아주 긴 골목을 내려다 보았다 낯선 사람들이 골목 중간중간에서 웅성거리고 있었다 그들이 주고 받는 이야기들이 골목과 이어진 작은 창문 안으로 흘러들어갔다 골목 옆 작은 방에서 아이들은 노란 이불을 덮고 잠들어 있었다 엄마들이 부르는 자장가가 노란 달 둥둥 떠 다니는 어둡고 긴 골목을 휘감고 도는 길을 따라 나는 걸었다

—김참, 「백일몽, 미로」(『시를사랑하는사람들』 2016년 1-2월호) 부분

때 하루 저녁
곳 하루살이처럼 임대해 준 산 157번지
인물 구둣방 박씨와 태극기와 열두시 그리고 병실

헉헉대는 병실에서 열흘째 혼자다. 바람이 들어온다. 그것도 잠시,
10원을 거리에 버렸다. 아무도 쳐다보는 사람이 없다
구둣방 박씨는 땅거미처럼 일찍 찾아온다
그림자처럼 등가죽이 말라 붙었다

박씨 아직 해가 떨어질 시간이 멀었는데

한동안 태극기가 바람에 견딘다는 말에
벌써 저녁이 오려나, 오늘은 구두 몇 짝이 전부다

—서화성, 「구둣방 박씨」(『시와사상』 2016년 여름호) 부분

김참의 서사적 시편들은 환상의 구조 속에서 무의식적 세계를 표출하는 것으로 잘 알려져 있다. 위의 「백일몽, 미로」는 "막다른 골목과 뚫린 골목들"이 중첩된 장소를 배경으로 화자가 처한 혼돈의 상황을 상징적으로 제시한다. 가로막힌 골목은 초현실적 기제로서 익숙한 소재이다. 이 미로와도 같은 상상의 장 위를 낯선 이미지들이 씨줄과 날줄로 얽혀 있는 형국이다. 이런 류의 작품은 앞서 본 풍경의 전치와는 다른 방식으로 동일성의 지평을 벗어나고자 한다. 시점 자체를 파노라마적으로 배치함으로써 서정적 자아의 견고한 입지를 해체하고 있는 것이다.

자아의 거처라 할 "내 방"은 "뒷문과 이어진 길고 긴 골목은 내가 한 번도 가본 적 없는 낯선 길과 미로"였다. 「손님」(『현대시학』 2016년 4월호)의 표현으로는 "모두 모르는 사람들이지만 모두 나를 알고 있"는 사람들이 가득한 "내 집이 아닌지도 모"르는 집이 그곳이다. 이들 고백은 해체된 자아의 장소성을 유비한다. 이때 「백일몽, 미로」나 「손님」의 서사적 언술을 요약하는 화소를 추론하는 것은 무의미하다. 김참의 시편들은 정체성의 허울을 벗고 이미지가 생성하는 주술의 세계를 상상할 것을 독자들에게 강제하고 있다.

서화성의 「구둣방 박씨」는 인간과 사물과 시간이 한 무대에 등장하는 대본의 형식을 취한다. 여기서 화자는 "바람은 사라지는 속도와 방향을 모르지", "첫사랑은 어디론가 날아갔다"는 식으로 부재에 관해 이야기한다. 의인화된 사물들이 한 공간에서 무료한 시간을 마주하는 장면은 "그림자처럼 등가죽이 말라 붙"은 것과 같이 피폐한 현실을 환기한다. 서화성의 작품은 이와 같이 사라져가는 관계와 장소에 대해 천착한다.

부재와 사라짐에 대해 주목한 작품인 「사라졌다」(『시계』 2014년 봄호)는 표제로부터 강렬한 언명을 통해 서화성의 최근 경향을 사후적으로 소급한다. 시대의 속도는 많은 것들을 사라지게 만든다. 누군가에게는 추억이었을 어떤 장소가 시간이 지나면서 사라진다. 원인은 다양할 것이다. 흔한 이유로서 제도의 구획에 따라, 상업적 논리에 따라 기존의 장소는 해체되고 재구성된다. 이 작품에는 "그런 날"과 "그런 추억"을 사라지게 만드는 기억의 경계가 직설적인 언어로 기록된다. 「지워진다」(『애지』 2014년 가을호)도 아예 소멸을 표제로 건다. 이 작품은 "지워지지 말아야 할 것들"인 '그림자, 웃음, 사진, 일기, 세월' 등 일련의 "당신의 것"에 대해 묘사한다. 안타까운 시선은 지워지는 시간 자체를 물화하여 기록하려 한다. 경계의 해체와 소멸을 시화하는 서화성식의 발상을 체현한 결과라 하겠다.

이들의 작품은 각기 독특한 표현 방식으로 소통의 불가능성과 존재의 결여에 대해 묘사하고 있다. 결국 암울한 시대와 존재론적 한계를 시어로써 부조하려는 공통된 지향을 지닌다. 자본의 모순은 사인화된 세계 속에서 더욱 구조화되고 있다. 결핍과 부재는 존재의 선험적 운명이기도 하다. 젊은 상상력 속에 담긴 불안의 이미지들은 우리 시대와 서정이 지닌 공적 색감에 비견될 것이다.

목장갑 낀 사람이 다가온다
나는 엉덩이로 두어 걸음 옆으로 비낀다
눈알로 양치기 하듯 활자를 구석으로 몬다
활자들은 떨어본 적 있는 듯 잘도 떤다

양들을 묶어 어디론가 가려는 목장갑
나는 비굴해진다
내 목을 조이려는 목장갑
양은 몰염치해진다

—김미령, 「부조리극」(『현대시학』 2015년 11월호) 부분

김미령의 시는 현 단계 시적 전위가 점하는 위상을 시화하는 양상이다. 표제로 내세운 '부조리극'이라는 장르 자체가 모순을 내재한다. "목장갑 낀 사람"과 "나"의 위치는 시적 구도에 결여된 개연성만큼이나 먼 거리로 "비낀" 채이다. 마치 부재의 시대를 웅변하는 것처럼 상황이 한 편의 부조리극으로 연출되고 있다. 작품 후반부에서 "결국 나는 조금도 계몽되지 못한다"거나 "활자들이 책갈피 사이에 짓이겨진다"는 언명은 부조리극의 절정을 환기한다. 계몽은 이성의 도구이며, 활자는 언어의 신체이자 문명을 상징한다. 화자는 이 모든 것을 의뭉스럽게 배반하고 있다. 양을 다루는 목장갑은 노동과 생산의 소품이다. 양을 모는 목장갑의 구도에 대비하자면 화자는 활자를 모는 시업의 종사자가 된다. 하지만 "나는 비굴"하고 "양은 몰염치"하다. 이는 계몽을 거부하는 화자의 의도적 태도로 보인다. 활자의 생산을 비판함으로써 제도화된 시작 행위를 부정하는 자세인 것이다.

김미령의 작품들이 언어를 해체하는 방식 속에서도 유사한 구도가 반복된다. 「공이 흐르는 방향」(『작가와사회』 2015년 봄호)에서 언어는 "내 말은 이미 굴러갔고 그 공이 흐르는 방향을 우리는 함께 지켜본다 고쳐 말하지 않고 그냥 놔두면 무엇을 쓰러뜨리는지 너의 상상이 툭툭 불거진다 내 몸 여기저기 돋아난 이상한 뿔들"과 같이 제시된다. 언어의 해체는 "나는 나를 위증"하는 분리를 부른다. 이때 사유의 조건으로서 언어는 성립할 수 없다. 「용어들」(『시와정신』 2015년 여름호)의 경우 "용어를 하고 왔다/ 용어를 나눠먹고 용어를 타고 이동했지만 용어 이후에 우리는 발전한 게 없다 용어를 가지지 못한다"와 같이 또 다른 부조리극의 형상을 연출한다. 이러한 표현은 "익사한 용어"와 같이 용법을 상실한 용어(冗語)로서의 언어를 부각하려는 요설과도 같다. 아도르노와 호르크하이머가 『계몽의 변증법』에서 비극적으로 지적한 바와 같이 진보적 사유를 가장한 계몽 프로그램은 재앙의 결과만을 낳았다. 김미령이 시로 그리는 부조리극 역시 주체와 이성의 환상을 풍자한다. 이 또한 언어 외부에서 기존 경계를 해체하려는 힘겹고도 어두운 의장이다.

> 누가 나한테 싸움을 걸어올지 궁금했는데 아무도 싸움을 걸어오지 않는다. 내 싸움이 너무 크기 때문이란다. 내 싸움이 너무 커서 아무도 끼어들고 싶지 않기 때문이란다. 이 말을 전해주는 사람도 이 말만 전하고 급히 사라졌다. 아무도 싸움을 걸어오지 않는 사람. 그게 바로 나라는 사실을 인정하고서야 내 싸움은 그칠 것인가. 누그러지기라도 할 것인가. 글쎄다. 내 싸움은 끝날 것 같지 않다. 국가 간의 싸움도 끝나고 이웃 간의 싸움도 끝나고 형제간의 싸움도 부모 자식 간의 싸움도 모두 끝나가는데, 끝날 수도 있는데, 내 싸움은 도무지 끝날 줄을 모른다. 모르는 것 같다. 그러니 모두 피하는 것 아니겠는가. 그러니 모두 자리를 비우고 사라지는 것 아니겠는가.
>
> —김언, 「싸움」(『문예중앙』 2016년 여름호) 부분

김언의 위 작품은 '싸움'에 대해 이야기하고 있다. 싸움은 갈등에 관한 가장 구체적이고 물리적인 행위에 해당된다. 하지만 이 작품에서의 싸움은 실체가 불분명하다. 싸움의 대상과 성격에 대해 화자 스스로도 알 수 없다는 고백이 적시되어 있는 것이다. 싸우는 행위는 분명하지만 그 대상과 실체를 알지 못하는 시적 상황은 적멸의 순간을 환기한다. 위의 지루한 진술은 시적 아포리아를 넘어 인식론적 판단중지의 이미지를 담아내고자 하는 듯하다.

이 비시적인, 그럼으로써 시적이고자 하는 진술들 속에도 화자의 내면을 계기하는 경험이 매개되어 있다. "국가 간의 싸움도 끝나고 이웃 간의 싸움도 끝나고 형제간의 싸움도 부모 자식 간의 싸움도 모두 끝나가는데, 끝날 수도 있는데"와 같은 진술이 화자의 상황 인식이 지닌 수준과 수위를 드러낸다. 국가, 이웃, 형제 등은 집단적 가치 개념을 상징하는 소재들이다. 이는 각각 영토, 지역, 가족 등 인류가 지녀 온 공동체의 단위를 지시한다. 이들 사이의 싸움이 끝날 수도 있다는 언급은 현대사회의 실정에 대한 시사적 판단일 수도 있고, 화자의 희망이 담긴 역설적 표현일 수도 있다. 어느 쪽이든 "도무지 끝날 줄을 모른" 채인 "내 싸움"의 정황을 대비하는 수단으로 기능한다. 이를 통해 제도적 실정의 추이와는 무관하며 또한 영원한 것이 나의 싸움임이 부각된다. 심지어 "이 싸움은 이미 나의 싸움이 아니"었고,

"나도 이미 내가 아니"라고 한다. "껍데기만 남은 내 몸에서도 싸움은 끊이지 않"는다.

자동기술적으로 장황히 펼쳐지는 무의식의 장을 논리로 이해하기는 어렵다. 싸움의 주체인 자아 자체가 해체된 형상은 동일성의 지평을 파괴하는 동시에 운동으로서의 존재라는 감각만을 전경화할 뿐이다. 이런 감각은 김언의 상징적 시편들 속에서 문득 떠오르는 "폭탄의 리듬"(「폭발」, 『한국문학』 2015년 여름호)과 같은 것이다. "리듬의 한가운데서// 나는 멈춰 섰다. 몇천 년은 거기 서 있었던 것처럼 나무가 서 있고"에서처럼 리듬은 운동이고, 리듬의 종합 속에 시간이 현전한다. 김언 시의 무의식은 자아의 지평이 소멸된 세계에서 감각과 시간이 함께 운동하는 폭발의 순간을 집요하게 추구하고 있다.

싸움의 의미를 갈등을 환기하는 보편적 개념으로 이해한다면 대상이 없는 '나의 싸움'은 내면의 갈등이자 소외에 대한 반성을 함의한다. 많은 시편들이 존재론적 고독을 반영해 왔다. 죽음이라는 선험적 한계, 결핍으로서의 본성 등이 대표적 기제이다. 더더욱 사물화 경향으로 인해 존재의 운명과 그에 대한 반성은 하나의 흐름이 되었다. 이런 정황은 경계의 상상력이 염세적인 언어유희를 극복하고, 타자의 윤리학을 포함해 존재론적으로 보다 치밀해져야 할 배경이기도 하다.

04

근대적 의미의 시는 생래적으로 고독한 경계를 구성하는 장르에 해당된다. 시는 언어의 경제는 물론 분행과 분연을 통한 단형 서정의 양식으로 규정된다. 어떤 예술에서도 시처럼 백지와 문자만을 지닌 단층적 장르는 존재하지 않는다. 동일자의 시선은 단형 서정의 형식이 지닌 단순성을 극화하는 절대 조건이다. 그럼에도 불구하고 물화된 언어의 감각적인 배치를 통해 스스로의 경계를 뚫고 생성을 지향하는 것이 시라는 역설도 익히 알려진 사실이다.

현대시는 이 모순의 지형 속에서 스스로의 경계를 극복 지양해 왔다. 이 글에서 에두른 시인들의 경우에도 다양한 경계의 시적 양상을 보여주고 있다. 시의 형식은 시학의 발생 시점부터 지금까지 숱한 논쟁의 대상이었다. 내적 자율성을 강조하는 근대문학이 보편화됨에 따라 시학의 임의성에 대한 다양한 입장이 제기된 바 있고, 결과적으로 미적 성가를 강제하는 기준이란 존재하기 어렵다는 것이 오늘날의 상식인 듯하다. 현대시의 지평으로서 형식적 개성은 이처럼 이론적으로 담보된 것이기도 하다.

우리 시대의 젊은 시편들을 접하며 드는 공통적인 생각은 재기에 찬 형식의 개방이 남다르다는 점이다. 앞에서 본 바와 같이 작가들은 언어 내부에서 혹은 그 외부에서, 서정적 자아의 보편적 내면에서 혹은 자아 자체의 외면을 지향함으로써 기존 경계들에 대해 도전하고 있다. 이런 다양성은 당대를 떠나 시가 지닌 특권이자 문학의 보편적 생리이기도 할 것이다. 시는 주어진 경계 너머를 지향하는 아방가르드로 늘 존재해 왔다.

언제나 그렇듯이 문제는 신진 시편들이 실험하는 미학과 우리 사회가 공유하는 가치의 지점, 그로부터 비롯되는 공통적 감각의 수준이라 하겠다. 이 시대의 시학적 공동체가 계몽적 장치라는 기준으로 통합될 수는 없다. 그러나 공동의 이해와 감각이라는 인식소 범주를 넘어설 때 시는 자의적인 재기나 언어유희로 전락될 가능성이 크다. 시의 상상력이 특이성의 지평과 미적 정동을 체현하기 위해서는 내면으로의 귀속을 벗어나려는 의식적 노력이 필요하다. 시는 시인과 현실의 관계로부터 드러나는 공동체적 매개물일 수밖에 없기 때문이다.

해양문학의 현 단계

01

한국 근대문학의 성립 과정에서 바다는 중요한 의미를 지닌다. 구한말의 제도적 격변과 더불어 근대적 '문학' 개념이 정립되는 과정은 계몽 담론의 언문화(諺文化) 과정과 크게 다르지 않았다. 삼면이 바다로 둘러싸인 지정학적 조건 속에서 '바다'는 계몽의 기원이자 제재로 기능하기에 충분하였다. 또한 바다는 그것이 지닌 원형적 의미로부터 서구 근대문학의 정형에 이르기까지 계몽 담론의 문학적 기제로 이미 전유되고 있었다. 그렇게 육당 최남선의 「해에게서 소년에게」(1908)는 운명적으로, 어쩌면 예고된 것처럼, 한국 문학사의 전범이 되었다.

근대시 100년의 역사적 경험이 축적되면서 문학은 미적 자율성의 영역이라는 예술적 본성을 성숙시켜 왔고, 2010년대에 이르러 미증유의 개성을 산파하고 있는 중이다. 해양문학 분야에 있어서도 그 다양성과 장르적 토대가 어느 정도 확보된 듯하다. 바다는 도구적 성격을 벗어나 삶의 장이요 내면적 전유의 대상으로 존재하게 된 것이다. 그럼에도 불구하고 현 단계 해양문학이 한국 문학장의 주변부라는 입지와 이른바 소수문학의 위상을 온전히 극복한 것 같지는 않다. 한국 해양문학은 여전히 소재주의적 관심 속에서 근근이 그 명맥을 이어가고 있는 중이다.

해양문학 관련 담론의 현 단계 수위를 일별함은 그것이 점한 자리를 증거하는 하나의 수단일 수 있겠다. 2000년대 이후의 양상에 주목해 볼 때 해양문학과 관련된 제도적 성과로는 『해양과 문학』(한국해양문학가협회), '해양문학상'(한국해양재단) 등이 대표적이다. 그 밖에 개별 지역이나 단체에서 주관하는 '여수해양문학상'(여수문인협회), '한국해양문학상'(부산문인협회), 『해양문학』(한국해양문화발전연구소) 등의 흔적을 볼 수 있다.

2003년 창간호를 낸 『해양과 문학』은 반년간지와 미간행 등을 반복해오다가 2017년 현재 연간지 형태로 20호를 발간하였다. 창간호 당시 창간사(「출범의 닻을 올리며」)와 소설 「교전 수칙」을 썼던 천금성(1941-2016)이 고인이 되어 20호 특집('천금성 소설가를 추모하며')의 대상이 되었다. 그의 활동에 대한 평가는 다양하겠으나 한국 해양문학을 개척해 온 공로만큼은 문학사적 의의를 지닌다 할 것이다.

'해양문학상'은 한국해양재단이 2007년부터 운영해오고 있다. 이 상은 "해양인의 진솔한 삶과 도전을 그린 문학작품을 통하여 해양에 대한 국민적 관심 유도와 중요성 인식 확산에"(『2016 제10회 해양문학상 수상작품집』) 기여할 목적으로 제정되었다. 이보다 앞서 '한국해양문학상'은 부산문인협회 주관으로 "신 해양시대를 맞아 해양에 대한 인식을 재정립할 수 있는 치열한 문학정신으로 한국해양문학의 폭과 깊이를 더할 참신하고 무게있는 작품을 발굴하는 데 그 의의를 두고 1997년 제정"(부산문인협회 홈페이지)하여 운영되고 있다. 2017년에는 배기환의 시 「윤슬의 푸른 수평선」 외 49편을 21회 대상 수상작으로 선정하였다. 이들 문학상은 공모 형식의 제도가 지닌 한계가 없지 않지만 해양을 소재로 한 작품을 꾸준히 발굴 및 소개하는 계기라는 점에서 충분한 의미를 지니리라 본다.

> 경매사가 종을 울리는 공판장
> 지친 트롤선이 마악 부려놓은
> 생선 비린내를 어루만지는 손가락이 있다
> 손가락이 움직일 때마다 기지개 켜듯 피어나는

꽃잎들
자갈치 꽃이 핀다
손가락이 만든 꽃잎은 바다의 기호

—신진련, 「오늘을 경매하다」 부분

이 작품은 『2015 제9회 해양문학상 수상작품집』에 수록된 금상 수상작이다. 부산 자갈치 시장 공판장의 치열한 경매 현장이 정제된 언어와 비유로 형상화되고 있다. "자갈치 꽃"을 피우기 위해 "제 몸을 터뜨리는 물꽃들"의 수려한 이미지가 인상적이다. 오랜 경험이 선제되지 않고서는 포착하기 어려운 감각일 것이다. 지은이 스스로는 "18년 동안 어판장에서 만나왔던 사람들이 제 안에서 발효되어 한 편의 시가 만들어졌"으리라고 당선 소감을 적고 있다. 문학과 체험의 필연적 연관, 삶의 장으로서의 바다 등을 엿볼 수 있는 서정적 국면이다.

개별 연구자의 활동 역시 해양문학 담론을 구성하는 중요한 수단이자 결과물일 것이다. 대표적인 해양문학 연구자의 한 사람인 구모룡은 『해양풍경』(2013)의 3부 '해양문학의 양상'에서 천금성의 해양소설, 김성식과 이윤길의 해양시를 재삼 강조하였다. 김경복 역시 「해양시의 양상과 그 의미」(『시의 운명과 혼의 형식』, 2010)를 통해 김성식 해양시에 주목한 바 있다. 해양문학의 꾸준한 성과에 비해 관련 분야에 대한 2000년대 이후의 이론적 모색은 더딘 편으로 보인다. 해양과 관련된 비평 담론이 일회성 사업이나 개별 작업에 국한되고 있는 경향을 극복하기 위해 제반 단위의 관심이 동반되어야 할 줄 안다.

이상의 제도적 현황을 통해서도 드러나는 바와 같이 해양문학 장르에 주목하는 경우는 대개 해양과 관련된 입지 조건을 갖춘 지역이나 단위 내에서이다. 이른바 중앙 문단의 명망 있는 문예지에서 해양문학과 관련된 기획이나 특집을 마련하는 경우는 드문 것이다. 이러한 현황 역시 문학과 삶이 하나일 수밖에 없다는 근본 전제를 확인케 하는 소이일 수 있다. 또한 이는 해양문학의 역사 속에 관련 지역의 고유한 로컬 히스토리가 각인되어 있다는 점을 연역하는 근거이기도 하다.

02

해양시는 관련 지역의 문단과 개별 작가들에 의해 꾸준히 생산되고 있다. 최근의 경향을 문예지를 통해 일별하자면, "산다는 것은/ 모아서 먹는 갯벌처럼/ 서럽게 고이는 그늘이었음을/ 어둠이 내린 적막한 바다였음을/ 그대는 아는가?"(강현주, 「농게」, 『신생』 2017년 겨울호)와 같은 표현을 볼 수 있다. 바다를 소재로 하여 삶을 내면적으로 성찰하는 전형적 방식이다. 여기서는 농게에 투사된 화자의 내면이 전경화된다. 이러한 방식은 바다를 다루는 서정시의 빈번한 구도일 것이다.

그 밖에도 "오래전 나는 이렇게 들었다// —검은 구름의 들판을 지나 검은 강물이 흐르는 협곡을 거슬러 오르면 거기 비석처럼 검게 탄 고사목이 서 있을 것이고 고사목 뿌리로부터 흘러나가는 검은 바다를 볼 수 있을 것이다// 나는 형이 그랬던 것처럼/ 검은 바다로 가기 위해 밤의 어둠 속으로 붉은 발가락들을 밀어 넣었다"(문신, 「검은 바다로 가는 길」), "바다가 스스로 깊어지는 곳/ 화포 방게들이 가까스로 바닷물을 끌고 와/ 뻘밭 가득 밀물 들게 하면/ 고양이도 차오르는 한낮의 침묵에 바다를 향해 털을 세운다"(김경애, 「화포(花浦), 그 그리운 포구」, 이상 『작가와 사회』 2017년 여름호) 등을 본다. 전자는 "검은 바다"의 상징을 통해 '형'에 대한 기억과 비의적 관계가, 후자는 "스스로 깊어지는 곳"의 물성을 매개로 순천만 화포 포구의 장소성이 부각되고 있다.

해양문학 양상을 연속 기획으로 소개하는 경우도 있었다. "아버지는 열아홉에 한 여자를 바다에 가두었네/ 아버지의 아버지가 사랑했던 그 여자/ 보이는 곳에 오두막 짓고/ 평생 떠나지 않았네"(권선희, 「섬」), "우도에서는/ 보이는 게 섬 반 바다 반"(사윤수, 「작은 섬—우도시편4」), "가을산에게

봄바다를 어떻게 전할까 고민하다/ 삼월초순에게 물었습니다"(오창헌, 「봄바다 편지」), "바닷물에 결이 있듯/ 삶에도 결이 있어/ 해류에 단련된 몸부림의 결"(이성배, 「기장 미역」, 이상 『동안』 2016년 가을호) 등이 그것이다. 우리 시대의 다단한 바다 전유 양상을 한눈에 접할 수 있는 순간이었다.

> 고래좌에서 족보로 대물림된 혈통이다 가훈을 거역하며 먼 해리를 맹목으로 연 항해, 성년이 된 지문으로 지느러미를 펼치고 윤슬 이는 부력을 타넘으며 청색시대의 비린내를 파도에 풀어나간다 (중략) 심연 아래로 침몰하는 순간, 고래가 예인선으로 떠오른다 대풍에도 끊어지지 않는 수평선으로 힘줄을 풀어 구명줄을 단단히 묶는다 고래 힘줄이 팽팽하게 당겨진다 파도 끝에서 아득히 추락하는 아뜩한 공포에 속죄하는 마음을 감싸듯 품는다 사랑의 징표로 등에서 분수공을 활짝 열어 비산하는 물보라로 오색무지개를 띄워 올린다 온몸에 벅찬 용서의 울림을 퍼트린다 생명선을 끌어당기는 거룩한 핏줄에 이끌려 닻별이 뜬 항구에 닿는다 아버지가 심해 속 무덤으로 돌아간 자리에 오동도가 언약의 등대불빛을 밝혀 심장 동맥에서 동백을 피운다
>
> —태동철, 「고래의 혈통」 부분

19회 여수해양문학상(2017) 시 부문 대상 수상작인 위 작품은 고래 사냥이 매개된 어느 삶을 역동적인 이미지로 재현한다. 생의 운명을 압축한 문장이 연속적으로 배치되는 국면이 한 편의 시적 서사를 방불케 하면서도, 인간과 고래를 넘나드는 감각적 전이가 시적 긴장을 유지하고 있다. '고래'는 대표적인 해양 생물로서 바다를 주제로 한 시편들 속에서 종종 전유되어 왔다. 예컨대 「고래」(김명이), 「고래 발자국」(임영석), 「고래를 꿈꾸며」(배한봉), 「고래를 위하여」(정호승), 「고래의 꿈」(송찬호, 최승자), 「고래의 항진」(박남철), 「나의 고래를 위하여」(정일근), 「독도 고래」(이청리) 등의 전사를 볼 수 있다. 「고래의 혈통」은 이들 고래 시편의 계보학을 잇는 흔적이기도 하다.

한편 시집의 최근 성과로서 김미령의 『파도의 새로운 양상』(2017)을 들

수 있다. 이 현학적인 표제의 실체는 "수면을 핥는 바람의 혀는 수많은 기호들을 파생시킨다/ 새로 태어난 관점 하나가 갈라져 간다"(「파도의 새로운 양상」)와 같이 지극한 내면의 운산이 펼쳐지는 장에 유비될 것이다. 그 밖에도 "파도치는 거리"나 "일렁이는 흰 건반들"(「캉캉」)처럼 시적 배경 속에 중첩된 바다의 이미지를 발견할 수 있다. 김요아킴의 『그녀의 시모노세끼항』(2017)에서는 "새벽을 틈타 빨간 고무다라이를 타고/ 정박 중인 남해의 큰 항구를 조업 중"(「어시장을 말하다」)인 '할매들'을 만난다. 어시장은 "비록 풍장 될 듯한 가난이지만/ 퇴적한 세월에 비례하는 손놀림이/ 예사롭지 않"은 삶의 현장으로서, 현상 너머의 실재를 재현한다. 시집 표제가 된 「그녀의 시모노세끼항」은 역사적 상상력과 이국적 소재를 동원하여 신화적 엘레지를 시도한 야심찬 기획이라 할 만하다.

이들의 바다가 시집 내에서 부분적인 화소라 한다면, 이윤길의 『더 블루』(2017)의 경우는 텍스트 전편을 가로지른다. 『대왕고래를 만나다』(2009), 『파도공화국』(2012), 『바다, 짐승이 우글우글하다』(2013) 등의 기존 시세계가 상징하는 바와 같이 이윤길에게 특화된 해양시의 경향에 대해서는 재론의 여지가 없다. 이번 시집에서도 이윤길은 해양시의 본령을 유감없이 보여 주었다. 그는 시라는 장르 자체가 "뱃사람의 생을 받아 적은 것"이요, 바다는 "뱃사람 삶의 시작과 끝"이며 "결국 뱃사람이 바다"(「시인의 말」)라 하였다.

실습항해사와 초보선원 겁먹지 마라
뱃전 곁 출렁출렁 뱃구레 문지르는
가리비양식장 부이같이 고요하다
흰고래 뿔을 닮아가는 삶의 유희
노틸러스 잠항처럼 부유하다
분기공 가득한 무지개처럼
고래는 포세이돈을 친구 삼고
그대는 고래를 해신으로 섬긴다

등댓불 가뭇한 먼 바다 심해에서
남극에서 북극으로 경계를 넘는 고래

굵어진 눈주름의 당신 그대가 고래다

—이윤길, 「당신이 고래다」 전문

이윤길은 문학과 삶이 일치하는 시인 중 한 사람이다. 뱃일에 건 일생과 그 결과물로서 해양시 장르의 일관된 추구는 해양문학사의 관점에서 중요하게 기록되어야 할 이력임이 분명하다. 위 작품은 앞서 본 고래의 계보학을 잇는 이윤길식 서정의 사례이다. 화자는 "실습항해사와 초보선원"에게 그들 스스로가 "고래"임을 적시한다. 핍진한 경험과 관련 노동에 대한 자긍심이 없고서는 드러내기 힘든 표현일 것이다. 나아가 이윤길 시는 "침몰도 어쩔 수 없는 바다의 부분"(「파도」, 『작가와 사회』 2017년 겨울호)이라고 단언하기도 한다. 이는 바다가 된 화자가 세상에 던지는 경구일 것이다. 이어서 "산그늘 만겹 붉은 꽃은 피어도/ 부서지거나 무너지거나 솟구쳐도 그건 벽/ 지상을 벗어나 물방울로 돌아갑니다// 나는 파도입니다"라고 쓸 때, 그것이 파도에 투사된 자아의 정동임을 의심하지 않는 이유는 바로 이윤길 시에 전제되어 있는 진정성 때문이라 하겠다. 수부(水夫)들의 해양 체험을 구체적으로 형상화한 것이 해양문학의 장르적 조건이라면 이윤길 시는 한국 해양시의 적자일 수밖에 없다.

03

최근 해양시 관련 시집의 성과 중에서 간과할 수 없는 사례가 류재만의 『여기 울릉도, 오징어』(2017)일 것이다. 류재만은 해양 노동에 직접 종사하지 않으면서도 해양문학을 일관되게 추구해 왔다. 기존에 상재했던 『어달리 바다』(1999), 『해비늘 벗기기』(2002), 『파도를 재우다』(2006), 『나루』

(2013) 등은 모두 바다에 대한 일련의 헌사에 다름 아니다. 류재만 시는 해양과 관련된 경향을 지님은 물론, 단순한 소재주의를 넘어 목적의식적인 장르 실험을 지속하고 있다는 점에서 문제적 대상임이 분명하다.

『여기 울릉도, 오징어』는 표제가 환기하는 것처럼 주로 울릉도와 오징어를 소재로 하는 작품을 묶은 것이다. 특별한 기교나 상징적 장치가 두드러지지 않음에도 쉽게 읽히지 않는 이유는 일관된 내면적 독백의 어조, 그 진술을 이끄는 방언 투 표현, 특정 표지가 생략된 발화 주체의 전환 등이 혼효됨으로써 낯선 독서의 시간을 이끌기 때문이다. 예컨대 "관솔불 오징어잡이는 한 길 물속이 한계"이지만 "걱정할 내일이 없"는 반면, "열 길 백 길 넘어 들어가는 집어등 연승잡이"는 "눈먼 놈 하나 없게 되"어 "내일은 물론 또 내일이 참 걱정되게 되"(「관솔불과 집어등」)는 결과를 낳았다. 문명의 발달에 따라 인간과 자연이 황폐화되어 가는 모순의 현실을 지적하는 셈이다. 이 작품은 단순한 시형이지만 이번 시집의 형식과 주제 의식을 집약적으로 보여주고 있다. 구체적인 진술이나 설명을 동반하지 않은 채 관찰자의 시선과 생활의 언어로써 관련 정황을 담담히 묘사할 뿐이다. 여기서의 구어체 표현, 휴지와 공백, 언어유희, 시적 반전 등의 외장을 기억할 필요가 있겠다.

류재만 시에 등장하는 삶의 영역에서 가장 빈번한 형태는 '뱃일'과 관련된다. 뱃일은 구체적 노동의 형태로 반복해서 배치되는데, 예컨대 "하장도 아무나 하는 게 아니다/ 빙가리꾼처럼 죽어라고 작업을 하지 않아도 되고/ 선주에게 떼어준 몫에서 떼어 받는 월급쟁이고/ 소주 서너 병 정도는 찬값을 더는 요령에 달려 있고/ 기관방에 붙어 있어/ 배오징어 말리기 이래 좋은 데 없다"(「하장과 빙가리꾼」)와 같은 대화는 익숙한 장면 중 하나이다. 주석에 따르면 '하장'은 "식사를 담당하는 선원"을, '빙가리꾼'은 "이 배 저 배 옮겨 다니는 초보 어부"를, '배오징어'는 "조업 중 해풍으로 말린 오징어"를 가리킨다. 특정 공간을 떠나 존재할 수 없는 언어들이다. 또한 울릉도는 이번 시집의 중요한 화소이자 장소이다. 표제가 되는 소재인 만큼 울릉도의 형상은 시집 곳곳에 배치된다. 그 중에서도 「울릉도 뱃길」은 울릉도의 역사와 장소성을 집약하고 있다. 또한 우리가 왜 울릉도라는 장소에 주목해야 하는가를 암시하면서도 서정적 형상화에 성공한 작품에 해당된다.

그 밖에 시집의 내용적 범주로서 설정할 만한 단위는 풍속의 차원이다. 해양 문화에 대한 다양한 형상화 양상이 그것이다. 예컨대 "사타구니 가운데에 예리하게 벼린 칼을 찔러 넣는다/ 아픔을 줄이려는 의도는 전혀 아니다"로 시작하는 「오징어 할복」은 오징어 회와 관련된 제반 풍속을 상세하고도 재미있게, 한 편의 드라마처럼 묘사한다. 그런데 류재만 시가 바다의 문화를 낭만적인 서정을 통해 우화적으로만 그리는 것은 아니다. 시집 속에는 비판적 역사의식을 비롯하여 물신주의로 점철되는 현실에 대한 냉철한 판단이 도사리고 있다.

> 대곤 위에는 대붕을 그려주세요
> 대붕의
> 한쪽 발은 지구를 낚아채고 있고요
> 발톱이 지구를 꿰뚫고 있어야 합니다
> 한쪽 발은 대곤의 창자를 벌리고 있고요
> 남은 발들은 꺾인 날개 위에 뚝 꺾여 질질 끌려가듯 그려주세요
> 중요한 건 모든 걸 놓아 버리고
> 지구를 떠나려는 의도를 그려 넣는 건데요
> 지금일까 조금 더 기다릴까
> 하는 망설임도 있어야 합니다
>
> —류재만, 「남극(南極)과 북명(北溟)」 부분

이 작품은 지구 온난화라는 문명의 역설을 다룬다. 첨단 문명의 발달은 인간의 삶에 유래 없는 편리를 가져왔지만, 그 대가로 자연의 황폐화를 낳았다. 자본주의라는 제도가 전 지구화된 이래 오존층 파괴는 가속화되고 있다. 여기서 화자는 '대곤'과 '대붕'을 소재로 한 편의 그림을 그리고자 한다. 대곤과 대붕은 곤붕(鯤鵬), 즉 『장자』에 나오는 상상의 물고기와 새를 가리키

는 듯하다. 사전적 의미에 따르면 대붕(大鵬)은 하루에 구만 리를 날아간다는, 매우 큰 상상의 새를 뜻한다. 북해에 살던 '곤'이라는 물고기가 변해서 되었다고 기록되어 있다. 그런 대붕은 화자의 화폭에서 발톱으로 "지구를 꿰뚫고", 또 "대곤의 창자를 벌리고" 서고자 한다. 이 부정적인 이미지의 소이는 "셀 수 없는/ 더러운 발가락"일 터인데, 이는 곧 "사람의" 것이다. 인류의 욕심이 괴물의 형상을 낳은 형국이다. 화자가 원하는 캔버스는 가히 그로테스크하며 또한 혁명적이다. 회화의 역사는 급변하는 패러다임과 시대적 혼돈에 저항하는 강렬한 이미지를 기록해 왔다. "안광조차 없는 눈알들"의 소묘는 극단적인 아방가르드 화풍에 비견될 법하다. 이처럼 「남극과 북명」은 신화적 상상력을 동원하여 우리 시대의 묵시록을 현현하고자 한다.

가장 큰 쟁점은 서사시의 국면일 것이다. 류재만의 서사시를 향한 기획은 기존의 문학 지평 속에서도 확인된 바 있다. 단편 서사시 「파도를 재우다」(『파도를 재우다』)나 장시 「나루」(『나루』)는 대표적인 예시일 것이다. 이번 시집에서도 장시의 실험은 계속되고 있다. 『여기 울릉도, 오징어』의 3부는 장시 「오징어, 놀다 가다」에 할애된다. 원고지 220매에 이르는 장시로서 소제목에 따라 7장으로 분류된다. 각 장의 소제목은 '오징어의 오징어', '회유의 오징어', '부부의 오징어', '아버지의 오징어', '아들의 오징어', '어머니의 오징어', '오징어 놀다 가다'와 같다. 이 작품은 여러 면에서 파격적 의미를 지닌다. 무엇보다 장시라는 형식 자체가 전위적인 것이다. 이런 식의 장편은 성패를 떠나 발표 지면을 구하기조차 어렵다. 발생과 유통이 '잡지'라는 제도적 메커니즘으로 전제되는 현실을 모를 리 없는 시인이 장시의 실험을 고집하는 데에는 분명한 이유가 있으리라 짐작된다. 시적 서사가 아니고서는 재현될 수 없는 풍속과 로컬 히스토리의 실재가 「오징어, 놀다 가다」의 배면에 작동하고 있음을 기억할 필요가 있겠다.

니 어데서 왔나?
니 뒤 따라 왔아

어디서부터 따라왔는데?
다리가 다섯 쌍으로 붙어 있었고 그것도 대가린 줄 아는 지느러미에 붙어있을 때부터 따라왔는데 왜 묻는데?
고만할 때면 여기서 아주 먼 물이 뜨신 남쪽 동넨데
하도 어려서 기억이 거의 없지만 흉내를 내며 따라오더라니 다리가 떼어지더라
니가 기억하는 제일 오래 된 데는 어디나?
몰라 눈을 뜨니까 니가 있었던 것밖에 대가리에 다리가 붙어 있는데 어째 알겠나
니네 엄마는 어데 있나?
낳자마자 배가 고파 뜯어먹은 그게 엄마 아닌가 싶아
어데서?
밤꽃 냄새가 뿌연 거기가 어딘지 보여야 알지
엄마는 뜯어먹었다 치고 아부지 얼굴은 봤나?
아부지를 봤으면 아부지 따라 갔지 니를 따라 왔겠나
니 내가 보이나?
아니 시커먼 목소리는 들리는데 희미하게 어른거리기도 해

—류재만, '오징어의 오징어'(「오징어, 놀다 가다」) 부분

텍스트 내부를 보자면, 「오징어, 놀다 가다」는 '어머니의 오징어'를 제외한 나머지 장들이 위와 같은 대화체로 전개된다. 위 장에서는 오징어-되기의 시선을 통해 탄생과 이동, 생존과 번식에 관한 이야기가 어떤 박물지보다 생생하게, 특유의 만담 형식으로 전달되고 있다. 각 장의 발화 주체는 오징어와 오징어, 남편과 아내, 아들과 부모 등으로 변주된다. 방대한 시적 서사를 대화로만 이끄는 데에는 정치한 구상이 필수적이다. 시상 전개나 정황의 개연적 전달에 있어서 곤란이 불가피하기 때문이다. 또한 특징적인 것은 시점이 표제에 따라 오징어, 부부, 아버지, 아들, 어머니 등으로 이동한다는 점이다. 동일한 시적 상황이 각각의 시각에 따라 달리 발화됨으로써 다성의 언표를 구현코자 한다. 또한 화자의 이동은 시간의 공간화라는 시적 효과를

낳는다. 이는 사건의 입체적 구성을 위한 카메라 기법과 유사하다.

『여기 울릉도, 오징어』는 류재만 시세계에 있어서 지금까지의 경향을 집약하고 일단락 짓는 하나의 기점이라 할 만하다. 그런 만큼 기존의 형식과 주제의식을 반복하고 있다. 이런 양상은 류재만 시가 지닌 한계이기도 하다. 작품과 작품이 서로를 넘나들며 씨줄과 날줄로 교차되고 있는 장면은 시적 서사가 취한 긴밀함의 구조이겠지만, 관점에 따라서는 소재의 제한이요 기법의 반복으로 평가될 수 있다. 더불어 엄밀하지 못한 시어 운용, 요설 투 진술로의 경사, 그로 인한 시적 긴장의 상쇄 등은 류재만 시세계가 재고해야 할 미학적 영역임이 분명하다.

이렇듯 현 단계 해양시는 여전히 정중동의 파고 위를 운항 중이다. 지난 『신생』 2017년 가을호에는 시인 이해웅(1940-2015)의 추모 특집이 마련되었다. 그에게 바다는 "밤마다/ 반란을 모의"하는 장이었다. "그것도 해저의 은밀한 곳에서/ —가장 비굴한 자를 위하여/ —가장 불의한 자를 위하여"(「반란하는 바다」, 『반란하는 바다』, 1977) 그러하였다. 지금의 바다는 어떤 모습인가. 류재만 시의 묘사대로라면 바다는 "지구를 떠나려는 의도"를 지닌 대붕이 "지금일까 조금 더 기다릴까"(「남극과 북명」) 하는 기로의 순간을 맞고 있다. 그렇다면 바다의 반란이 더욱 절실한, 불가피한 시간이 지금이지 않을까. 우리 모두가 이 긴장의 순간으로부터 자유로울 수 없는 실정은 해양시가 나아갈 운명의 좌표를 예고하고 있는 듯하다.

2부

경계와 경계 너머

스러져 다시 빛나는
—심연수의 정본 작업의 의미

01
심연수, 소외된 비극

심연수(1918-1945) 시가 세상에 알려진 지도 상당한 시간이 흘렀다. 일제강점기에 청년의 시간을 문학의 꿈과 함께 살다가, 해방을 목전에 두고 통한의 삶을 마감해야 했던 심연수. 그럼에도 불구하고 27년 시인의 삶은 담대하고 찬란했다. 이제 심연수 시를 대하는 독자들의 자세도 약관의 시간이 부끄럽지 않게끔 보다 성숙하고 책임 있는 그것이어야 할 즈음이다.

심연수는 2018년을 기점으로 탄생 100주년을 맞았다. 이때 심연수 외에도 김경린, 문익환, 박남수, 박연희, 오장환, 조흔파, 한무숙, 황금찬 등이 1세기를 기념하였고, 그에 따른 다양한 행사가 관련 단체나 지역을 중심으로 진행되었다. 이들은 중일전쟁과 민족말살정책 등 제국주의 폭력이 가속화되던 시기에 청년기를 보냈고, 해방과 한국전쟁이라는 민족사의 변곡점을 온몸으로 체험했다는 공통점을 지닌다. 하지만 각각의 문학적 경향은 파란만장한 시대적 격차만큼이나 다양하게 변주되었던 것이 사실이다.

심연수는 이들 작가 중에서 가장 극적인 운명의 소유자라 할 만하다. 정식 등단의 절차를 거치지 않았음은 물론 인쇄된 시집 한 권이 없는, 기구하고도 어쩌면 기형적인 시인이 심연수였던 것이다. 해방을 불과 일주일 앞둔 시점에서 불의의 사고로 희생되었다는 점 역시 한국 사회와 문학사의 비극적 전개에 유비될 법하다. 이러한 역사전기적 사실 자체가 한국 문학장에 있어서는 드라마틱한 문학적 사건이자 경험일 것이다.

심연수 시는 사후 반세기가 넘어 세상에 드러났다. 한국 문학사에 있어서 소외된 비극이 아닐 수 없다. 이후 일부 문인과 학자의 헌신적인 노력으로 하나의 우화가 되었다. 그 과정에서 감정적인 상찬이나 부분적인 비판이 공존했던 것도 사실이다. 이제는 냉정히, 보다 전문적으로 심연수 문학의 실체를 재구할 조건이 무르익었다. 심연수 문학이 지닌 현재적 의미 중 가장 중요한 문제는 무엇보다도 그가 남긴 문학적 가능성의 차원이어야 한다. 심연수가 선취한 미적 수월성과 예술적 가치는 방대한 육필 원본의 의미를 규정하는 핵심적 소이일 수 있는 것이다. 물론 이에 대한 본격적인 논의는 육필 원고에 대한 개별적 분석을 통한 귀납의 과정과 다르지 않다.

02

육필 정본의 운명

근대적 의미의 문학은 곧 매체의 문학이라 비유할 수 있다. 이는 오늘날의 문학이 근대라는 제도와 더불어 존재하는 이상 잡지나 단행본 같은 출판 시스템과 불가분의 관계 하에 놓이기 때문이다. 신문학 초창기를 이끈 계몽 매체나 한국 문학장의 초석을 다진 1920년대의 동인지 문단은 고전적 예시에 해당될 것이다. 그렇게 볼 때 '육필 정본'이라는 표현은 그 자체로 모순적이다. 출판 인쇄와 같은 전문적 제도를 거치지 않은 초고나 육필이 정본이 될 수는 없기 때문이다. 한편 그런 정의가 시인 심연수에게는 적용될 수 없다. 그에게는 출판자본이나 제도에 의해 결과된 정본으로서의 텍스트가 생전에는 존재하지 않았기 때문이다.

주지하는 바와 같이 심연수 시는 『만선일보』에 게재된 5편의 작품을 제외하고는 육필로만 존재한다. 따라서 심연수 시는 정본이라는 것이 필연적으로 육필일 수밖에 없다. 이는 심연수 문학의 비극적 운명을 지시하는 데 그치지 않는다. 이러한 정황은 그 자체로 한국 근대문학의 다양성 혹은 특수성에 비견될 수 있다. 여전히 날것 그대로의 상태로 남아 있는 심연수 육필은 다양한 접근의 가능성을 부른다. 나아가 한국 문학장의 실정을 되돌아보는 여러 시사점을 함의하고 있다. 이러한 중층적 맥락은 심연수 육필이 지닌 여전한 현재적 가치에 비견될 것이다.

육필 정본으로서의 심연수 문학이 환기하는 대표적 가능성은 다음과 같다. 먼저, 문학사적 특수성의 차원에서 중요한 의미를 지닌다. 한국 근현대 문학은 서구에서 기원한 장르 양식을 일본으로부터 간접 수용하게 되는 특수한 맥락을 지닌다. 그로 인해 다소 제한적인 미적 범주로 정착되기에 이른다. 그러한 배경 속에 일본 제국주의에 의한 정치적 폭력이라는 큰타자적 경험이 존재한다는 것은 한국 문학장의 운명일 수밖에 없다. 정립기 문학 제도의 성격은 지금까지도 이어지고 있다. 그 결과 문학 에콜을 중심으로 한 등단 제도, 모더니즘과 리얼리즘의 세계관적 대립, 민족문학적 경향의 선험적 가치 등이 지속되고 있다. 반면 육필로만 존재하는 심연수 문학은, 본의 아니게, 그 어떤 주류적 현상에도 치우치지 않은 특수한 지위를 점하게 된다. 이러한 비주류적 현상에 대한 천착은 그 자체로 한국문학의 특수성이자 다양한 발생론적 기원을 밝히는 중요한 기제라 하겠다.

다음으로, 심연수의 육필 정본은 원전비평의 가능성과 한계를 함의한다. 심연수 문학은 여전히 원전비평의 보고로 현전하고 있다. 영미 신비평의 영향 아래 출발한 한국 현대문학 연구는 오늘날에 이르기까지 구조주의로 상징되는 형식 분석의 경향에 치우쳐 왔다. 그 결과 유럽 철학에 기원을 둔 비평이론이나 방법론적 모색이 활황을 이루는 반면 정치한 원전비평의 중요성은 간과되어 왔던 게 사실이다. 추론컨대 심연수 문학의 객관적 전모가 모든 독자들에게 유통되기까지의 과정이 쉽지만은 않을 것이다. 그것은 치밀한 원전비평의 대상이자 결과이어야 한다. 내용적으로만 보자면 시인 스스로가 수기로 정리한 육필 시집은 심연수 문학 정본의 주요 단위가 되어야 할 것이다. 원전비평을 위해서는 육필 형태를 그대로 영인할 필요가 있다. 그런 점에서 강릉문화원이 발행한 『심연수 육필 시고집』(2018), 『심연수 시 정집』(2019) 등은 지대한 의미를 지닌다. 심연수가 실제 창작 활동을 한 시기적 폭이 넓지 않은데, 제작 순서로 정리된 이 시고집은 기초 자료로서의 의미가 충분하다. 이어서 방대한 기타 산문의 고증과 집대성 역시 원전비평의 쟁점 영역일 것이다.

그 밖에도, 심연수 육필 정본은 미학적 이항대립 너머에 존재하는 텍스트라는 점을 주목할 필요가 있다. 한국 문학장은 근대문학 출범 전후를 비롯하여 현재에 이르기까지 모더니즘과 리얼리즘의 세계관적 대립을 창작의 동력이자 제도적 기능의 핵심 기제로 지녀 왔다. 오늘날 한국 문단을 대변하는 한국작가회의나 한국문인협회의 존재와 활동은 단적인 사례일 것이다. 심연수 문학은 이러한 이항대립적 제도나 미학에 치우치지 않는 텍스트에 해당된다. 이에 대한 심층적 고찰은 오늘날과 같은 문학의 종언 시대에 다양한 시사점을 파생할 수 있다. 장르 본연이 지녀야 할 정론적 가치를 위시하여 삶의 예술로서 푸코식의 문학적 파레시아(parrhesia, 진실을 말하는 용기)를 사유할 수 있는 중요한 계기가 될 수 있는 것이다. 심연수 문학이 근대 초기의 문학장을 지배했던 정치적·미학적 이데올로기로부터 자유로울 수 있었다는 사실은 문학 본연의 가치와 기능을 환기한다. 그것은 곧 삶의 문학으로서의 가능성과 다르지 않다. 1940년의 1년 간 일기를 통해 추론할 수 있는 심연수의 삶의 입장은 건강한 청년 지식인으로서의 윤리적 태도로 귀결된다.

때론 무의식적으로 식민지 지배 이데올로기를 수용하고 있다고 하더라도, 그것이 내면화된 논리로 발전되는 것은 아니다. 심연수의 육필 증언은 너무도 순수하고 소박한 수준이다. 그렇다면 심연수의 자유로운 문학적 글쓰기는 미적 자율성으로서의 근대적 문학을 체현한 전형적 사례라 할 수 있다. 더더욱 심연수 시는, 비록 의도한 것은 아닐지라도, 제도적 범주화의 영역 너머에 존재한다. 이는 이른바 황국신민화를 강화하는 3차 조선교육령이 공포(1938)되고 중일전쟁이 가속화되던 시기, 재만 조선인 문단에서 자생한 문학적 파레시아의 전범이요 윤리적 글쓰기의 실천이라는 의미를 지닐 것이다.

03

일상의 에크리튀르

선행 연구들에서도 강조하는 바와 같이 심연수 문학의 미학적 입장 중 하나로서 이른바 대지의 상상력을 들 수 있다. 시인 심연수를 상징하는 에피세트이기도 한 작품 「소년아 봄은 오려니」 역시 대지의 상상력을 환기하는 대표적 예시일 것이다. 이와 연동되는 문제로서 심연수는 '대지'의 수사를 목적의식적으로 전유한 바 있다.

눈에 덮인 큰 가슴
굵다란 맥박에 움직이는 모양
햇살은 가늘게 찢어졌고
바람결은 모질어졌다

얼음에 갑옷 입고 엎드린 대지
생명의 숨소리는 거세어지고
굳은 겨울 억세어지는 힘
대지는 살았다 소리도 살았다

(중략)

설광에 늦 어둡는 대지의 겨울 저녁

이름 진기한 마을에 새 손이 들 제
마중 나온 늙은이는 이 땅의 주인
백전 노졸인 양 추위도 안 타면서

—「대지의 겨울」 부분

이 작품에서 "대지는 살았다 소리도 살았다"는 표현은 생명의 근원으로서 대지에 대한 신뢰를 함의하고 있다. 또한 작품 전반적인 내용이 "추위에 자라는 이 땅의 아들"을 향한 청원의 형식으로 구성되고 있다는 사실에서 개별 시역의 풍경과 경험을 벗어나 보편적 시공성으로 확장되는 장소 인식의 요소를 발견하게 된다. 마지막 연의 "이름 진기한 마을에 새 손이 들 제/ 마중 나온 늙은이는 이 땅의 주인"이라는 시적 진술에서도 대지가 지닌 궁극적 가치와 그 주체로서의 민초에 대한 믿음이 발견된다. 이처럼 대지의 상상력은 원형적 가치 공간으로서의 대지, 그에 투사된 주체로서의 인간 등으로 변주되고 있다.

한편 심연수의 대지의 상상력은 당대 만주국의 지배 이데올로기이던 소위 오족협화(五族協和) 사상과 관련될 수 있다. 대표적인 예시가 「대지의 젊은이들」과 같은 시이다. 이 작품만을 두고 본다면 당대 심연수의 시의식이 "왕도낙토"나 "오족협화"와 같은 일제의 왜곡된 통치 이념과 역사적 진실을 제대로 인지하지 못한 것이 사실이다. 이어 「신경(新京)」과 같은 기행 시조에서는 "왕도낙토 다른 데 없으이다"나 "대만주 도읍터에 길상이 나리소서"와 같이 만주국 지배사상에 동화되어 있는 서정적 자아의 모습이 적나라하게 드러나기도 한다. 그렇다면 이들 작품을 친일문학으로 규정할 수 있을까? 심연수의 일부 작품과 일기 부분을 근거로 친일을 일반화하기에는 논리의 비약이 따른다. 무엇보다도 심연수에게는 식민지 세계관이나 친일사상을 구조화하는 내면적 논리가 발견되고 있지 않기 때문이다. 작품 사이의 구조적 연관이 부족하고, 일기를 주관하는 논조 역시 지배사상에의 동조와는 거리가 멀 뿐만 아니라 일관적이지도 않다. 사회적 실천 양상은 더더욱 드러나지 않는다. 동흥중학교 재학 시절이나 일본대학 예술학부 유학, 귀국 이후의 활동 등에서 친일 활동의 흔적을 발견하기 어려운 것이다.

심연수는 창씨개명 정책에 따라 1939년 '三本義雄'으로 개명한다. 그러나 자신의 작품이나 노트에는 주로 자신의 필명 '沈連洙'를 적는다.(본명은 한자로 '沈鍊洙') 이 역시 내선일체의 무의식을 읽기 어려운 상징적 현상일 수 있다. 실로 심연수 시는 물론 산문 대부분은 건강한 청년 지식인의 내적 고뇌와 실천적 삶에 할애되어 있다. 당대 심연수의 작품과 1940년의 일기 전반은 낭만적인 청년의 건강한 세계관을 표현하고 있는 것이다. 그렇게 볼 때 위에 나타난 오족협화의 이미지는 정치적으로 정제된 결과라기보다는 화자가 지향하는 이상적 이미지가 무의식적으로 변주된 양태일 수 있다.

또한 심연수 시 스스로가 거친 내적 지양의 단계에 주목할 필요가 있다. 심연수는 자신의 작품을 정서하고 육필 문집으로 재구성하였다. 그 과정에서 문제적인 작품을 스스로 재고하고 있음은 물론 장르별, 시기별 분류를 시도하고 있다. 이러한 정황은 심연수의 문학에 대한 자의식과 유기적 조직화 의도를 엿보게 하는 대목이다. 그의 문학세계를 재구할 때 육필 시고집의 체재를 존중해야 할 분명한 이유이기도 하다.

심연수 문학세계는 오로지 청년의 시기에 한정되어 있으며, 그런 까닭에 깊이 있는 성숙과 문학적 도약으로 연속되지 못했음이 사실이다. 더더욱 유학 이후 요절할 시기까지의 시편들은 망실로 인해 아직까지 세상에 알려지지 않았다. 이러한 문학 외적인 정황과 그에 따르는 선험적 한계를 부정할 수는 없다. 하지만 심연수 시가 지닌 대지모신의 상상력, 근원적 평화의 질서를 추구하는 시심 등은 일제 말기 한국 문학사의 한 지평을 형성하는 요소이기에 충분하리라 본다. 친일을 비롯한 일련의 의혹을 위시하여 심연수 문학의 온전한 재조명을 위해서 그의 작품세계에 대한 정치한 제도화 작업이 시급히 진행되어야 할 시점이다.

심연수 문학은 여전한 결여의 형태로 남아 있다. 삶으로서 글을 썼고, 문학으로 삶을 살았던 그이기에 결여의 시기에 사유되었을 시적 상상력을 기대할 수밖에 없다. 그는 주요섭의 「사랑방 손님과 어머니」를 읽은 날, "참으로 존귀한 문학"임을 느낀다. 이어서 "문학으로 살아가는 사람들은 행복한 사람들이다. 이렇게 하여서 후세에 난 사람이 그 글을 보아주면 얼마나 이 세상에 났던 보람이 있는가. 옳다. 읽자. 또 쓰자. 그러면 될 수 있을 것 같다"(1940년 11월 28일 일기)고 적는다. 이처럼 쓰고 또 쓰는 일상적 에크리튀르(écriture, 문자 혹은 글쓰기)의 삶이 심연수 문학의 본령이었다.

04

남은 문제들

심연수 시는 한국문학 연구의 주요 대상으로 여전한 현재적 의미를 지니고 있다. 그는 아직도 "시국적인 것과 민족적인 것의 의미화 사이에서 본격적으로 탐구되기를 요청하는 시인"(박수연, 「역사와 실존의 이름들」, 『분단과 충돌, 새로운 윤리와 언어』, 2018 탄생 100주년 문학인 기념문학제 자료집)인 것이다. 심연수 육필 원고의 온전한 복원과 영인은 그에 대한 다각도의 연구를 진척시키는 중요한 계기일 것임이 분명하다.

한편 지역 공동체의 관점에서 보자면 심연수 문학을 전유하기 위한 이론적 모색 역시 시급한 과제로 보인다. 심연수의 많은 작품들은 대개 전통 서정의 방식으로 주조되는 가운데 고향과 관련된 시의식을 엿볼 수 있다. 일부 작품에서는 지역적 경험을 소재로 하여 잃어버린 고향에 대한 애틋한 감정을 형상화하였다. 뿐만 아니라 지역의 기억을 변주하여 근대에 대한 다양한 시적 모색의 면모를 보여주기도 한다. 지역 문학장의 입장에서는 이러한 양상이 고향에 대한 그리움을 바탕으로 하는 일종의 원형적 심상으로부터 비롯된다는 점을 강조할 수 있을 것이다.

심연수 연구의 역사를 되돌아보면, 초기에는 일제강점기에 우리말 시심을 유지한 이력을 근거로 민족문학적 상찬으로부터 출발하였다. 이어 그의 고향 지역을 중심으로 일련의 제도화를 통해 비약적 선양 작업이 지속되어 왔다. 한편 청년기 무의식에 내재화된 식민 이데올로기의 일부 흔적은 저항 의식을 결여한 추상적 관념일 뿐이라는 비판도 제기되고 있다. 심연수 애송시 선집으로 제작된 『국경의 하룻밤』(남기택 편, 강릉문화원, 2019)은 이 모든 입장을 포용하려 한다. 긍정이든 부정이든, 다양한 입장은 결국 심연수에 대한 애정으로 수렴될 것임을 믿기 때문이다.

두만강 네 아니 몇만 년 흘렀댔니
이 강을 건너던 이 울더냐 웃더냐 응
나는 건너면서 울음과 웃음 새었다

밤은 깊어 간다 그러나 깨어 있다
흐르는 물소리는 밤공기를 가볍게 치다
아 나는 왜 자지 않고 이 밤을 새우려 하나

—「국경의 하룻밤」 전문

글을 마무리하며 심연수의 운명을 유비하는 작품 한 편을 읽는다. 청년 심연수가 국경을 넘나들며 "울음과 웃음"을 헤아리던 장소, "자지 않고 이 밤을"지새우며 삶과 문학을 고민하던 시간은 스러진 추억이 되었다. 그럼에도 불구하고 그의 시는 되살아나 빛나는 유산으로 실재하고 있다. 심연수가 경계에서 보낸 하루의 산물은 세월을 거슬러 『국경의 하룻밤』 속에서 '대지의 상상력', '강릉, 용정, 로컬리티', '이산과 회한', '생 혹은 실존' 등의 4부로 재구성되었다. 이 책에 수록된 50편 시가 심연수의 대표작이라고 단정할 수 없다. 부별 분류가 엄밀한 것도 아니다. 기획된 주제를 기준으로 선정위원의 주관에 따르는 선별일 수밖에 없다. 심연수 시가 지닌 현재적 의미는 독자들의 참여로 완성될, 여전히 진행 중인 일상적 기획으로 남아있어야 한다.

생활의 시학
—권달웅론

01

권달웅(1944-)은 1975년『심상』신인상으로 등단한 이래 풍부한 서정으로 자연을 노래해 온 시인이다. 자연이라는 소재는 전체 시집을 관류하는 메인 모티프로서 권달웅 문학세계의 핵심적 화소라 할 수 있다. 한국 현대문학사에서 이처럼 오랜 기간, 일관된 시적 지향을 보여 주는 경우도 흔치 않을 것이다. 이 글은 원로 작가이자 한국 문단의 중진으로서 권달웅의 문학사적 위치를 조명하고, 그가 개척해 온 서정시의 영역을 논구해 보려는 시도이다.

지금까지 권달웅이 상재한 시집은『해바라기 환상』,『사슴뿔』,『바람부는 날』,『지상의 한사람』,『내 마음의 중심에 네가 있다』,『크낙새를 찾습니다』,『반딧불이 날다』,『달빛 아래 잠들다』,『염소 똥은 고요하다』,『공손한 귀』,『꿈꾸는 물』등이 있다.[1] 시선집으로는『초록세상』,『감처럼』,『흔들

---

1) 서지사항은『해바라기 환상』, 심상사, 1979;『사슴뿔』, 민족문화사, 1983;『바람부는 날』, 문학세계사, 1986;『지상의 한사람』, 나남, 1989;『내 마음의 중심에 네가 있다』, 책만드는집, 1995;『크낙새를 찾습니다』, 책만드는집, 2001;『반딧불이 날다』, 모아드림, 2004;『달빛 아래 잠들다』, 모아드림, 2009;『염소 똥은 고요하다』, 동학사, 2015;『공손한 귀』, 밥북, 2017;『꿈꾸는 물』, 도훈, 2019 등과 같다.

바위의 명상』 등을 엮었다.[2)] 이처럼 방대한 규모를 지닌 권달웅 문학세계를 간단히 규정하기는 어려운 일이다.

권달웅의 문학세계를 이해하는 데 있어서 여러 지표 설정이 가능하겠지만, 그 중에서도 자연이라는 소재는 중요한 요소라 하겠다. 이에 대해서는 시인의 시론 등 역사전기적 관점에서는 물론 기존 조명들 속에서도 반복적으로 지적되어 온 바와 같다. 지금까지 상재된 시집의 발문들만 보더라도 자연을 매개로 한 권달웅 시의 미학이 충분히 드러나고 있다.

그럼에도 불구하고 이에 대한 비평적 조명이나 학술적 접근이 충분히 이루어진 실정은 아니다. 해설이나 서평 류를 제외하고 권달웅에 대한 본격 논의는 미진한 형편인 것이 사실이다. 권달웅의 초기 시 경향에 대해서는 「자기 찾기의 시적 탐색」[3)]을, 후기 시 경향에 대해서는 「존재의 근원과 원형에 대한 사유」[4)]를 관련 해설의 대표적 예로 들 수 있다. 단행 자료의 일부로는 「허심과 화해의 정신」[5)]과 「물밑에서의 축제」[6)] 등을 주목할 수 있다. 하지만 이들 조명들을 본격적인 분석 담론으로 보기는 어렵다. 성과와 한계를 포함하여 보다 객관적인 논의가 이어져야 할 것이다. 이처럼 대개 단편적인 해설이나 서평 수준에 그치는 현황은 권달웅의 문학세계에 대한 본격 논의가 필요한 시점임을 반증하고 있다.

권달웅 시의 외형적 구조는 단순한 편에 속한다. 복잡한 기교나 화려한 외장을 거부하고, 단순함 속에서 내면의 깊이를 드러내는 방식이 권달웅 시의 구성 원리인 것이다. 어떤 작품을 고르더라도 이러한 성격을 쉽게 찾아

---

2) 『초록세상』, 동학사, 1989; 『감처럼』, 모아드림, 2003; 『흔들바위의 명상』, 밥북, 2015 등이다.

3) 이유식, 「자기 찾기의 시적 탐색—권달웅의 시세계」, 권달웅, 『사슴뿔』, 앞의 책.

4) 유성호, 「존재의 근원과 원형에 대한 사유—권달웅의 시」, 권달웅, 『달빛 아래 잠들다』, 앞의 책.

5) 이상호, 「허심과 화해의 정신—권달웅론」, 『자아추구의 시학』, 모아드림, 1999. 이 글은 권달웅 시집 『내 마음의 중심에 네가 있다』(앞의 책)의 해설을 재수록한 것이다.

6) 허금주, 「물밑에서의 축제—권달웅론」, 『한국 현대시인 탐구·Ⅰ』, 리토피아, 2009.

볼 수 있다.

그러나 아무리 귀 기울여도
외마디로 길게 우는 새소리는
알 수 없었다.

휘이익 휘이익 휘이익

어떤 새인지 알지 못하고
듣는 밤새소리가
별빛처럼 반짝거렸다.

아무 소리도 들리지 않고
오로지 새소리만 들리는
산골 깊은 밤,

솔방울만한 별이 밤새도록
내 가슴에 쏟아졌다.

—「밤새소리」 부분

예컨대 위 작품의 화자는 깊은 산속에서 이름 모를 새의 지저귐을 듣고 있다. 지나치기 쉬운 산밤의 풍경이 권달웅 시에서는 주의해야 할 경험이 된다. 청각의("밤새소리가") 시각화("반짝거렸다") 같은 공감각이나, 없음("들리지 않고")의 있음("들리는")이라는 모순어법 정도는 상투적 장치일 것이다. 이 작품에서 주목할 부분은 소리의 중층화 차원이다. 묘사 대상이 되는 "새소리"는 종연에 이르러 별의 현전으로 전이되고, 그 현시의 장소를 "내 가슴"이라 한다. 소리는 사물을 부르고, 이는 곧 대상과의 정서적 합일을 향하는 주문이 된다. 이처럼 어느 구체적 자연은, 얼마든지 그 아닌 것으로의 양태화를 허락하는 것으로서, 종국에는 가슴 절절한 인식과 감동의 원천으로 기능한다. 권달웅 시의 자연은 이처럼 궁극적이고 중층적인 의미망을 지닌다.

이를 따르는 무수히 많은 형상들이 있다. 구조의 단순함에도 불구하고 권달웅 시 속에서 다양한 자연의 스펙트럼을 한꺼번에 언급하기란 어려운 일이다. 권달웅 시를 제대로 파악하기 위해서는 전체 시세계를 대상으로 전형적 특징을 선별해 내야 한다. 그러면서도 기존 논의가 다루지 못한 여백 혹은 설명하지 못했던 차원에 주목해야 할 것이다. 자연의 양태가 다양한 만큼, 단순한 풍경 속에 만휘군상의 본질이 담기게 된다. 외형적 풍경만 따라 걷다가 보면 파악하지 못하는 내면의 깊이일 수도 있다. 이 글은 이러한 입장을 중심으로 권달웅 시의 전반적인 특성을 논구하고자 한다.

02

오랜 시력이 환기하는 바와 같이 권달웅 시세계를 구성하는 많은 작품들이 있다. 그런데 자연을 향하는 상상력의 구조를 한두 편 주목하다 보면 전체 시세계를 아우를 수 있는 그만의 방식을 발견하게 된다. 어찌 보면 단순한 방식일 수 있다. 그러나 그 속에는 무수한 상징들이 존재한다. 이처럼 단순한 외형 속에 담긴 권달웅식 상상력의 구조를 '길'에 비유할 수 있을 듯하다.

길에 대한 천착은 단지 외형이 아닌 권달웅 시가 의미에 이르는 형식의 발견이어야 한다. 그렇게 길은 곧 소통의 통로이자 구도에 이르는 방법이다. 따라서 권달웅 시의 길이 어떤 양상으로 만물과 의미의 사이를 연결하고 있는가에 주목할 필요가 있다. 이를 염두에 두고 그의 시에 길이 전경화되어 있는 작품을 살펴보기로 한다.

> 걷지 않아도 길은 이어진다. 떠나간 사람에게 마음을 주면서, 흔들리는 풀꽃은 내일이면 하얗게 쓰러질 것이고 내일이면 흰 풀꽃 같은 사람들이 산으로

가 살 것이지만 사람들은 모든 길이 망우리로 이어져 있음을 알지 못한다. 사람들은 오늘 걸어온 만큼 짧아진 길을 버려도 하루해는 영원한 길을 버리지 않는다. 깨끗하라. 깨끗하라. 오늘 하루 망우리 산기슭엔 누구를 위한 돌을 쪼으는지, 아름다운 이름을 새기는 정소리가 가득하구나.

고향으로 가는
장님으로 가는
망우리 길,

—「망우리 길」 전문[7)]

첫 시집 『해바라기 환상』에 수록된 위 작품에서 '길'은 표면적으로 망우리를 향하는 행로이겠지만, 나아가 죽음에 이르는 여정을 뜻하고 있다. "망우리"는 애도와 관계된 잘 알려진 상징이다. "모든 길이 망우리로 이어져 있음"은 명멸하는 존재의 본질로부터 비롯되는 거역할 수 없는 진리일 것이다. 그럼에도 불구하고 이를 간과하는 인간들은 어리석기만 하다.

모든 길 앞에 선험적으로 존재하는 적멸의 길에 대한 상징은 이후의 시집에서도 반복된다. 예컨대 "살아 있는 사람에게는 죽음 이상의 길은 없다"(「길」)는 표현을 볼 수 있다. 「망우리 길」은 존재들이 종국에 닿을 수밖에 없는 죽음의 길을 명시하면서, 이에 대한 인식으로부터 비롯되는 정신의 염결성("깨끗하라")을 강조하고자 한다. 이렇듯 '길'은 망우리로 향하는 물리적인 길로부터 존재의 본질을 가리키는 길과 삶의 자세를 강조하는 길 등으로 중층화되고 있다.

---

7) 권달웅 시는 발표 이후 시선집 등에 재수록할 경우, 맞춤법 조정 이외에도 형태를 수정한 경우가 있다. 예컨대 「망우리 길」도 첫 시집의 형태가 시선집과 자선시 표기에서 달라진다. 즉 시선집 『감처럼』에서는 "깨끗하라, 깨끗하라,"와 같이 온점이 반점으로 바뀌고, 그 이외의 구절에서 문장부호가 생략된다. 『문학마당』 2006년 가을호의 자선시에서는 "쓰러질 것이고,", "살 것이지만," 등처럼 반점이 삽입되고, "쪼으는지"는 "쪼는지"로 수정되었으며, 마지막 행의 반점은 온점으로 수정되었다. 그러나 이 작품을 포함하여 의미상 큰 차이를 가져오지 않는다고 판단되는 경우는 원래 시집의 형태를 인용하였다.

그 밖에도 다양한 길의 형상이 존재한다. 시세계 전반에 걸쳐 길은, “사람 몇이 지나가고/ 가랑잎이 지고/ 모든 살아 있는 것들이/ 열매로 익고 있”(「둑길·2」)는 존재의 거처이기도 하고, “걸어온 만큼 닳은/ 구두를 수선하는/ 신기료 할아버지”(「길에서」)의 소박하나마 진실한 생을 발견하는 장이기도 하며, “작은 시로미 풀고사리”와 “숨은 나나니 어리곤봉자루”(「들꽃 세상」) 등 미물들의 오묘한 가치를 체험하는 길이기도 하다. 또한 “광막한 세상 너머” 달관의 자세로 “평생을 공염불로 사는”(「길」) 스님의 존재를 조명하는 배경일 수도, “매일 자동차와 한 몸이 되어” 목적 없이 “속도를 내어 같은 길을 달리고만 있”(「달리는 길」)는 각박한 현실일 수도 있다.

이상은 ‘소통’과 ‘지향’으로서의 길을 환기하는 시적 이미지들이다. 또한 권달웅 시의 방법론적 길이기도 하다. 위에 언급했던 작품들 속에서 산문시 형태라든가 평이한 시적 진술은 권달웅 시의 대표적 외장 중 하나이다. 나아가 새로운 의미로 확장되는 중층의 경로를 공히 따르고 있다. 다음 작품은 시인 스스로의 삶의 길을 노래하면서, 방법론적 지향으로서의 길을 드러내는 경우에 해당된다.

> 길을 물으면 길을 모르니라
> 가는 길을 물으면 이미 그 길은
> 길이 아니리라 평생을 가는 길은
> 홀로 있고 홀로 얻을 뿐이니라
> 허공에 떠 있는 희미한 낮달처럼
>
> —「홀로 가는 길」 전문

「홀로 가는 길」 역시 길을 소재로 한 단형 서정시에 해당된다. 권달웅 시의 외형적 길은 화려한 외장을 필요로 하지 않는다. 인위로 포장된 길은 자연을 감추거나 의미 없는 속도의 길일 뿐이다. 알면서도 모르고, 구하면 길 아닌 길이고 마는 섭리가 곧 권달웅 시의 형식 미학에 담겨 있다. 절제된 언어로 직관을 강조하는 간결직절(簡潔直節)의 시학이라고도 할 수 있겠다.

한편 내면의 길은 외롭고 쓸쓸하기만 하다. “홀로 있고 홀로 얻을” 고독한 반성의 길인 것이다. 자신의 존재를 분명히 드러내지 않지만 영원히 반복될 “희미한 낮달”의 운명을 닮은 것이 삶의 길이다. 이러한 내면적 길을 권달웅 시는 고집스럽게 걷고자 한다. 이 외로운 길을 면면히 이어가는 원동력은 “그대 생각하면/ 저 먼 바다에서/ 외로운 섬과 섬이/ 서로 이어지는/ 길이 보인다”(「지상의 한사람」)와 같이 결국 사랑일 것이다. 또한 그 길은 항상 자연으로 통하고 있다.

03

외형적으로 볼 때 권달웅 시는 단형 서정의 형식으로 자연과 삶의 길을 노래하고 있다. 짧고 정갈한 시 형식이 특화되며, 그 어조는 대개 애상에 차 있다. 권달웅 시의 애상의 포즈는 물질주의로 치닫는 현실에 대한 반성에서 비롯된다. 현실 속에서 점점 망각되어 가는 자연의 원리와 가치에 대한 안타까움에 비견되는 것이다. 이때 그 슬픔의 포즈를 자아내는 기원, 혹은 애상의 어조가 궁극적으로 귀의하는 대상은 자연이라 할 수 있다.

그런데 자연 자체가 그러하듯 권달웅 시에서도 자연은 다양한 스펙트럼으로 변주되고 있다. 이를 일반화할 수 있는 중심 화소를 추출해 보고자 한다. 권달웅 시세계 전반에 걸쳐 강조되는 자연의 소재로서 ‘꽃’, ‘새’, ‘돌’, ‘물’ 등을 들 수 있을 것이다. 특히 ‘돌’과 ‘물’은 주목을 요한다. 전자는 시인의 구체적 생활과 밀접하며 후자는 그의 사상을 요약하는 대상이기 때문이다. 우선 ‘돌’의 변주를 통해 권달웅 시세계의 행로를 추론해 본다.

> 흔들바위는 동해가 바라뵈는 설악산에 있습니다.
>
> 수많은 바위 가운데서 흔들흔들 흔들리면서 흔들리지 않는 이 바위는 세상의 온갖 풍상을 다 겪은 사람처럼 눈을 감고도 이 세상을 다 아는 듯합니다. 그래서 이 바위는 사람이 한 세상을 살아가기가 얼마나 어려우며, 더구나 사람이

험한 세상을 더럽지 않고 맑고 바르게 살아가기가 얼마나 어려운가를 말하여 주고 있습니다.

설악산에 들어가 흔들바위를 흔드는 나는 오늘 하루라도 귀를 씻고 맑은 물소리 바람소리 새소리를 따라가기로 하였습니다.

세속을 바라보는 흔들바위야,
허물어지고 괴로워하면서
때로는 허튼소리도 하고
흔들흔들 흔들리면서
동해물처럼
청정한 바위야,
네 마음의 중심에
한 사람이 있다.

—「寓言(17)—흔들바위의 명상」 전문

시집 『바람부는 날』에 수록된 이 작품은 바위가 지닌 생리와 그로부터 취해야 할 인간의 자세를 묘사하고 있다. 1연의 산문투 진술과 2연의 서정적 묘사는 권달웅 시의 구조적 특징을 집약하기도 한다. 권달웅 시는 단형 서정의 형식이 주조를 이루지만, 더불어 행 구분을 생략한 산문의 진술 방식을 종종 취하고 있다.

또한 이 작품은 『내 마음의 중심에 네가 있다』의 「흔들바위의 명상」에서 다시 발견된다. 몇 군데의 수정을 거쳐 재수록한 경우라 하겠는데, 가장 큰 변화는 전자의 종결구 "네 마음의 중심에/ 한 사람이 있다"가 "내 마음의 중심에/ 네가 있다"로 변형되고 있다는 사실이다. 전자의 "한 사람"이 시적 화자를 가리킴은 당연하지만, 그럼에도 불특정 다수를 가리키는 지시어를 통해 직설적 설명의 차원을 우회하고 있다. 그런데 후자에서는 "내 마음"이라는 표현으로 화자의 내면을 명시하고 있으며, 이것이 그대로 시집의 표제에 사용된다. 이러한 의미 전이는 시력을 거듭하면서 자연에 대한 시인의 자세가 보다 확고해졌음을 시사한다. "흔들바위"에 대한 시인의 애정과 관심은 이어지는 시집에서도 반복된다.

눈보라 치는 설악산에
흔들바위가 앉아 있다.

사나운 바람 속에서
겨울 나무들의 울음소리를 듣는
이 겨울의 수도승,

어두운 티끌 세상 속에서
욕망을 죽이고
나태와 안일을 죽이기 위해,

흔들려도 흔들리지 않으리라.
눈보라 속에서 이를 악물고
살을 에이고 있다.

—「흔들바위의 명상」 전문

『크낙새를 찾습니다』에 수록된 위 작품은 특정 대상에 대한 동일한 '명상'이지만 전혀 다른 언어로 주조되고 있다. 여기에서도 흔들바위는 속세의 풍파를 의연히 이겨내는 대상으로 묘사된다. 앞선 작품들에서 반복되었던 화자와의 거리와 산문투 설명이 생략되는 반면 시적 주체라 할 수 있는 바위의 태도와 결의를 더욱 비장하게 묘사하고 있다. 이 작품에서 화자의 의지는 동일시를 통해 바위의 내적 질서로 편입된다. 세월이 지나도 반복되는 현실의 고통, 그 속에서 더욱 염결한 자세를 취하고자 하는 화자의 염원이 바위의 의지로 동화되는 것이다. 이처럼 흔들바위 연작은 권달웅 시세계에서 돌 일반과 서정적 자아의 의지에 대한 상징으로 자리하고 있다.

그 밖에도 돌은 시인의 삶과 밀접하다. 『반딧불이 날다』의 3부('돌')에 수록된 일련의 작품들은 시인의 오랜 수석 취미가 집중적으로 시화된 경우라 하겠다. 초기 시에서도 권달웅 문학세계의 근거를 이룰 돌의 기원이 곳곳에 나타나 있다. 돌은 유년 시절 천년의 세월을 지속해 온 속신의 상징이었고(「고향·2」), 성년이 된 화자에게는 자아를 발견하는 유일한 취미였다(「돌밭」). 돌에 각인된 우주, "돌이 차지한 절대공간"(「돌을 보면」)을 감각하는 것은 돌에 바친 일생의 작은 특권일 것이다. 이처럼 권달웅 시에 있어 돌은 자연의 원리와 삶의 태도를 상징하는 핵심적 소재로 반복되고 있다.

돌과 더불어 '물' 역시 지속적 관심으로 시화되고 있는 자연의 한 속성이다. 권달웅 시세계의 대표적인 자연물 중 하나인 것이다. 이에 주목하여 권달웅 시에서 물은 "인간의 새로운 탄생을 잉태하고 있는 축제의 장이며, 모든 경계가 허물어지는 평화의 공간"[8]임을 강조하기도 한다. 이처럼 물은 원형적 상징이자 화해의 계기로 권달웅 시 속에 반복되고 있다.

> 이제 물은 마음으로 흘러 더 큰 힘에 이른다. 실어보낼 것은 모두 실어보내고 고요해진 물은 육신의 옷을 벗어 버리고 길을 떠난다. 알몸의 나뭇가지가 물속에 흔들린다.
>
> 사람보다는 나무가 많다. 물속은 그렇고
> 나무보다는 사람이 많다. 세상은 그렇고
>
> —「물·4」 부분

위 작품은 『해바라기 환상』의 물 연작 중 한 편이다. 여기서 주목되는 구도는 "물속"과 "세상"의 대비이다. 마음으로 흘러 구극의 평화에 이른 길은 물속이다. 이는 "육신의 옷을 벗어버리고" 떠나는 길, 즉 죽음의 길이기도 하다. 그러나 그것은 절망이 아니라 많은 나무들의 현존의 장, 영원한 자연의 세계가 된다. "세상"은 물론 이와 대비되는 의미를 지닌다. "나무보다는 사람이 많"은 "세상"은 결국 인간의 허영이 들끓는 미망의 세계일 뿐이다. 이러한 의미 구조는 작품 후반부에서 "하늘"과 "땅"의 대비로도 나타난다.

---

8) 허금주, 앞의 글, 221쪽.

물을 통해 자연의 원리를 시화하는 방식은 시인의 노자에 대한 관심과 긴밀한 연관이 있다. 특히 초기 시집인 『사슴뿔』에서 노자에 근거한 물의 시학이 정초되는데, 예컨대 "낮은 자리에 고이고 아래로 아래로 자신을 낮추어 흐르는 노자, 당신은 물인가요"(「물·1」)의 경우 물의 속성으로 전유하는 노자의 사상이 전면에 드러난다. 이러한 의미 구조는 이후에도 "물은 어디서나/ 가장 낮은 곳에 처하는/ 본심이 있습니다"(「물소리」), "고요하고 공손하라./ 노자를 읽는 내 귀가/ 물소리에 떠내려갑니다"(「내 귀가」), "고요한 물에/ 마음을 싣고 가리"(「고요한 물에」), "아파트와 지하철을 지나 물소리를 따라갑니다"(「물소리」), "내가 맑은 물이 되어/ 흐를 수 있다면/ 위선 속에 살아온 나는/ 세속과는 아주 다른 세상인/ 금강모치를 따라가리"(「물」) 등 전체 시집에 걸쳐, 제시 형식의 차이를 불문하고 공통된 모티프로 사용되고 있다. 면면히 이어진 물의 지류는 아래와 같은 흐름을 보여주기도 한다.

아우라지 물은 끊어질 듯
이어지며 아우러진다
산 속의 산을 에돌아나가는 물은
굽이굽이 슬픈 가락을 뽑는다
산굽이 대목마다 불을 질러놓는 들꽃
물굽이 대목마다 무릎 치는 정선 아라리
촘촘히 엮어지다가 길게 빼어진다
아우러지고 아우러져도
굽이굽이 애끓는 아우라지 물은
산 아래 산을 껴안고
산 아래 사람을 아우르고
자릿자릿 슬픈 가락에 자지러진다

—「아우라지 물」 전문

이 작품은 물을 다룬 작품 중에서 비교적 정제된 형태로 언어의 긴장을 살린 수작에 해당된다. 물은 낮음의 구도적 자세를 포함하고 있음은 물론이거니와, “산 아래 산”과 “산 아래 사람”을 아우르면서 “아우라지 물”을 실현하는 식으로 구체적 지형과 세속을, 언어의 질서와 긴장을 성취하고 있다. 그렇기에 물의 감동은 구도자의 각성으로부터 나아가 독자를 공명하는 현실의 감동을 포함하게 된다. 이러한 구조와 효과는 시의 외연이 추구해야 할 내포의 깊이에 해당될 것이다. 이와 같이 ‘돌’과 ‘물’은 권달웅 시의 애상이 깃든 궁극적 대상이요 면면한 길의 거처라 하겠다.

04

자연과 더불어 권달웅 시의 주요한 의미 영역으로 인간과 삶의 차원을 간과할 수 없다. 여기 해당하는 소재로서 ‘고향’과 ‘자아’ 등이 주목된다. 그의 시에서 고향은 언제나 절실한 그리움으로 안타까이 노래된다. 상대적으로 도시와 현재의 삶에 대한 애상을 그리는 시편들 역시 찾아볼 수 있다. “망우리”, “비나리”, “원둔리”, “서울” 등이 과거와 현재의 삶을 구획하는 장소로서 취해지고 있다. 이는 자아의 현실을 구성하는 배경 요소들이다. 과거와 현재 삶의 배경이 빈번히 묘사되는 데에서 알 수 있는 것처럼 권달웅 시의 인간 혹은 현실은 그 외형으로부터 내면을 성찰하는 방식으로 주조되고 있다.

특히 ‘고향’과 ‘어머니’는 자연과 동등한 가치를 지니고 있는 대상이다. 이는 시인 개인의 근원인 동시에 모든 존재의 기원이라는 점에서 소중한 성찰 대상이 되고 있다. 권달웅 시의 개성과 정서적 근원이 “‘안동’으로 대변되는 지역적 공간”[9]임을 강조하는 맥락도 이와 연동된다. 한편 인간의 삶에 대한 지표들은 비단 권달웅 시만의 미덕이라 하기 어렵다. ‘돌’과 ‘물’

9) 이건청, 「그림움의 근원, 질박함의 세부」, 권달웅, 『감처럼』, 모아드림, 2003, 145쪽.

의 시화에 나타난 간결직절한 긴장의 진폭 역시 고향과 자아의 영역에서는 안이해지는 것이 사실이다. 하지만 그것은 자신을 낮추는 겸양의 자세로부터 비롯되는 것이다. 철저한 반성의 결과로부터 비롯될 평이함의 어조는 자아의 내면을 전달하는 비루한 형식이라 하겠다. 이를 집약하는 예시로서 권달웅 시에 드러난 구체적 삶의 양상을 보기로 한다.

> 거울을 보면 소극적인 나는 안에 있고 적극적인 너는 밖에 있다 (중략) 소극적인 나는 점점 작은 목소리가 되어 굽신거리고 적극적인 너는 점점 큰 목소리가 되어 떵떵거린다 조그마한 시비에도 밤새도록 잠 못 이루는 문둥아 속 썩이지 말고 말 좀 해 보아라 언제나 고개 숙인 보리 문둥아
>
> —「두 개의 거울」 부분

이 작품에는 자아를 비추는 두 개의 거울이 존재한다. 화자는 "소극적인 나"와 "적극적인 너"의 이중적 인격으로 존재하는 자아의 모습에 괴로워한다. "조그마한 시비에도" 잠들지 못하는 화자의 모습에서 매사에 조신한 삶의 자세를 엿볼 수 있다. "언제나 고개 숙인 보리 문둥아" 라고 자신을 부르는 모습은 자아를 타자화하여 낮음의 자세를 취하고자 하는 화자의 겸양을 잘 보여 주는 양상이다.

이처럼 권달웅 시에서 자아는 낮고 겸양 갖춘 인격이며 이와 상대적으로 자연의 가치는 높이 상찬되고 있다. 이는 권달웅의 시정신이면서 발생적 맥락이라고 할 수 있다. 이상의 지표들, 즉 '길-자연-인간(자아)'은 아래와 같이 어울리기도 한다.

> 바라보면
> 한가히 찾아오느냐.
> 내 앞으로 지나가는 바람은
> 풀냄새 흙냄새를 안고
> 연한 지느라미를 부빈다.

바라보면
한가히 찾아오느냐.
눈물인 듯 눈물인 듯
저녁 바람이
길섶의 풀잎을 흔들어 놓고
풀벌레를 흩어 놓는다.
산그림자 내린 산골에서
잃어버린 길들이 걸어나온다.

—「바람」 전문

이 작품은 '바람'을 소재로 하고 있다. 애상의 어조로 자연을 관조하는 권달웅 시의 발생 원리를 전형적으로 보여 주는 초기 작품이다. 바람이라는 기제는 흥미롭다. "바라보면" 나타난다는 "바람"은 화자의 응시를 현시의 조건으로 삼고 있다. 이는 인간과 자연이 관계 맺는 권달웅 시의 방법이다. 그리하여 나타난 바람은 대상을 "안고", 대상을 "흔들어" 혹은 "흩어" 깨우는 존재의 조건이 된다. 인간의 응시에 값한 바람은 존재를 현시하며 그것은 곧 '길'의 생성("잃어버린 길들이 걸어나온다")이 된다. 「바람」은 바람으로 인한 길의 생성을 환기하며 근원적 자연이라는 시적 화두를 탁월하게 형상화하고 있다. 불필요한 언어의 외장은 역시 생략된 길에 비견된다. 길과 자연의 관계, 자연과 인간의 관계가 이런 것이다. 자연은 인간의 응시를 전제한다는 점에서 자아의 다른 모습이기도 하고, 그로 인해 잃어버린 길이 열린다는 점에서 인간의 삶이 귀의할 궁극적 지향이기도 하다.

그러나 자연이 언어로 외화되는 권달웅 시의 구조적 특질은, 그것이 비록 의미심장한 일생의 시적 화두를 담고 있는 형식이라고 해도, 그간 지나치게 반복되는 양상을 보여 주었다. 이는 자연을 다루는 권달웅 시의 일관된 방식이지만, 그 이면에는 스스로의 한계를 내포하고 있기에 양가적 현상이라 할 수 있다. 더욱 문제적인 것은 반복적 발상의 차원일 것이다. 이에 대한 판단을 위해 무위자연의 도가적 세계관을 생각해보기로 한다.

자타가 인정하는 바와 같이 권달웅 시의 자연은 노장사상과 긴밀한 연관을 맺는다. 그런데 노장의 삶과 사상이 '무위자연적인' 태도로만 한정되는 것은 아니다. 같은 맥락에서 권달웅 시의 목가적 향수와 전원 풍경은 노장의 깊이에 대한 문학적 예시로 해석되기에는 관련된 형상이 너무 부족하다. 그렇다면 그의 자연은 보다 정치적 색채를 입어야 할 필요성이 있다. 그 정치적 상상력에는 반복된 패턴과 주제의 범위를 의도적으로 거역하는 것, 절연된 자연의 형이상학적 가치로부터 보다 구체적인 인간의 삶과 형상을 연관짓는 것, 그가 간혹 시도하고 있듯이 단연(單聯) 산문투의 어조나 직관으로 포착한 단시 형식을 목적의식적으로 세련하는 것 등이 포함될 것이다.

실로 자연을 노래하는 권달웅의 시 중에서도 자연 자체를 서경적으로 묘사하는 작품보다는, 인간의 감정과 어우러지는 혹은 인간의 삶과 함께 하는 자연으로부터 더욱 깊은 공명이 전달되고 있다.

조밥알이 노랗게 붙은
꽃다지꽃 속에는
사람의 눈물이 글썽인다
긴긴 해 나물죽 먹던 시절
없는 사람의 집에
굴뚝새처럼 부음이 날아들면
시래기 몇 단 매달린
어둑어둑한 처마 밑에는
조밥 짓는 연기에 그을린
거미줄이 쳐져 있었다

—「꽃다지꽃」 전문

애상의 어조로 꽃을 노래하는 이 작품이 절실한 것은 "사람의 눈물"을 담고 있기 때문이다. 나물죽과 조밥으로 연명하던 세월의 아픔이 꽃다지 십자화의 애처로운 형상에 각인되어 있다. 꽃을 향한 시선은 "연기에 그을린/ 거미줄"의 형상으로 전이되면서 이전 시세계의 자연이 양태화되는 방식을 변주한다. 요컨대 「꽃다지꽃」은 꽃에 대한 지극한 관찰과 인간의 풍경이 어우러져 만들어 내는 슬프고도 절묘한 한 편의 서정인 것이다.

이 모든 감정의 중심에 꽃과 어울린 인간의 삶이 놓인다. 그런 구도는 권달웅 시가 보다 염두에 두어야 할 시의 영역을 반증하는 것이기도 하다. 대개 권달웅 시가 지향하는 자연의 소재들은 의식적이든 무의식적이든 관념의 영역에 위치한다. 그것이 인위를 극복한 자연의 질서였던 것이다. 그러나 인간 역시 자연의 일부분이다. 다음 작품은 수많은 자연의 형상 중에서도 '자연'을 표제로 내세운 유일한 작품이다. 『지상의 한사람』의 「자연법」 연작과 『크낙새를 찾습니다』의 「자연법—박시교 시인에게」가 있지만, 이들은 '법'을 명시한 이론화의 성격이 강하다. 자연을 그 자체로 형상화한 「자연」은 이렇게 주조된다.

두 쌍의 발자국이
인적 끊긴
단풍숲 속으로 들어갔다

뻐꾸기가 울었다
뻑꾹 뻑뻑꾸욱
단풍숲이 불탔다

—「자연」 전문

역시 간결한 시형을 지닌 이 작품에서는 단풍숲의 불타는 형상이 곧 자연이다. 뻐꾸기의 '소리'가 있고 "인적 끊긴" 숲이지만, "두 쌍의 발자국"을 안은 채이다. 발자국의 주체가 무엇인가를 묻는 것은 작품에 대한 단선적 이해의 방식일 것이다. 걸어 들어간 타자의 발자국을 이미 감싸 안았던 숲은, 인간을 포함한 궁극적 원리로서의 자연을 상징하고 있다 하겠다. 삶을 거느린 자연이 전조된 형상이기도 하다.

05

권달웅의 시세계가 지향하는 길 중 하나는 「꽃다지꽃」와 「자연」에서 볼 수 있는 것처럼 인간의 삶에 이르고자 한다. 한편, 이들 작품을 포함하여 긍정적 생의 영역을 다루는 시편들이 유년의 체험이나 과거의 기억에 의존하고 있다는 점 역시 문제적 현상이다. 권달웅 시의 과거지향성은 자연과 고향이라는 원체험과 긴밀한 연관 관계를 맺는 듯하다. 이것이 문제적인 이유 또한 현재라는 삶의 영역을 다스리지 못하기 때문일 것이다. "인적 끊긴" 이 길에 다시 흔적을 내는 것은 내안이 아닌 본성의 회복일 수 있다.

그러나 권달웅 시의 신심은 애당초 그런 논리와 무관할지도 모른다. 논리와 기교를 뛰어넘는 긴 여백 혹은 간결직절의 미학이 권달웅 시세계의 특장이었던 것이다. 그렇게 동양화의 원리처럼 주조되어 온 권달웅 시를 두고 현실의 긴장을 요구하는 것은 바람직한 접근이 아닐 수 있다. 청록파의 계보를 잇는 자연시의 절창이 권달웅 시의 매력이다. 시세계의 발단에서부터 이미 생태적 세계관이 내재되어 있다. 그렇듯 우직하게 걸어온 권달웅 시의 길 속에서 다음과 같은 자화상을 만나게 된다.

> 지금은 아름다운 시 한 편 쓰는 것이 꿈이지만 일곱 살적 나는 매미 한 마리 잡는 것이 꿈이었다. 한여름 낮 나는 매미 한 마리 잡기 위하여 살금살금 오동나무에 기어 올라갔다. 나무 꼭대기에 붙어 배를 발랑거리며 울고 있던 매미는 내가 손으로 잡으려고 하는 순간 그만 내 얼굴에 오줌을 찍 갈기고 날아가 버렸다. 그 바람에 나는 오동나무 썩은 가지를 헛짚고 땅바닥으로 떨어졌다. 나는 매미를 잡지 못했다. 나는 지금까지 돈이 되지 않는 시를 써왔다.
>
> 거울 앞에서 내가 내 얼굴을 바라본다. 일곱 살적 꿈이 왼쪽 눈썹 위 상처자국으로 남았다. 매미 울음소리 들린다. 매미가 나에게 아름다운 시 한 편 쓰라고 한다. 나는 매미 울음소리를 듣고 또 오동나무 꼭대기를 기어오른다. 시를 쓴다. 쓴 시를 지운다. 지금도 손에 잡힐 듯 내 눈앞에서 배를 발랑거리며

맴맴맴 맴부랑 하고 절정으로 치닫다가 날아가 버리는 매미, 꼭 시를 쓰는 내 모습 같다.

—「자화상」 전문

온몸을 바쳐 여름을 우는 매미의 모습이 시를 쓰는 시인의 모습과 같다고 한다. 수년을 기다리다가 여름 며칠을 우는 짝짓기의 외침이 일견 허무하지만, 절정을 향해 온몸을 바치는 열정이 매미의 상징이라 하겠다. 단순한 비유이지만 그 속에는 무엇에도 비견할 수 없는 절실함이 내재되어 있다. 지극히 겸손하지만, 일생을 바친 우화등선의 꿈이 여기에 담겨 있는 것이다.

지금까지 살펴 본 내용을 요약하고 마무리하자면 다음과 같다. 권달웅 시는 등단 이래 일관되게 자연을 노래해 왔다. 자연이라는 소재는 전체 시집을 관류하는 메인 모티프로서 기능하고 있다. 그런 권달웅 시는 외형적으로 단순한 구조를 지닌다. 이처럼 단순한 외형 속에 담긴 권달웅식 상상력의 구조는 '길'에 비유할 만하다. 그의 시에서 길은 물리적인 길로부터 존재의 본질을 가리키는 길과 삶의 자세를 강조하는 길 등으로 중층화되고 있다.

권달웅 시의 길은 또한 언제나 자연으로 통한다. 권달웅 시는 단형 서정의 형식으로 자연과 삶의 길을 노래하고 있다. 짧고 정갈한 시 형식이 특화되며, 그 어조는 대개 애상에 차 있다. 그 슬픔의 포즈를 자아내는 기원, 혹은 애상의 어조가 궁극적으로 귀의하는 대상은 자연이라 하겠다. 그 중에서도 '돌'과 '물'은 권달웅 시의 애상이 깃든 궁극적 대상이요 면면한 길의 거처에 비견된다. 시인의 자전적 삶과 밀접한 관계를 맺기도 하는 돌은 자연의 원리와 삶의 태도를 상징하는 핵심적 소재로 반복되고 있다. 한편 물을 통해 자연의 원리를 시화하는 방식은 시인의 노자에 대한 관심과 긴밀히 연관된다.

자연과 더불어 권달웅 시의 주요한 의미 영역으로 인간과 삶의 차원을 간과할 수 없다. 과거와 현재 삶의 배경이 빈번히 묘사되는 것처럼 권달웅 시의 인간 혹은 현실은 그 배경과 내면을 성찰하는 방식으로 주조되고 있다. 특히 '고향'과 '어머니'는 자연과 동등한 가치를 지니고 있는 대상이다. 이는 시인 개인의 근원인 동시에 모든 존재의 기원이라는 점에서 소중한 성찰 대상이 되고 있다. 이 글은 위와 같은 논지로 권달웅 시세계의 전반적 양상을 개관해 보았다. 권달웅의 방대한 시세계에 비해 본격적인 논의는 여전히 미진한 편이다. 세부적인 논점별로 개별 각론이 뒤따라야 할 시점이리라 본다. 권달웅 시는 한국 서정시의 전통적 영역을 계승하고 독창적으로 내면화한 의미 있는 텍스트임을 부정할 수 없기 때문이다.

모더니티 너머의 계절
—이준관론

01

우리 서정시 범주의 다채로운 스펙트럼 속에서도 자연을 매개로 한 리리시즘 경향은 하나의 특화된 영역임이 분명하다. 이는 근대시라는 문학 장르가 제도적으로 공고화되기 이전부터 한반도 사회구성체를 지배했던 문화적 인식소 때문이기도 할 것이다. 우리 공동체 구성원들에게는 동아시아 이데올로기의 뿌리 깊은 영향이 유전처럼 집단무의식으로 이어져오고 있다. 재도지기의 문학 양상이 보편적이었던 시절부터 자연은 유교 가치를 재현하는 핵심 기제로 기능해 왔다. 모더니티라는 제도가 세계 질서는 물론 문학을 포함하는 예술의 공준을 재구성한 지금, 자연물에의 투사는 공적 가치가 아닌 사적 정서의 체현이자 원형적 질서의 원천으로 활용되고 있다. 한국문학사를 되돌아보면 일일이 예시하기 어려울 정도로 많은 시인들이, 문학적 세계관의 정치적 입장과 무관하게, 자연을 개성적으로 전유했던 걸출한 사례들을 쉽게 발견할 수 있다.

이준관(1949-) 시는 자연 서정의 계보를 잇는 1970년대 판본으로 등장하였다. 1974년 『심상』을 통해 등단한 그는 첫 시집 『황야』를 포함하여 2020년 현재까지 다섯 권의 시집을 상재했다.[1)] 50년 가까운 시력 속에서 5권 시집을 엮었으니 왕성한 경향은 아닌 편이다. 이러한 결과에는 시보다 앞서 등단했을 뿐만 아니라 시작 활동 내내 병행했던 동시 작업이 연동된다. 이준관의 문단 활동 속에는 상당한 동시집과 장편 동화까지 포함되어 있으니, 그 문학세계가 시작에 집중된 경우는 아닌 것이다. 이러한 분포는 이준관 시세계를 이해하는 하나의 참조점이 되어야 한다.

> 아침 안개 피어오르는 이 가을 아침에
> 부질없이 우리는 젖을 뿐이다.
> 때없이 안개는 우리들 사이를 서성거리고
> 그 때마다 알 수 없는 것들이
> 우리들 사이를 갈라 놓는다.
> 사방에서 소리없이 문들이 닫히고
> 우리는 안개가 되어
> 그대의 눈가에도 피어오르고
> 그대의 눈썹 끝에도 젖어 있는다.
>
> —「안개 속에서」(『황야』) 부분

위 시는 1974년 『심상』에 발표된 시인의 등단작이다. 3연으로 분절되어 연마다 번호를 붙여 놓았는데, 인용 부분은 1에 해당된다. 넘버링을 한 데에는 통상적인 연 구분보다 강한 경계를 설정하려는 의도가 담긴다. 그런 만큼 이어지는 부분 역시 위와 같은 비의적 단절감이 견고한 경계 위에 반복되고 있다. 화자와 그대, 우리는 "알 수 없는" 안개와 같은 단절 속에서 부질없이 존재할 뿐이다. 주지적 시상이라는 의도를 전제한다 하더라도, 다소 과잉된 감정으로 근거 없는 적멸을 전경화하는 정황이 추상적이기만 하다. 그만큼 시적 공감대를 형성하기에 곤란한 면이 보인다. 아무래도 역사전기적 배경, 즉 1970년대 초반의 문화적 아비투스와 청년 이준관의 미적 치기가 상호

---

1) 이준관 시집은 『황야』(시문학사, 1983), 『가을 떡갈나무숲』(나남, 1991), 『열 손가락에 달을 달고』(문학과지성사, 1992), 『부엌의 불빛』(시학, 2005), 『천국의 계단』(서정시학, 2014) 등과 같다. 이하 작품 인용 시에는 시집 제목만 병기하기로 한다.

조응하는 형국을 떠올리지 않을 수 없다. 이미지의 구상태보다는 준엄한 예술적 고투의 내면을 부조하려는 출사표일 것이다.

황야로 가겠다.
황야로 가서
까마귀들이 쪼아먹는 붉은 심장의 해와 만나겠다.
황야의 끝까지 걸어가 기진맥진한
목마름과 배고픔과 만나겠다.
독수리들이 골짜기에 남겨 놓은
버림받은 인간의 뼈와 만나겠다.
숱한 밤을 길을 잃고 헤매다가
문득 천길 낭떠러지와 마주치겠다.
아아 황야로 가서
내가 울부짖는 소리를
나 혼자 처절하게 듣겠다.

—「황야」(『황야』) 전문

첫 시집의 표제작이 된 이 작품은 이준관 시가 기원하는 발생론적 맥락을 보다 설명적으로 드러낸다. 여기서 황야는 화자의 기원이 펼쳐지는 장소로 설정된다. 기원의 대상은 "붉은 심장의 해", "목마름과 배고픔", "버림받은 인간의 뼈" 등속이다. 역시 의지적 관념이 과잉되기에 경험적 동질감을 유발하기에는 역부족이다. 그만큼 주지적 인상을 시의 효과로 염두에 둔 작품이다. 어조, 배경, 제재, 시상 모두는 황야와도 같은 실존의 조건 속에서 극단적 절망을 추구하는 선지자의 태도를 절절히 환기한다. 이처럼 이준관의 초기 시편들은 핍진한 경험의 형상적 재현보다는 염결한 시적 자세를 강조하고 있다.

이 글 모두에 자연 서정의 리리시즘 계열로 이준관 시세계의 특징을 연역하였다. 그런데 그의 첫 시집을 통해서 느끼게 되는 지배적인 정서는 자연의 목가보다는 위와 같이 비극적 애상으로 집약된다. 적멸을 향한 실존의 감각은 자연 소재가 지닌 원형적 질서와는 전혀 상대적인 감정값이다. 그렇다면 친자연적 서정이라는 모두의 입론은 오류일 수 있다. 한편 위 작품들의 배경이 자연이라는 소재에 착종된다는 점에 착안하자면 다른 판단이 가능하다. 실존의 사유는 통상의 자연물이 지닌 긍정적 이미지를 의도적으로 위배하지만, 결국 그런 추상이 펼쳐지고 귀속되는 시간과 공간으로서 자연이라는 장치가 항용 작동하고 있는 양상이다. 비유하자면 시적 상상력이라는 인위가 자연 본연의 계절과 장소라는 궤도 위에서 길항한다. 자연 서정의 계열로 이준관 시를 연역한 이유가 여기에 놓인다.

02

이준관의 초기 시세계를 관류하는 절망의 엘레지는 어디에서 기원하는가. 동시대의 예술 경향에 대한 장르적 반작용인가, 시대적 모순을 껴안으려는 미적 대응인가, 저 가난했던 시대의 실존의 상처인가. 이런 질문은 이준관 시세계의 단순한 외장이 의뭉스럽게 품고 있는 흥미로운 화두이리라 본다.

동시 경향과 대비하는 작업은 이준관 시세계의 특성과 변모에 대한 개연적 이해를 돕는다. 그의 첫 동시집 『크레파스화』(1978)는 "곤고한 삶의 현실로부터 지쳐 돌아오는 길목에서 아기 새를 만나고 '환상의 나라로의 여행'이라는 동심의 세계로 떠나게 된"(김용희, 「이준관론—막막한 황야에 정신의 집 짓기」) 흔적일 수 있다. 하지만 이런 참조는 인과론적 관점이기도 하다. 이 글은 시 내부의 결절과 지양에 주목하려고 한다.

자연의 외형 변화는 두 번째 시집부터 뚜렷하다. 비극적 관조의 배경을 전조할 뿐이던 첫 시집의 자연이 생명의 기원이자 만물의 본성이라는 원형적 의미를 회복하고 있는 것이다. 예컨대 "마당가에 앉아 한 평생/ 병아리에 모이를 주며 살고 싶다./ 마당가 풀을 뽑다가,/ 구름을 보다가,/ 구름빛에 졸다 깨다가,/ 병아리가 배가 고파 찾아오면/ 낟알을 뿌려 주리라"(「마당가에 앉아」, 『가을 떡갈나무숲』)와 같은 경우를 보면, 자연은 "충만한 행복"의 거점이 된다. 화자는 병아리를 먹이기 위해 모이 한 줌을 움켜쥐는 사소한 행위에 기꺼이 생의 가치를 헌사한다.

> 나의 삶이 푸른 콩 한 알로 빛났으면,
> 아이들의 접시 위에 놓였으면,
> 죄없이 푸른 콩 한 알,
> 사랑스런 콩 한 알.
> 아이들의 푸른 입 속으로 들어가
> 초롱초롱 눈망울이 되어
> 세상을 푸른 콩빛으로 칠했으면,
>
> —「푸른 콩 한 알」(『가을 떡갈나무숲』) 전문

이제 자연은 삶의 의미를 반영할 뿐만 아니라 그것을 실천하는 핵심적 수단으로 기능한다. 위 작품에서 화자는 아이들을 위한 삶의 태도를 푸른 콩에 투사한다. 여기에 사용된 시어나 표현은 동시의 장르적 성격에 유비될 법하다. 궁극적 가치의 대상으로서 '아이들'이 등장하는 맥락도 그러한 개연성의 근거일 것이다. 한편 아동문학 장르가 선험적으로 지닌 계몽적 포즈로부터는 일관된 거리를 유지하고 있다는 점에 주목할 필요가 있다. 앞서 예시된 「마당가에 앉아」나 위의 「푸른 콩 한 알」 등은 병아리, 아이와 같은 타자의 태도 변화보다는 화자 스스로의 투신을 부각한다. 계몽적 정언명령의 이분법으로부터 벗어나, 화자 내면의 반성과 성찰이 중요한 의미망을 구성하고 있는 셈이다. 이 점은 자연을 전경화한 『가을 떡갈나무숲』이, 역시 자연을 배경으로 둔 『황야』와의 외형상 차이에도 불구하고, 이전 시세계로부터 공통되게 이어가는 시선이라 할 수 있다.

> 바람이 불지 않는데도 참깨꽃은 흔들리고,
> 들길이 키운 참깨꽃이 들길을 짚고 일어선다.

참깨꽃이 피면서,
그저 붉게 타오를 줄밖에 모르는 황토흙이,
참깨꽃 근처의 밋밋한 산등성이들이,
이렇게 다정다감하게 다가오는가.
참깨꽃 어딘가엔
머언 구름빛에도 물기 많은 눈썹을 내리까는
어머니의 서러운 호미자루 얹혀 있을 터이지만,
참깨꽃은 저녁이면
맑은 종소리 한마디쯤 착한 이마에 올려놓을 줄 안다.
개미나, 진딧물이나, 꿀벌이나,
그런 온갖 생명 있는 것들이 찾아드는, 참깨꽃은,
쏟아지는 폭염을 마다하지 않고
쉬임없이 연달아 피어난다. 거기엔,
추락에 대한 어떠한 두려움도 없다.
피어나는 기쁨, 꼭대기까지 피어오르는 기쁨만
줄기마다 온통 터질 듯 빛난다.

—「참깨꽃」(『열 손가락에 달을 달고』) 부분

「참깨꽃」은 이준관 시세계 내에 자리한 수많은 자연 묘사 중에서도 기념비적 작품의 하나로 꼽을 만하다. 우선 41행을 1연으로 처리한 외형이 비교적 긴 호흡으로 구성된 설계임을 단적으로 증거한다. 단형 서정이 주류인 이준관 시의 일반적 양태로 볼 때 개성적인 형식이라 하겠다. 무엇보다도 자연 자체가 지닌 물성에 착종되는 언어를 특기해야만 한다.

인용된 부분으로만 보면 참깨꽃의 자존은 참깨 스스로의 것이다. 화자의 내면이 투사되거나, 실존의 고투가 빙의된 현상이 아니다. 바람이 불지 않아도 흔들리고, 자신을 키운 들길을 자신이 짚고 일어선다는 서두 묘사는 '풀'의 생리를 현재화한다. 풀의 정동에 관한 1960년대식 정전인 김수영의 「풀」이 시간을 거슬러 재현된 형상인 듯하다. 나아가 그런 참깨꽃을 통해 개미, 진딧물, 꿀벌 등 "온갖 생명 있는 것들"과의 공동체를 상상한다. "추락에 대한 어떠한 두려움” 없이 “줄기마다 온통 터질 듯” 빛나는 참깨꽃은 인간의 감각 너머에 활황일 사물의 정동을 포착하는 시적 성취라 하겠다.

이준관의 수사가 사물의 감각을 극단적으로 추구하지는 않는다. 서정적 개입은 이준관 시의 생래적 자질이기도 하다. 「참깨꽃」에서도 예의 “사람의 사랑”이 등장한다. 후반부로 가면, 위에 절묘히 현현된 참깨꽃의 물성은 “사람들이 일군 땅”의 귀속물로 전이된다. 그럼에도 불구하고 참깨꽃의 내성은 화자나 시인의 목적의식 밖에 실재한다. “들녘을 밀고 가는” 그 운동은 시라는 텍스트나 이런 류의 지면을 넘어 작동하는 물성일 수밖에 없다.

03

이준관 시세계의 또 다른 변곡점은 네 번째 시집 『부엌의 불빛』에서 마련된다. 시인은 자서를 통해 자연으로부터 사람으로의 관심 전환을 천명한다. 실로 “사람이 못내 그리울 때면/ 문득 낯선 길가에 서서/ 버스를 탄다./ 하늘과 바람과 낮달을 머리에 이고”(「가을에 사람이 그리울 때면」, 『부엌의 불빛』)와 같이 인간에 대한 지향을 직접적으로 표출하고 있다. 많은 작품들이 유사한 경향을 보인다. 자연에 착종되었던 시선을 인간으로 회귀시키는 양상임이 분명한 듯하다. 이때 인간을 소환하는 계기이자 기제로서 ‘부엌’이 전경화된다는 점이 의미심장하다. 부엌이라는 공간은 이준관 시세계의 단절과 연속을 함의하는 중층적 장소이기 때문이다.

부엌의 불빛은
어머니 무릎처럼 따뜻하다.

저녁은 팥죽 한 그릇처럼
조용히 끓고,
접시에 놓인 불빛을

고양이는 다정히 핥는다.

수돗물을 틀면
쏴아— 불빛이 쏟아진다.

부엌의 불빛 아래 엎드려
아이는 오늘의 숙제를 끝내고,
때로는 어머니의 눈물,
그 눈물이 등유가 되어
부엌의 불빛이 꺼지지 않게 한다.

불빛을 삼킨 개가 하늘을 향해 짖어대면
하늘엔
올해의 가장 아름다운 첫 별이
태어난다.

—「부엌의 불빛」(『부엌의 불빛』) 전문

이 작품에서 화자는 유년의 경험을 원체험으로 간직하고 있다. 그 체험의 공간이 부엌이다. 부엌은 유년의 화자가 엎드려 숙제를 하거나 저녁 팥죽이 끓던 곳이었다. 또한 고양이나 개 등 주변 존재와 함께한 공간이며 어머니의 눈물을 공유했던 장소이기도 하다. 급기야 가장 아름다운 첫 별을 맞이하는 신화와 같은 거처로 화자의 기억 속에 각인되어 있다. 그곳이 왜 부엌이어야 하는가?

앞서 『부엌의 불빛』은 자서로부터 인간에 대한 관심을 강조하고 있다고 하였다. 그런데 소환된 인간의 대표적인 예시가 바로 '어머니'이다. 어머니는 이 시집을 위시하여 이준관 시세계에서 가장 많이 재현되는 인물이다. 표제로 사용된 작품만 하더라도 「어머니의 맨발」(『가을 떡갈나무숲』), 「어머니의 지붕」(『부엌의 불빛』), 「어머니의 도시락」·「어머니의 등」·「부엌문을 열고 어머니가 내다보던 마당을」(『천국의 계단』) 등과 같이 시집 곳곳에 배치되어 있다. 한국 사회의 가부장 이데올로기 아래 부엌은 통상 어머니의 장소로 환기된다. 이러한 맥락이 바로 인간의 소환에 관한 대표적 기제로서 부엌이 등장하는 첫 번째 이유일 것이다.

또한 이준관 시세계 속에서 수많은 어머니는 자연의 다양한 양태와 함께 존재한다. 이는 곧 대지모신의 원형이 구체화된 형상으로 볼 수 있다. 앞서 본 「참깨꽃」에서 "참깨꽃 어딘가엔/ 머언 구름빛에도 물기 많은 눈썹을 내리까는/ 어머니의 서러운 호미자루 얹혀 있을 터"와 같이 참깨꽃의 물성과 등치되었던 화소가 어머니의 설움이었고, 「가을에 사람이 그리울 때면」에서 "어머니가 싸주는/ 따스한 도시락 같은 시골 버스"와 같이 사람을 잇는 시골 버스의 인정이 어머니의 도시락으로부터 비롯되었다. 위 「부엌의 불빛」의 경우 화자는 장소의 온기가 발산되는 기원으로 어머니의 무릎을 부른다. 이와 같이 이준관 시의 어머니는 생물학적 어머니이기도 하면서 대지모신과 같은 자연의 본성을 상징하는 존재로 기능한다. 이것이 곧 인간사의 장이 부엌으로부터 개방되는 두 번째 이유가 된다.

인간에 대한 관심과 더불어 '아버지'의 의미도 전이된다. 이준관 초기 시세계에서 아버지는 "나는 사는 게 두려워요. 꿈꾸는 게 두려워요. 갑자기 길이 안보여요. 아버지 아버지 아버지는 어디 있어요"(「아버지」, 『황야』)와 같이 소재화된다. 벌판에 놓여 "저무는 하늘"과 "썩은 짚다발"만 보이는 화자가 두려운 현실을 의지하는 대상으로서 아버지를 호명한다. 하지만 아버지 역시 가시적으로 존재하는 인물이 아니다. 결국 아버지는 일종의 큰타자요 오이디푸스의 대상인 것이다. 하지만 후기에 이르러 아버지는 "내가 살아가면서 명심할 말씀을 가르치기 위해서"(「아버지의 명심보감」) 『명심보감』을 읽어 주던 분이었으며, "빗자루로 내 종아리를 찰싹찰싹"(「아버지의 싸리 빗자루」) 때리며 훈육하던 현실의 가부장으로 회상된다. 아버지의 형상이 선험적 큰타자로부터 구체적인 관계 속의 인물로 전이되는 국면을 통해서도 인간에 대한 소환에 집중된 이준관 시세계의 변모를 확인할 수 있다.

길을 가다가 낮닭 우는 소리를 듣는다.
텃밭의 흙을 깃털에 끼얹으며
낮닭이 우는 농가에는
부엌문 앞에서 혼자 파를 다듬고,
호박을 썰어 채반에 널어 말리는 사람이 있을 것이다.

—「사람이 있을 것이다」(『열 손가락에 달을 달고』) 부분

이준관 후기 시세계에 특화되는 사람과 일상에 대한 관심은 사실 그 전부터 예비된 것이기도 하다. 보는 바와 같이 위 작품은 낮닭 우는 소리 속에 함의된 인간의 존재를 노래한다. 눈에 보이지 않지만 자연의 모든 풍경 속에는 기실 인정이 중첩되어 있다. 이준관 시세계를 관류하는 자연 자체가 인간에 의해 전유된 자연인 것이다. 그의 시는 일견 실존, 자연, 인간 등의 다양한 양태로 경계를 넘나드는 듯하다. 하지만 그 속에는 항용 사람이 자리하고 있었다.

이 일관되고도 고유한 지평을 이해하기 위한 단서로서 동화적 상상력이라는 이준관 문학의 아비투스를 다시 환기하고자 한다. 동심을 갈고 닦는 일은 문학을 넘어 이준관이라는 존재의 천직이자 삶 자체이기도 하였음을 기억할 필요가 있다. 이때 비로소 아동을 포함하여 모든 사람이 읽고 감각할 수 있는 언어의 수위, 그 속에서 세련하는 순수한 가치와 일상 속의 심미적 형상이 이준관 시세계에 부여된 선험적 운명이었음을 공감하게 된다. 나아가 이준관 시는 동화와 같은 순수한 세계를 주조하면서도 도덕과 윤리를 강제하지 않는다. 계몽적 이항대립으로부터 벗어나고자 하는 자의식은 제도로서의 동화 범주를 넘어서는 생성의 차원일 수 있다.

04

자연과 인간으로 형성된 이준관 시세계의 지평을 종합하는 화소로서 '마을'을 들고자 한다. 이준관 시 속에는 마을에 관한 일련의 서정이 시집 전편

을 관통하며 배치되고 있다. 첫 시집에서도 "마을에 저녁 연기 오르면/ 우리는 돌아가야 한다./ 토끼처럼 순한 귀를 가진 사람들과/ 사슴처럼 순한 뿔을 가진 사람들이 사는/ 마을로 돌아가야 한다"(「저녁 연기 오르면」, 『황야』)와 같이 이상적 공동체로서 자리한 마을을 발견하게 된다. 여기서 화자는 궁극적 회귀의 장소인 하나의 마을을 특정한다. 그 마을은 인간과 자연이 함께 존재하는 공동체의 장이다. "돌아가야 한다"는 당위 명제의 대상이 '나'가 아닌 '우리'임을 간과해서는 안 된다. 마을의 구성원은 사람들만이 아니다. "별들"과 "뺨들"이 귀향 중이며, "물소리"와 "새떼들"이 현전하는 공감각의 장이 우리가 회귀해야 할 마을인 것이다.

그런 마을은 때로 설화 속의 공동체로 재현되기도 한다. "마당을 쓸면 뚝뚝 별이 떨어졌느니,/ 묵은 기왓장엔 여우가 울고,/ 아기 똥을 먹고 개가 크고,/ 개가 눈 오줌에 애기똥풀꽃이 피었느니,"(「그 마을」, 『가을 떡갈나무 숲』)와 같은 묘사가 대표적이다. "-느니"라는 어미를 반복함으로써 의미와 시제를 개방하는 형식은 이준관 시에서 보기 드문 시적 장치이다. '그 마을'은 이러기도 하고 저러기도 한 연결 단위이자 으레 존재했던 사건을 적시하는 종결 단위로서 중층적 장소성을 체현하고 있다. 이토록 이준관 시의 마을은 항상 이미 종요롭다.

신문지 봉지를 씌운 배 열매들이
뭉게구름처럼 부풀어 오르는 마을에는
사람들이 산다.

소의 등을 쓰다듬으며
소의 말을 하는 사람이

소나기를 첼로처럼 연주할 줄 아는
손을 가진 소녀가

볼기짝에 봉숭아 꽃물이 든
아기를 씻기는
저녁놀도 씻기는
귀리 이삭 같은 여자가 산다.

태양의 수리공 같은
수염투성이 해바라기 피는 마을에는
땅바닥에 박힌 제 그림자를 사랑하며
살아가는 염소처럼
사랑하는 마음밖에는 가진 것 없는

사람들이 산다.

—「사람의 마을」(『천국의 계단』) 전문

위 작품은 현재까지 이준관 시세계가 변주해 온 마을의 정점을 형상화한다. 앞서 살핀 것처럼 이상적인 자연 질서와 함께하는 공동체는 궁극적 회귀의 장소였다. 마을의 변주곡은 파과지년의 연륜을 거쳐 위와 같이 고절한 장소성을 산파하게 된다. 예의 자연과 인간이 공존하고 있는 외형이다. 자아의 내면보다는 타자, 즉 '사람들'이 부각되는 이미지 부조 양상도 남다른 모습이다. 자연과 더불어 그저 "사람들이 산다."

마을이 속한 시간은 특정되지 않은 까닭에 봄이기도 하고 겨울이기도 하다. 그 계절은 작품 사이를 가볍게 건너 "벌써 들밥을 머리에 이고/ 들길에 나선 정읍댁,/ 저 너른 앞 들이 그네의 펄럭이는/ 치맛자락"(「따뜻한 봄날」, 『가을 떡갈나무숲』)이 생동하는 봄날로, 혹은 "들판은 어머니 품에 들 듯 낮게 엎드리고/ 따뜻한 연기가 몽실몽실 솟는 굴뚝./ 밥풀처럼 뺨에 눈이 묻은 개가/ 괜히 가슴 설레어 컹컹컹"(「눈길을 가면 닿는 마을」, 『부엌의 불빛』) 소요하는 겨울날로 현현한다. 이 시간은 다시 「사람의 마을」로 돌아와 해바라기 만개하는 여름의 정열과 배 열매 수확하는 가을의 결실이 양립하는 시절이 된다. “사랑하는 마음밖에 가진 것 없는” 존재가 한 편의 이상이듯이, 그런 생활들이 펼쳐지는 마을의 시간은 모더니티라는 제도 너머의 계절에 속한다.

이준관 시세계는 외견상 굵직한 굴곡을 그리기도 하지만, 본질적으로는 일관된 시학의 지평을 구축해 왔다. 자연을 전유하는 자아의 내면은 가장 큰 동력이었던 것으로 보인다. 제도적 관점으로 재단하자면 이러한 양상은 모더니티를 위배하는 태도라고도 볼 수 있다. 오늘날 시학 층위에서 긴장을 통한 미적 거리의 강제는 시의 발생론적 배경이기도 하다. 하지만 이러한 이론적 접근은 이준관류의 시에 있어서는 가치판단의 기준일 수도, 적실한 설명 방식일 수도 없다. 이준관 시의 촉수가 닿은 자연과 사람과 마을은 항상 이미 모더니티가 구획하는 제도와는 다른 경계에 존재한다.

이준관 시는 자연으로서의 인간 혹은 인간으로서의 자연을 정점에 두고 고유한 방식으로 그 가치를 전유해 왔다. 아동문학 장르와의 공동 작업은 시상 전개나 의미망을 일정한 방향으로 제한했던 것도 사실인 듯하다. 같은 이유로 현대시 범주를 설정하는 긴장과 미적 거리의 언어 운산은 적어도 이준관 시세계에서는 부수적 기교에 불과하다. 과연 서정의 본령이 무엇이며, 문학은 어디에 착목되어야 하는가? 이에 대한 요구는 독자의 몫이 아니다. 시작은 온전히 시인의 선택이자 운명이기 때문이다. 문명이 닿은 거리두기 시대가 위무의 계절과 마을을 간절히 부르고 있다.

활자, 시어의 숙주

—박세현 시에 대하여

01

인터뷰[1)]

서면 인터뷰에 응해 주셔서 감사합니다. 먼저 선생님의 근황은 어떠신지 독자들에게 소개 부탁드립니다.

뉴욕에서 어제 돌아와서 시차 적응이 덜 된 채로 이 글을 작성한다. 이러고 싶은데 그건 아니고, 허공을 걷거나 무호흡 견디기 또는 김수영과 김춘수는 왜 현실공간에서 만나지 못했는가 등을 생각하면서 '있습니다'. 어제는 대학로에서 '류이치 사카모토: 코다'를 보면서 음악이라는 게 소리를 억압하는 게 아닌가 생각했고(그래서 갑자기 플롯이라는 말이 좀 수상해졌고), 질 크레멘츠의 『작가의 책상』을 몇 페이지 보았습니다. 존 업다이크, 스티븐 킹, 토니 모리슨, 필립 로스 등등이 자기 책상에 앉아 포즈를 취한 집필사진첩입니다. 다들 타자기 세대이기에 작가라는 말이 더 실감났습니다. 작가의

---

1) 본 인터뷰는 원고를 작성하기 전 시인의 요청에 따라 전자우편으로 이루어진 것이다. 2018년 6월 11일에 서면 인터뷰 질의서를 보냈고, 6월 18일에 시인으로부터 답변서를 받았다.

책상 위에 있는 재떨이에 눈이 갔습니다. 어제 아침에는 강릉에서 머리말에 있는 김영태의 유작 일기를 몇 줄 읽고 더 읽지 않았습니다. 그는 자신을 가리켜 풍경인이라 했는데 나는 뭔가 생각했지요. 방금 전 은행에서 아버지에게 청구된 요양비를 자동이체하고 왔습니다. 그보다 조금 전에는 시커멓게 볶은 탄자니아를 마셨습니다. 이 커피는 질 나쁨을 감추기 위해 강배전을 했을 거라는 의심을 했습니다. 커피 마시기 전에는 근착한 계간지 두 권의 봉투를 뜯었습니다. 많이 외로웠지요. 필자 명단이 낯설기 때문입니다. 내가 낯선 지하철역 의자에 앉아 있는 느낌이었지요. 자신의 노래를 부르는 후배 가수들 앞에 앉아서 덕담하는 조용필을 화면에서 본 적이 있습니다. 자기 시대를 상실하면 저렇게 되는구나. 나는 지금 어디에 있는가 하는 것이 나의 근황이기도 합니다. 나는 대학에서 2017년 4월에 명예퇴직을 했습니다. 정신적 이사인 셈이지요. 명예교수가 뭐냐고 물었더니 친구가 말했습니다. 학교 그만뒀다는 거지. 2층집 세입자는 날 보고 꼬박꼬박 사장님이라 부르더군요. 내 근황의 특징은 학교를 그만뒀다는 것이 아니라 아직도 내가 교수인 듯 착각하는 것입니다. 죽은 사람이 연구실에 돌아와 논문도 쓰고 강의실에 가서 연구도 하는 형국입니다. 자기가 죽은 줄 모르고 살아있다는 것은 쓸쓸한 일입니다. 연극이 끝났는데 무대에 남아 연기를 하고 있다는 말은 비유가 아닙니다. 이렇듯이 현실을 픽션화 하는 장면들을 살고 있습니다.

선생님의 문학적 이력에 있어서 결정적인 사건이 무엇인지 궁금합니다. 가장 기억에 남는 문학적 경험이라면 무엇을 들 수 있을지요?

나는 범상하고 그저 그런 사람입니다. 음악으로 치면 C메이저 같은 사람이지요. 아니, Am에 가까운 형입니다. 비공식적인 인물. 어디에 있어도 눈에 잘 띄지 않지만 다소간은 네거티브한 측면이 발달한 인간형일 겁니다. 좋습니다가 아니라 나쁘지는 않다고 말하는 쪽입니다. 김남주나 황석영이나 헤밍웨이 같은 행동력이나 현실에 강하게 부딪쳐본 체험이 없습니다. 그러므로 나의 문학적 이력은 거의가 다 활자를 통해 학습되고 활자로 수렴되는 거지요. 어려서부터 엄청난 독서를 하고, 세계문학전집을 독파하면서 성장한 사람이 아닙니다. 그냥 어영부영이지요. 중학교 3학년 때 친구가 신석정의 시집 『빙하』를 들고 다니는 걸 보고 희미한 질투심에 그걸 같이 읽은 적이 있고, 그것이 내 시의 출발이었다고 할 수 있습니다. 그러면서 행정공무원이었던 아버지가 가져오는 『지방행정』, 『세대』라는 잡지에 실린 시와 소설들을 열심히 읽었어요. 뭔지는 몰랐지만 그냥 좋았던 기억은 지금도 생생합니다. 1969년 드디어 초등학교 동창생 몇이서 『한여울』이라는 제목의 등사판 동인지를 만들면서 문학장 안으로 들어왔습니다. 동인지 1집은 '천탄(淺灘)'이었는데 그 당시 동네 중학교 국어교사가 지어주었습니다. 소리는 그렇지만 한자어로는 시적인 데가 있지요. 강원대 교수인 박기동, 퇴직한 초등학교 교사 이종린이 동인이었습니다. 시골 초등학교 한 반에서 시인 세 명이 나왔다는 건 유네스코가 돌아볼 일 아닌가요? 듣는 분 표정이 안 좋으시군요. 그냥 넘어갑시다. 진담이었을 뿐입니다. 뭘 모르면서 뭘 선언하면서 뭘 장담하면서 시를 쓰는 척 했던 것입니다. 그때만 해도 문학의 밤, 시화전이라는 게 문청(문학청년)들의 심심풀이였지요. 고등학교 시절에 그런 데 참가는 했지만 되게 불성실했던 기억이 납니다. 무슨 뾰족한 신념이 있어서는 아니었을 겁니다. 행사의 잡다함이 싫었던 겁니다. 이런 인연을 시작으로 대학, 대학원, 직장 등 일생이 문학에 매몰되었지요. 과장해서 강조하자면 차범근이나 정명훈처럼 한 구멍으로만 빨려든 인생이지요. 내가 지금 이런 너절한 스토리텔링을 하는 것은 다음 얘기를 하기 위해서입니다. 1987년 1988년 내 지도교수가 손을 댄 문학계간지 『문학과비평』의 편집장으로 차출되어 두 해 동안 편집실에서 일했습니다. 아마 이 대목이 내게는 잊을 수 없는 문학적 이력이 됩니다. 문예지 이름도 기가 막힙니다. '문학과 지성'과 '창작과 비평'에서 한 단어씩 떼어다 조립한 느낌이니까요. 그 시절은 공교롭게도 앞의 두 계간지가 폐간된 시기였습니다. 이런 무주공산에 나타난 잡지가 내가 일한 잡지였는데 여기서 여러 필자들의 원고 수발을 들게 되지요. 책에서만 보던 시인과 소설가를 코앞에서 본 날은 잠을 잘 이룰 수 없었습니다. 뭐, 이런 흥분없이 어떻게 글을 쓰겠습니까? 나는 그런 흥분상태의 지속력을 꽤 즐겼습니다. 잡지사에서 이른바 문단이라는 것을 구체적으로 경험하는 것이지요. 생산자의 입장과 제작자의 입장을 동시에 겪는 곳이 편집실이면서 문학의 유통구조도 대충 알게 됩니다. 한국문학의 주방에 들어가 본 셈입니다. 편집실 경험으로 보면 내 시가 편집자의 입맛에 들지 않는 이유를 분명히 알 수 있습니다. 그게 소득이라면 소득이지만 우리나라 편집자는 제작자이지요. 이렇게 떠들었지만 결정적이라는 말에는 미치지 못합니다.

시인의 등단 과정은 독자들의 관심사는 물론이고 시세계 연구의 주된 자료이기도 합니다. 선생님의 등단 무렵에 대한 상세한 정황을 알고 싶습니다.

그렇군요. 등단이라는 관문이 있지요. 크게 보자면, 어느 지면을 통해 시를 발표했는가의 문제일 뿐인데, 한국사회에서는 등단 자체가 무슨 공인중개사 시험처럼 비쳐지고 있습니다. 아직도 종이신문사에서 신춘문예라는 이름으로 공모전을 지속하고 있는 것은 하나의 넌센스일 뿐입니다. 뭐, 그거야 그렇고요. 내가 등장한 시대는 1980년대이고, 아시다시피 1980년대는 시의 시대였습니다. '창작과비평, 문학과지성, 실천문학, 노동문학, 세계의문학'과 같은 문예지의 제호만 보아도 그 시대의 이념적 풍경을 눈치챌 수 있을 겁니다. 나는 1983년 『문예중앙』 여름호로 등단합니다. 이때의 공모전 이름은 '제1회 문예중앙 시인추천'이었지요. 신인상인 거지요. 몇 가지 점에서 이 공모전은 새롭습니다. 여타 잡지사에서는 추천제가 살아있었고, 어떤 지면에서는 타이틀 없이 시를 발표시키는 새로운 제도를 도입하고 있는 중이었습니다. 신춘문예가 보통 5편 정도의 시를 요구하고 한 편을 당선작으로 지면에 올리는 것이 관례인 시대에 문예중앙은 당시로서는 가장 많은 10편 이상을 요구했고, 10편을 당선작으로 지면에 올렸습니다. 나는 달

달 긁어서 시 28편을 응모했고, 그중 10편이 당선작으로 발표되었습니다. 문단으로서는 새로운 시도이기도 해서 당선소식이 주요 일간지에 보도되었습니다. 또 다른 시도는 심사위원 기용인데, 이때까지만 해도 신경림, 황동규 선생이 한자리에 앉아서 심사를 한 일이 없었습니다. 그 후 두 분은 환상의 콤비가 되어 신춘 심사를 많이 하셨지요. 이를테면 당대 문학의 풍향 같은 것을 보여주는 짝입니다. 한 분은 창비 시선 1번 주자이고, 다른 한 분은 문지 시선 1번 주자인 것이지요. 창비와 문지의 노선이 첨예하던 시절이기에 두 분이 작품을 뽑는데 합의하기 어려우리라는 예상이 잡지사 측의 관측이었습니다. 합의되는 당선자를 뽑으면 좋지만 합의가 어려울 경우 각각 한 명씩을 뽑아도 좋다는 것이 주최 측의 제안이었습니다. 그러니까 나는 창비노선과 문지노선의 사잇길에서 태어난 셈입니다. 어중간한 출생이지요. 그것은 창비와 문지 사이에 놓여 있는 『문예중앙』의 편집태도와도 맞아떨어지는 선택이었을 겁니다. 누구에게나 자기의 시대가 있습니다. 1950년대에 젖을 뗀 세대들에게는 1980년대가 그들의 병풍이지요. 한 십년. 이제 그들은 자기 시대의 협력없이 고군분투해야 합니다. 누구시죠? 이런 황막함을 밀고 나가는 겁니다. 한국문학사를 통해 알 수 있듯이 시인은 자기 시대를 '통해서' 자기 시대를 '넘어가는' 존재들일 겁니다.

문학에 대한 선생님의 태도가 궁금합니다. 그 일환으로 문학사에 대한 입장을 여쭙고자 합니다. 2018년은 김경린, 문익환, 박남수, 박연희, 심연수, 오장환, 조흔파, 한무숙, 황금찬 등의 문인이 탄생한 지 100주년이 되는 해입니다. 그에 따른 다양한 행사가 관련 단체나 지역을 중심으로 진행되었거나 준비 중인 것으로 알고 있습니다. 이들은 중일전쟁과 민족말살정책 등 제국주의 폭력이 가속화되던 시기에 청년기를 보냈고, 해방과 한국전쟁이라는 민족사의 변곡점을 온몸으로 체험했다는 공통점을 지닙니다. 하지만 각각의 문학적 경향은 파란만장한 시대적 격차만큼이나 다양하게 변주됩니다. 이들 중 선생님께서 주목하는 작가는 누구이며, 그에 대한 소회나 전반적인 입장을 간략히 설명해 주십시오.

2018년에 탄생 100주년을 맞는 문인들이 여러 명이군요. 살다보면 금방 100년 지나가는 거지요. 나이가 벼슬이 아니라면 단지 100주년이 된다는 것이 무슨 의미가 있을까요? 게다가 우리는 등단 몇 주년까지 챙기더라구요. 이거야 출판사의 영업전략과도 상관 있겠지만 등단한 지 오래되었다는 것은 새롭지 않기 시작한 지 몇 주년이 되었다는 사실을 힘주어 고백하는 일이기도 할 겁니다. 편집실에서 제공한 문인 중에 내가 주목하는 시인은 박남수뿐입니다. 정지용 추천으로 '문장'지를 통해 시작활동을 한 1950년대 시인이거든요. 손창섭처럼 조국을 떠나 미국으로 이민한 것이 아쉽다면 아쉬운 시인입니다. 올해가 김수영 작고 50주년이 되는 해입니다. 갑자기 무슨 김수영. 그런데 김수영의 중요성은 내가 보기에, 한국문학사의 아래위를 다 혁신시켰다는 점입니다. 살아있는 시인은 물론이고 이미 작고한 시인까지 무덤에서 불러내어 혁신시켰다는 것을 강조하고 싶습니다. 가끔 나는 한국의 대표시인 10명을 꼽아봅니다. 김소월, 이상 어쩌구 저쩌구 꼽게 되지요. 그런데 늘 판박이로 들어가는 시인이 있는가 하면 어떤 때는 열 명에 끼기도 하고 어떤 때는 밀려나기도 하는 시인이 있습니다. 나는 그 예외적 존재에 애정이 갑니다. 그가 시인 같기 때문이지요. 나는 시론 같은 게 없는 사람입니다. 그냥저냥 쓰는 거지요. 문학사 내에서든 밖에서든 내가 좋아하는 시인은 '무엇이 시인가'를 질문하는 시인입니다. 이승훈식으로 말하자면, 너무 심각하고, 너무 고상하고, 너무 진지한 시들이 의심스럽습니다. 의미강박에 붙잡힌 시들 또는 너무 멋있는 시들 또는 근거없이 난삽한 시들 다 좀 수상하지요. 추신으로 말씀드리는데 100주년 시인 중에 내가 모르는 시인도 많네요. 가령, 심연수는 누굽니까?

위와 관련된 질문일 수도 있겠는데요, 선생님은 강원 강릉 출신으로서 해당 지역의 본격적 현대 문학장을 개척한 선배 세대로 기록되고 있습니다. 예컨대 『강릉문학사』(2017)는 선생님에 관한 소개를 '1980-1990년대의 시' 항목에 분명히 할애하고 있습니다. 그 위의 시기는 역시 지연을 근거로 심연수(강릉)나

황금찬(속초)이 주요하게 거론되고 있습니다. 지역 문학사의 관점에서 볼 때 이들이 지니는 의미는 절대적이라 할 만합니다. 이들 작가가 지역 연고를 근거로 해당 문학장의 주요 콘텐츠로 전유되고 있는 현상에 대해서 어떻게 생각하시는지요? 또한 지역문학의 관점에서 미학적 근거로 다뤄져야 할 로컬리티에 대한 선생님의 이론적 입장은 어떤 것인지요?

『강릉문학사』를 본 적이 없기에 딱히 할말이 없습니다. 앞에서 계속 떠들었지만 사실 지역문학사라는 게 어떤 의미를 가져야 하는가에 대해서는 일정한 준거가 발견되지 않습니다. 그것도 강원도, 그것도 강릉 정도에서는 더 낯설게 느껴집니다. 내가 자란 강릉을 일컬어 문향이라 부릅니다. 지금도 그렇게 부르는지는 모르겠습니다. 왜 문향이라 칭하는지 잘 모르겠습니다. 강릉이 문향이라는 이름에 값하기 위해서는 1980년대까지 기다려야 했을 것입니다. 1950년대의 '청포도 동인'(1950년대 초반 강릉에서 결성된 시동인이며, 동인은 황금찬, 이인수, 최인희, 김유진, 함혜련 등) 이후 강릉문학의 가장 빛나는 순간들을 만들어간 문인들은 주로 1980년대 이후에 등장하게 되고, 대체로 서울에서 활동하지요. 줄여서 말하자면, 양질의 책임있는 지역문학사를 가지는 것은 지역의 권리이자 책임이기도 할 겁니다. 그렇지만 문학사라는 게 작가와 작품만 나열하고 추상적인 해설을 덧붙이는 것으로 해결되는 것은 아닐 겁니다. 지역 출신의 문인을 추모하고 숭상하는 일을 반대하지 않습니다. 내 말은 어거지를 부려서는 안된다는 겁니다. 지하철 문짝시 같은 문학에 세금을 낭비해서는 안된다는 말씀. 작가동인동안이 지역의 문학장에 대해 지대한 관심을 가지고 있는 것을 압니다. 어느 모로 보나 바람직한 지향이라 보고 지지해 왔습니다. 기우겠으나 지역문인이라는 말이 때로 향토문인과 동의어로 쓰이고, 함량미달을 관용적으로 수용하는 핑계가 되기도 합니다. 이것은 지양되어야 할 테지만 그 방법에 대해서는 나도 모르겠습니다. 나의 막연한 결론은 지역에 거주하는 문인의 떼를 지역문학이라 부르는 것은 오류입니다. 지역적인 작품의 생산없이 지역문학은 무슨. 강릉을 예든다면, 가장 강릉적인 시나 소설이 쓰여져야 한다는 말인데, 말처럼 쉽겠습니까? '경포대에서'라는 제목의 시를 썼다고 강릉 시가 되는 것이 아니겠지요. 지역장에서 그런 안이한 발상부터 추방해야 될 건데, 아마도 『동안』 같은 미디어와 문학리더들이 해야 할 고민이 아니겠는지요.

『동안』 2018년 가을호의 신작시 5편에 주목해 보겠습니다. 해설자가 보기에 선생님의 이번 작품들은 일종의 메타시적 구도를 형성하고 있는 듯합니다. '나'와 '나의 시'에 대해 작정하듯 진술하고 있는 것입니다. 그 과정은 예의 요설투 문장, 언어유희, 시공을 넘나드는 감각장의 현전 등으로써 박세현 식 개성과 재미를 동반합니다. 구체적으로 보자면 문학으로의 입문을 천운으로 확신하던 그날의 '새'(鳥, 「새가 울던 날」)는 시공과 범주를 가로질러 '나'를 분화하는 '새'(間, 「말랑말랑한 시」)가 됩니다. 그리하여 나는 초현실적 양태를 변주합니다. 예컨대 나는 "늘 당신이고 싶"은 뉴저지의 인물(「패터슨 시에 사는 패터슨 씨」)입니다. 동시에 "몽골이자 북한이고 네팔"이거나 "뉴욕이고 잘츠부르크이고 핫도그"라는 식으로 장소이자 사물(「어느날 나는」)이 됩니다. 이 말장난과 같은 비약은 "그러나" 언어유희에 그칠 수 없습니다. "나는 내가 지나가지 못한 지점을" 그저 "다시 지나가고 있을 뿐"인 것(「지나왔다」)입니다. 선생님의 근작은 최근의 관심과 시적 지향에 연동되리라 봅니다. 이와 같은 메타시 양상에 주목하는 이유와 의미를 보다 설명적인 언어로 듣고 싶습니다.

죄송하지만 질문을 조금만 인용하겠습니다. "'나'와 '나의 시'에 대해 작정하듯 진술하고 있는 것입니다. 그 과정은 예의 요설 투 문장, 언어유희, 시공을 넘나드는 감각장의 현전 등으로써 박세현 식 개성과 재미를 동반합니다." 이 문장 작성하신 편집자에게 감사드립니다. 다소 먹물기가 묻어나기는 하지만 내 시를 개념화 하기에 적절한 문장이라 생각되어 인용했습니다. 시에서는 여러 말을 중얼거렸지만 시 밖에서 나는 시를 설명하는 일에 흥미를 느끼지 못하는 편입니다. 앞에서 지나가는 말로 던졌지만, 시 쓰는 사람에게 시라는 정의가 고정되는 순간 그의 시는 정지된다는 믿음을 나는 가지고 있습니다. 순간순간 '무엇이 시인가'를 탐문하는 것이 시가 되어야 한다고 보거든요. 모든 의미는 언어로부터 기원하고 우리는 언어의 하수인이거든요. 언어를 쓰는 순간 의미의 포로가 되는 겁니다. 나는 내 시가 나의 뜻을 백퍼센트 입증하는 증거는 아니지만 어쨌거나 의미를 의심하고 의미에 종속되지 않고 의미를 배신하고 의미로부터 달아나야 한다고 생각합니다. 언어적 깽판이 필요한 겁니다. 그러나 나는 그런 묘수와 방법과 용기를 가지고 있지 못합니다. 그래서 달아나다가 붙잡혀오곤 하는 거지요. 내게 시 쓰는 작업은 세상에, 언어에, 의미에 속지 않으려는 몸부림입니다. 아니 언어부림이지요. 되묻습니다. 시를 잘 쓸 필요가 있을까요? 그건 기만입니다. 대충 쓰면 되는 것이지요. 안자이 미즈마루 어법으로 최선을 다해 대충 쓰는 시. 잘 쓴 시들은 널려 있지요. 그런 시들 읽고 나면 그래서 뭐? 거기까지거든요.

완고히 설정된 자아에 의해 시적 정조와 시상 전개가 통어되는 양상은 자선 대표작에서도 두드러집니다. 서정적 화자는 "시라는 게/ 공들여 읽으면 남는 게 없다는 거"(「내 시 어떤가요」)라든가 "뻔한 시는 당신만이 아니기 때문"(「당신의 시」)과 같은 단언을 통해 시라는 장르 자체를 선험적으로 규정하고 있습니다. 뿐만 아니라 "외로우세요?/ 그럼, 꿀꺽 삼키세요"(「혹시, 외로우세요?」)나 "그런 게 아니라면 미쳤다고/ 강문에서 경포까지 혼자/ 밤길을 걸어가리"(「헛것에 살다」)와 같이 정서의 작동조차도 미리 재단됩니다. 이러한 류의 시적 표현들은 이른바 경구의 기능을 강하게 지닙니다. 분명한 메타포와 의미 전달에 효과적일 것입니다. 반면 언어의 물성적 효과 혹은 시어 스스로가 파생하는 의미의 생성에는 취약할 수 있습니다. 독자들이 반응할 감각의 범위가 상대적으로 좁아질 수 있다고 봅니다. 이 같은 시어들이 지닌 형식적 효과에 대한 시인의 입장이 궁금합니다.

뭐, 내 입장이 딱히 있는 건 아닙니다. 손님이 짜다면 짜다는 말을 믿는 편입니다. 질문을 비대칭적으로 이해하자면, 내 시에는 독자가 반응할 여백이 없다는 뜻이겠지요. 이렇게 말해도 될까요? 괜찮다고 응답하시는군요. 고맙습니다. 단언, 규정, 재단과 같은 용어들이 질문 속에 들어 있는데요, 그 말들은 모두 일방적이라는 특징이 있군요. 그렇다면 옳은 지적입니다. 거기에는 내 시의 특성 혹은 한계 같은 것이 도사리고 있거든요. 기본적으로 나의 시의 배후에는 따뜻함이 없지요. 일종의 네거티브인 셈입니다. 다르게 보자면 내가 잘 다스리지 못하는 에고의 덩어리 같은 것이 독자와의 소통구조를 차단하고 있다고 봅니다. 경험적으로 볼 때, 나는 내 시의 독자에 대한 불신이 있는데 이 또한 내 방식이지요. 가장 신뢰감 있는 독자는 나밖에 없는 것이잖아요? 아쉬워라. 농담, 시를 읽고 울었다는 사람도 있음. 이건 시인이 할 일이 아님. 누구를 울리는 것은 하수의 시이고, 울기 전이나 울고 난 뒤의 시를 써야 할 것임. 추가 농담 하나 더, 어떻게 이런 표현을 썼어요? 역시 시인은 다르다니까요. 이런 독자 반응이야말로 한국시의 어떤 단계를 지하철 문짝시로 붙잡아두는 반응이지요. 그러니까, 한국시가 의미과잉이거나 의미집착에 붙잡혀 있다는 뜻이고, 이것은 나의 소박한 불만입니다. 의미가 아니라 형태에 대한 고민이 문학사적 방향이 아니던가요? 월드컵에서 16강 진출이 그저 목표인 한국축구가 늘 참조되어야 하는 대목도 여기가 아닌가 싶습니다. 시라고 하면 메타포, 심볼, 패러독스 등등으로 몰아가려는 이론도 이제는 고리타분하게 되었습니다. 시창작법 따위가 기만이라는 것이 이를 의식하는 말일 겁니다. 언어 자체가 메타포인데 달리 또 무슨 메타포가 필요하겠습니까?

앞서 거론한 『강릉문학사』는 시인 박세현에 대해 "절제된 자기성찰과 반성의 힘이 내면에 깊은 자연 친화력과 종교적 성향을 지니고 있는 시인으로 하여금 그 어떤 휘발성의 초월로도 인도하지 않고, 오히려 누추하고도 신선한 일상과 삶을 지극히 인간적인 시선으로 껴안게 만든다. 박세현 시인은 허약하고 고갈된 정신의 이념과 해석에 좌초된 자신을 구원하기 위해 시를 쓴다."고 적고 있습니다. 이러한 평가에 대해 어느 정도 동의가 가능하신지 궁금합니다. 또한 본인의 문학세계 혹은 “다시 지나가”(「지나왔다」)려는 문학의 길에 관해 독자들에게 덧붙이고 싶은 점이 있다면 소개해 주십시오.

누군가 내 시를 골똘히 읽으시느라 애썼군요. 고마운 일이지요. 내 시에 대한 해석에 반대하지 않습니다. 작품 해석에 창작자가 참가하는 것은 그리 좋아 보이지 않더라구요. 생산성도 없구요. 나는 산문집 『시인의 잡담』을 통해 시에 대해서 최대치까지 스트레칭을 해보았습니다. 마음껏 또는 힘껏, 함부로, 되구말구 생각을 펼쳐보았습니다. 이제, 내게 더 이상 무엇이 남아 있지 않습니다. 그 책에 드러난 생각들이 나의 시를 구속하거나 견인할 겁니다. 내가 도착한 곳은 시가 아니라 시 비슷한 것입니다. 시에 대한 사칭(詐稱)입니다. 나는 그게 좋습니다. 시 비슷한 거. 시가 아닌 거. 그런 것이 내게 다가올 겁니다. 그런 세계로 가고 싶습니다. 핍진한 세계, 리얼한 세계, 정직한 세계, 진정한 세계, 아름다운 세계가 아닌 곳에 나의 시를 내려놓고 싶습니다.

선생님께서는 약력이 상징하듯 시집 10권을 지닌 중견 작가입니다. 미투 운동에서 드러난 것과 같은 적폐를 위시하여 최근 우리 문단이 처한 열악한 실정을 누구보다 잘 아시리라 생각합니다. 문단 선배로서 한국 문학장의 구조적 병폐를 개선하기 위한 선결 과제는 무엇이라 파악하시는지요?

잘 모르겠습니다. 내 주제를 넘어서는 문제이거든요. 그리고 60이 넘으면 꼰대이기 때문에, 꼰대가 아닌 척 하면 더 꼰대스럽더라구요. 그때부터는 어떤 말을 해도 그냥 (개)소리에 불과하잖아요. 자기 시대를 상실한 자들의 잔소리지요. 구조적 병폐라고 하셨는데, 구조를 해체하면 병폐도 사라질 겁니다. 가령, 문인조합 같은 것이 사라져야 합니다. 야생화카페 같은 그 모임들이 문단소음을 생산하는 기지라고 봅니다. 옛날에는 그래도 집회라도 했잖아요. 모여서 회비 내고 술먹고 밥먹고 지원금 분빠이 하고 그러기 위해

협회를 만드는 것이 아닌지 모르겠습니다. 문단구조가 저렴한 정치구조를 참고하는 게 문제겠지요. 구조의 분비물을 병폐라고 불러야 겠지요.

끝으로 한국문학의 미래에 대한 선생님의 고견을 듣고 싶습니다. 시의성을 상실한 문학은 종언으로까지 규정되고 있고, 미적 자율성의 극단적 추구 경향은 다양성을 넘어 판단 불가의 개성으로 확장되는 양상입니다. 한국문학의 향후 전망에 대해 시 장르를 중심으로 진단해 주시면 감사하겠습니다.

내 말만 하겠습니다. 문학이 죽었는데도 엎드려 자판을 두드리고 있는 나는 무엇인가? 골 때리는 거지요. 시는 죽었지만 여전히 시는 싱싱하게 살아있다고 생각하고 나는 불가피하게 씁니다. 없지만 있는 듯이 생각해야 할 때가 있잖아요. 내가 냉소주의적 시의 주체가 되는 순간입니다. 노인이 사탕을 입에 물고 빨 듯이 내게 시라는 주이상스가 없다면 무엇으로 나를 달랠 것인가. 김수영은 1960년대의 공간에서 시라는 것에 온몸을 걸었습니다. 이제 그런 사람이 있다면 말려야 합니다. 그건 무모한 짓이 아니라 희극이 될 공산이 크기 때문입니다. 한국문학의 전망은 언제나-이미 절망과 동의어입니다. 망해도 좋아, 미친 척 그냥 쓸 거야, 이런 부류들에게 열려 있는 장르가 시일 것이고, 이런 미친 소수에 의해서 한국시는 지속가능해질 겁니다. 시인은 명함에 시인이라고 박고 다니는 자들이 아니라, 없는 전망을 향해 밤낮없이 나아가는 자들. 그리고 확실하게 실패하려는 자들이 시인이라고 본인은 생각합니다.

02

시대의 부재, 자아의 현전

짧은 해설에 앞서 긴 인터뷰를 읽었다. 인터뷰는 시인의 제안에 의한 것이었다. 시인 자신은 "시 밖에서 나는 시를 설명하는 일에 흥미를 느끼지 못하는 편"이라고 적었지만, 정작 대답은 박세현 시론의 정수라 할 정도로 스스로가 지닌 시세계의 본령을 적시하고 있다. 이런 구도에는 일종의 무의식 혹은 욕망이 내재될 것이다. 조명을 '받는' 것이 아니라 '주는' 입장이 그것이다. 해설에 대한 불신과 평단 매너리즘에의 반목이 이와 무관할 수 없을 듯하다. 어쩌면 오히려 참신하고, 독자의 입장에서 볼 때 보다 친절한 이해의 계기일 수도 있겠다.

그렇다면 이어지는 해설은 사족에 불과할지 모른다. 인터뷰를 종합하는 차원에서 간단히 정리해보기로 한다. 박세현 시는 삶의 풍경을 익숙한 일상적 언어로써 묘파하는 방식으로 잘 알려져 있다. 대개 시인 특유의 속 깊은 시선이 언어 운산 과정에 절묘히 부기되는 양상이다. 상투적인 어형이나 구조에도 불구하고 시적 울림의 순간이 편편마다 절합되는 형국은 박세현 시만의 남다른 감각 수위를 증거해 왔다.

그와 같은 특장은 『동안』 2018년 가을호 신작시편을 통해서도 여실히 드러난다. 다섯 편 모두 근황에서 착안된 단상으로부터 자아와 문학에 대한 성찰로 나아간다. 예의 일상적 수사를 통해 삶의 경구를 일갈하는 양식이 반복되고 있다. 괄호로써 시적 설명을 부기하는 형식도 이채롭다. 내용적으로 볼 때 이번에 소개되는 신작들은 공히 자기 자신과 '시'에 대해 주목한다는 점에서 메타시의 범주에 든다. 근작 산문집인 『시를 쓰는 일』(오비올프레스, 2018)은 아예 표제에 '시작'을 걸었다. 시인의 최근 관심 영역을 지시하는 징표일 것이다.

박세현의 메타 작품들에서 두드러지는 특징은 강한 자의식이다. 신작 전편의 시적 진술을 명시된 '나'가 이끌고 있는 구도가 단적인 증거이다. '나'와 '시'에 대해서 주목하는 양상 자체가 시인의 높은 자존감에 비견될 수 있다. 「새가 울던 날」에서 "나는 운이 좋은 분"이라는 표현은 그 절정에 놓인다. 이 작품은 "산문집 계약금"을 받던 날의 중층적 감정을 절제된 언어로 재현한다. "내가 쥐어본 가장 큰돈"이라는 표현은 형용모순에 가깝지만,

그럼에도 "글쓰기를 잘했다고 생각했던 첫날"을 부조하는 주변장치로 기능하고 있다. 새의 울음이라는 상징 역시 속된 단상을 에두르려고 짐짓 취한 시적 의장일 것이다. 전경화되는 것은 결국 강한 자의식이다. 이처럼 작품들 속의 '나'는 "나를 대속(代贖)하며 나를 연기하"(「어느날 나는」)는 자아로 현전한다.

뉴저지주 패터슨 시에 사는 패터슨 씨는
택시운전사가 아니라 시내버스 운전사
그는 오로지 자파(自派)다
틈틈이 시 쓰고 저녁이면 개와 산보하고
동네 펍에 들러 맥주 한 잔을 비우고
자신이 비운 술잔을 오래 들여다 본다
그게 그의 시다
그는 핸드폰이 없고 문화예술위원회의
지원금도 받지 않는다
시집노트를 개가 물고 씹어버렸는데
(이 문장 밑으로 흘러가는 박수소리)
열받지 않고 표정없이 출근한다
(대단하지 않은 시)
패러슨 씨
나는 늘 당신이고 싶다

—「패터슨 시에 사는 패터슨 씨」 전문

시인의 견고한 자의식은 문학과 예술에 관한 사유를 동반해 왔다. 미학적 일상은 시인 박세현의 삶 자체이기도 할 것이다. 박세현 식 시상 변주는 이러한 맥락에서 감상되어야 한다. 가령 위 작품에서 "패터슨 씨"를 "패러슨 씨"로 음차하는 사이에 삶의 문학이 지닌 가치와 문학 제도의 비루함에 대한 인식이 오롯하다. 괄호에 싸인 시행은 이방인의 시작에 대해 "(대단하지 않은 시)"로 규정하지만, 정작 '나'는 당신과의 동일화 요구를 숨기지 않는다. 지시적 범주를 넘어서는 언어 운용을 위시하여 묘사와 설명, 현실과 이상 간의 극적 길항이 평범한 수사 속에 담겨 있다.

이 작품은 짐 자무쉬의 영화 〈패터슨〉(2016)를 소재로 한 것이다. 패러디라 할 정도로 영화 줄거리에 충실하고 있지만 어떤 주석도 달지 않았다. 〈패터슨〉은 객관주의 시로 유명한 윌리엄 카를로스 윌리엄스(1883-1963)의 대표작 『패터슨』에 대한 짐 자무쉬의 오마주라 할 수 있고, 박세현 시는 그 영화를 "나는 늘 당신이고 싶다"와 같은 헌사로써 다시 재현하였다. 삶의 문학, 일상으로의 시어에 대한 시인의 신념을 다시금 확인할 수 있는 국면이라 하겠다.

나이브한 현실과 언어에 주목하는 관성은 이른바 시적 긴장을 상쇄하는 요인이기도 하다. 그리하여 그의 시는 편하게 읽힌다. 박세현 시의 가벼운 행간은 목적의식적으로 기획된 연출임이 분명하다. 스스로 밝히고 있듯이 "네거티브한 측면이 발달한 인간형"으로서의 서정적 자아가 취한 필연적 형식일 수도 있다. 그 근저에는 냉철한 반성적 사유가 자리한다. 속물적 현실을 응시하는 선사풍의 시선을 쉽게 발견할 수 있다. 이를 부박한 세태에 조응하는 정합성의 결과로 보면 어떨까. 박세현 시가 취하는 염세적 세계관은 절망적 시대 인식을 환기한다. 그것은 시인이 지닌 현실 인식의 수위에 등치되는 것이다. 위 인터뷰에서 시인은 "누구에게나 자기의 시대가 있"음을 강조하였다. 그런 시대는 제한적이다. 누구든 자기 시대를 살고, 곧 그 시대를 떠나보낼 수밖에 없다.

유기체로서의 인간이 지닌 선험적 한계를 지시하기도 하는 이러한 존재론은 시에 대한 정의로까지 이어진다. 그에 따르면 "시인은 자기 시대를 '통해서' 자기 시대를 '넘어가는' 존재"로 규정되고 있다. "나여 나여 혹은 나요 나요"(「어느날 나는」)와 같은 스스로에 대한 호명과 확언은 부재하는 시대에 대한 번민이자, 그럼에도 불구하고 시를 향해 자신의 운명을 귀속시키는 정언명령과도 같이 들린다.

그러나, 시론에 있어서 문제는 존재와 시대 간의 모순에 관한 당위적 규정이 아니다. 시인 역시 "나는 내가 지나가지 못한 지점을 처음부터/ 다시 지나가고 있을 뿐"(「지나왔다」)이라는 스스로의 숙명을 잘 알고 있다. 시에 있어서 중요한 것은 시대를 초월하는 언어와 이미지의 순간일 수밖에 없다. 그러한 시적 도약이 "거품 위를 걸어"(「말랑말랑한 시」)가는 '말랑한' 언어로써 가능할 것인가? 시대를 횡단하는 시작의 길은 이런 질문을 항상적으로 수반해야 한다.

시적 도약의 순간은 박세현 식으로 활자가 되어야 하는 시어의 순간이라 부를 수 있겠다. 시인은 자신의 문학 행위에서 중요한 기제로서 '활자'를 강조하였다. "나의 문학적 이력은 거의가 다 활자를 통해 학습되고 활자로 수렴되는 거"라는 문맥이 그것이다. 인터뷰 내에서 이 표현은 핍진한 경험의 상대적 차원을 강조하는 맥락이지만, 결국 그것은 시어의 보편적 운명이기도 하다. 오늘날의 범주에서 시는 활자 형태로만 존재하기 때문이다. 여기에는 중층적 상황이 관계된다. 그의 지적대로 "언어 자체가 메타포"임은 분명하지만, 활자화되지 못한 언어는 시어일 수 없다. 물론 활자화라는 기제가 인쇄된 결과로서의 물리적 작용에 한정되지 않음은 당연한 사실이다.

03

활자의 운명

활자라는 숙주를 운명처럼 지닌 근대적 의미의 시는 따라서 불안정한 것이기도 하다. 이는 시인의 운명으로 확장된다. 박세현의 근작들이 전경화하는 시인으로서의 높은 자존감은 상대적으로 존재의 위태로움에 등치될 수 있다. 이런 추론이 가능한 것은 시 속에서 불안한 자아의 이미지가 지속적으로 표출되고 있기 때문이다. 불안함의 층위는 다층적이다. 자선작들 속에서도 외로운 존재(「혹시, 외로우세요」), 시인과 위선(「당신의 시」), 심연의 하루(「하루하루」), 헛헛한 삶(「헛것에 살다」) 등 일련의 부재가 이어진다.

견고한 자의식의 한 편에 자리한 결여는 현실 속에서도 발견된다. 예컨대 시인은 인터뷰 중에 "가령, 심연수는 누굽니까?"라고 반문한다. 필자로서는 묘한 역설을 느끼는 대목이다. 그의 고향 강릉에서는 역시 강릉 출신인 심연수(1918-1945)의 문학적 제도화를 위해 심혈을 기울이고 있다. 그런 작금의 노력이 눈물겨운 실정임에도 불구하고 정작 대표적 출향 문인인 박세현은 심연수의 존재조차 모른다고 한다.

심연수는 식민지 시대의 비극적 에크리튀르를 상징하는 인물이다. 민족말살정책의 일환으로 조선어 사용 금지가 강화되는 시점에서도 재만 조선인으로서 모국어 글쓰기를 유지할 수 있었으나, 비극적 요절로 인해 활자화된 시집 한 권을 갖지 못한 시인이 심연수인 것이다. 그의 육필 원고 중 「大地의젊은이들」이나 「新京」 등의 일부 작품은 오족협화(五族協和)와 같은 만주국 이념이나 제국주의 이데올로기를 내면화한 양상을 보이기도 한다. 그럼에도 불구하고 그가 남긴 대다수 육필 원고들이 당대의 이념을 넘어 체화하고 있는 문학의 자리를 진지하게 돌아볼 필요가 있다. 심연수가 살고 유학했던 용정과 동경, 그리고 그의 일상적 시작. 이는 식민지 시대의 패터슨 시(市)와 시를 쓰는 패터슨 씨를 환기한다. 삶을 기투하는 시, "늘 당신이고 싶"은 패터슨이 그와 다르지 않을 것이다.

한편, 박세현이 인터뷰에서 여러 차례 언급한 김수영(1921-1968)은 그야말로 활자의 정수에 선 시인이었다. 시작은 물론 평문과 번역에도 열중한 엘리트였으니 활자의 이중성을 몸으로 체득한 대표적 사례라 하겠다.

> VOGUE야 넌 잡지가 아냐
> 섹스도 아냐 유물론도 아냐 선망조차도
> 아냐—선망이란 어지간히 따라갈 가망성이 있는
> 상대자에 대한 시기심이 아니냐, 그러니까 너는
> 선망도 아냐
>
> 마룻바닥에 깐 비닐 장판에 구공탄을 떨어뜨려

탄 자국, 내 구두에 묻은 흙, 변두리의 진흙,
그런 가슴의 죽음의 표식만을 지켜 온,
밑바닥만을 보아 온, 빈곤에 마비된 눈에
하늘을 가리켜 주는 잡지
VOGUE야

—김수영, 「VOGUE야」 부분

1967년에 탈고된 「VOGUE야」는 세계적인 패션 잡지를 소재로 지식인의 회한을 그리고 있다. 1892년 미국에서 창간된 『VOGUE』는 당대 자본주의 활자 문화의 상징이었을 것이다. 잡지를 비유하는 시어들은 김수영의 자의식과 사유 수준을 함축하고 있다. 이 절망적이고 체념적인 고백에 이어 화자는 아들을 향해 "할 말이/ 왜 없겠"냐마는 "안 하기로 했다"고 반복해서 전언한다. 말의 포기는 나약한 지식인이자 무력한 소시민의 표상이다. 역으로 보면 최소한의 자존심이기도 하다. 무지가 아니라 인내라는 일종의 자기방어인 셈이다. 어쩌면 무책임한 태도요 무력한 결론일 수 있다. 하지만 이는 스스로를 위한, 즉 "아버지 자신"을 위한 위안이 아닐까. 그런 태도는 병약한 김수영이 "신성을 지키는 시인의 자리"와 같은 자존을 지키려는 최소한의 방어기제였을 것이다.

활자의 운명에 대응하는 박세현 시의 방어기제는 무엇인가. "나는 알고 있어요 당신/ 내 시 건성으로 읽는다는 거"(「내 시 어떤가요」)와 같이 건성의 독자를 향한 위악의 포즈는 그만의 개성과 문학적 아비투스를 상징한다. 김수영을 잇는 요설의 현대시사에 등재될 만한 미적 성취가 분명하리라 본다. 반면 작품 내부의 긴장이 상쇄되는 순간에 주목하자면 시상 전개 과정상 매너리즘과 같은 반복을 간과할 수 없다. 이 역시 시인이 선택한 발상의 역학이겠지만 독자 입장에서는 아쉬운 형국이다. 활자의 운명을 넘어서 언어의 물성을 재현할 시어, '선망조차도 아닌' 그 위상을 대체할 사유. 우리는 그 포기할 수 없는 시의 생성을 시인의 상상으로써 경험하게 되기를 갈망하고 있기 때문이다.

언어 너머의 감각
—손택수의 시편들

01

2018년은 남다른 의미를 지닌다. 광화문에서 촛불을 들고 맞았던 한해가 어느덧 지나가 버렸다. 그간 정권이 바뀌었고, 문단을 포함한 문화계의 지형에 변화가 있었던 것이 사실이다. 부박한 세태와 무관하게 제자리를 지키는 것들도 있다. 나무를 포함한 자연이 그것이다. 풀이나 꽃은 언제나 의연하다. 이들은 그저 존재할 뿐이요, 이를 전유하여 삶을 사유하는 것은 인간의 몫이다. 그 중 언어를 매개로 한 전유 활동이 문학이라면, 가장 경제적인 언어로 고도의 추상을 응집하는 장르는 시일 것이다.

시작의 시간은 부단한 노력과 인내의 순간을 전제로 한다. 그런 까닭에 결코 쉽지 않은 도정 위에 시의 미래가 놓여 있다. 그 와중에 주어진 하루하루를 시-되기의 운명에 기투하려는 시인 중 한 사람이 손택수이다. 바쁜 일상을 살아가면서도 꾸준한 모습을 보면 손택수의 생활이 시작과 하나된 것임을, 시적 전유로서의 삶이라는 길이 그의 것임을 알게 된다.

손택수 시가 그간 고집스럽게 구축해 온 문학적 경향은 이제 하나의 정형이 된 듯하다. 일반화하기 어려운 세부적인 결이 실재하지만, 그럼에도 불구하고 “나무는 나의 스승”(「나무의 수사학 1」)이라는 명구는 손택수 시의 아비투스를 적시하기에 충분하다. ‘나무의 수사학’이 상징하는 감각과 언어가 손택수 시의 특장이라는 데에 많은 이들이 공감할 것이다. 『애지』 2018년 봄호의 신작 시편들에서도 손택수 특유의 발상과 표현은 잘 드러나고 있다.

> 세계일주여행을 떠난 장 콕토가 바다 한가운데 선상 갑판에서 찰리 채플린을 만난 일이 있는 모양입니다 초면에도 한눈에 상대방을 알아보고 가까이 다가가지만 정작 한 마디 말도 나눌 수가 없었지요 수줍어서? 아닙니다 그냥 서로 말이 통하지 않았던 것입니다 옆에서 보다 못한 채플린의 부인이 통역을 자청하고 나섰는데, 이때 채플린이 조용히 부인을 가로막습니다 통역이 되지 않는 상황, 한 마디 말도 주고받을 수 없는 이 순간이 오히려 그들을 더 간절하게 한다고, 말로 이 짧은 순간의 감동을 가로막지 말라고
>
> 시를 쓴답시고 나무들의 말을 번역하려 하였으나 오역 투성이에 지나지 않았습니다 잘 알지도 못하는 식물사전을 펼쳐놓고 횡설수설 했지요 부끄러운 줄도 모르고 어느 도서관에서는 식물과 인문학 특강도 했지요 왜 그랬을까요 잠시만이라도 말을 멈춘 채 나무와 저 사이의 침묵에 골똘해지는 편이 나았을 텐데 말입니다 도무지 번역이 되지를 않는, 말이 멎은 자리에서 생겨나는 몸짓과 눈빛과 숨결을 온전히 느끼는 것만으로도 충분했을 텐데 말입니다 이것이 어디 나무와 저의 관계 뿐이겠습니까만은
>
> —「나무 번역가」 전문

「나무 번역가」는 그간 손택수 시의 기조를 소재로 하고 있다는 점에서 한 편의 메타시라 할 만하다. 우선 1연에서 화자는 장 콕토가 여행 중 찰리 채플린을 만났던 일화를 소개한다. 1889년에 태어나 20세기 초를 풍미하던 동갑내기 예술가들끼리의 만남은 "한눈에 상대방을 알아보고" 다가갈 만한 운명적인 계시를 동반한다. 그 순간에 대해 화자는 이들이 "한 마디 말도 나눌 수 없었"는데, 그 이유가 "말이 통하지 않았던 것"이라고 묘사한다. 화자가 전하는 이들의 만남 장면은 '말'의 무용함을 시화하기 위해 극화된 측면이 없지 않다. 일종의 시적 비약인 셈이다. 정작 콕토는 그 순간을 다음과 같이 기억한다. "나는 영어를 못하고 채플린은 프랑스어를 알지 못했다.

하지만 우리가 서로 대화를 나누는 데는 아무 문제가 되지 않았다. (중략) 아마도 그 언어야말로 존재하는 모든 언어들 가운데 가장 생생한 언어이리라."(『장 콕토의 다시 떠난 80일간의 세계일주』, 2003) 이어 그것이 "몸짓의 언어, 시인의 언어, 마음의 언어"일 것이라고 하였다. 실제로 이들은 자신의 예술 세계와 향후 계획 등에 관해서 많은 '대화'를 나누었다. 그렇다면 「나무 번역가」의 화자가 표현한 "한 마디 말도 주고받을 수 없는 이 순간"에서의 '말'은 규범적 언어 혹은 이른바 공준의 언어일 것이요, 그런 언어가 무력했던 순간을 뜻하게 된다.

2연 역시 특정한 대상으로서의 존재가 아니라 나무에 관한 인식론을 다룬다. 나무와 인식 사이를 매개하는 '번역'은 곧 시작의 과정을 뜻한다. 이들 사이에 시라는 장르가 놓인 이상 언어가 개입될 수밖에 없는데, 그것은 "오역 투성이"에 불과했다고 한다. 이렇듯 이 작품은 서정적 자아와 나무의 관계, 나아가 언어의 불가능성에 대해 사유하고 있다. "나무와 저 사이의 침묵에 골똘해지는 편"을 강조하는 태도는 언어가 닿을 수 없는 경계를 환기한다. 나무와 자아 사이에 놓인 정동(情動)이라 할 그 무엇은 결코 언어로써 재현될 수 없는 현상이요 징후이다. "말이 멎은 자리에서 생겨하는 몸짓과 눈빛과 숨결"의 현시는 곧 관계 스스로가 체현하는 온전한 정동의 순간과 같다. 기존의 규범적이고 공준이 된 언어로는 형상화할 수 없는 감각일 것이다. 그것은 "나무와 저의 관계"에 국한되지 않는다. 나무의 번역 과정이 가져온 절망은 이처럼 언어 너머에 있는 정동의 존재론에 대한 깨달음이기도 하다.

> 여름풀은 그냥 내버려두는 게 상책이라고 하지만
> 게으름을 마냥 선전할 수도 없는 노릇
> 잘리는 풀잎 위로 메뚜기가 뛰고 풀여치가 뛴다
> 나무 위의 새들이 좋아서 왁자지껄이다
> 바리깡으로 밀어낸 자리마다 돋아나는 속살

뽑히면서 지뢰 파편처럼 씨앗을 더 널리 터뜨린다
손목의 정맥줄이 튀어나와라 강단을 부리는 풀들
쉽지 않다 만리장성도 어쩌면 풀이 만든 역사 아닌가
풀어놓은 양떼들이 장성을 만들고 허물며
사라진 왕조들의 국경을 선포한 것 아닌가
주린 양의 창자 속으로 들어간 국경선으로
젖을 짜는 노래를 들어라 차라리
초원을 불어가는 풀의 제국 신민이 되어라
머리 한 올 잡아당기면 몸 전체가 그쪽으로 쏠리듯이
뿌리 하나를 놓치지 않으려 마당 전체가,
마당을 둘러싼 대지 전체가 앙버티고 있는 한여름
일어나는 땅거죽이 지구의 살거죽 같아서
나는 그만 들어올린 나의 행성을 가만히 내려놓다

―「풀의 행성」 전문

손택수 시가 '나무의 수사학'에 집착할 수밖에 없는 이유는 위와 같이 "풀의 제국 신민"임을 확신하기 때문일지 모른다. 풀 한 포기가 "나의 행성"인 바에야 시인의 운명은 선험적으로 정해져 있을 것이다. 그는 2013년 「저물녘의 왕오천축국전」으로 노작문학상을 수상할 때 "시를 쓰는 이 치고 누가 그 '제멋의제국'을 만들어보고 싶지 않겠습니까. 아니 '제멋의제국'의 신민이라도 되어보고 싶질 않겠습니까"(「'제멋의제국'의 신민이 되어」, 『제13회 노작문학상 수상작품집』)라고 소감을 적은 바 있다. '제멋의제국'이라는 표현은 1928년 5월 『별건곤(別乾坤)』에 발표된 홍사용의 「朝鮮은 메나리 나라」에 등장한다. 자신의 민요시론 중 하나인 이 글에서 홍사용은 "요사이 흔한 '양시조', 서투른 諺文風月, 도막도막 잘터놓는 新詩타령, 그것은 다-무엇이냐. 되지도못하고 어색스러운 앵도장사를 일부러 애써하는 것보다는 차라리 제멋의제국으로나 놀어라."라고 썼다. 우리의 메나리, 즉 전통 시가를 통해 시단의 새로운 양식을 구축하고자 한 홍사용식 의지를 엿볼 수 있다.

홍사용의 민요시론이 당대 문학장에서 점하는 역학 관계와 문학사적 의미는 단순히 정리될 문제도, 여기서 거론할 계제도 아니다. 다만 "풀의 제국 신민"이나 "'제멋의제국'의 신민"이라는 표현이 나오게 되는 맥락을 참조하고자 할 뿐이다. 손택수 시가 신민 의식이라고 해도 좋을 일종의 강박증에 빠져 있는 이유는 홍사용의 지적처럼 천박한 '앵도장수'의 운명을 거부하고 자신의 메나리 세계를 구축하려는 야심찬 욕망 때문이기도 하다. 전통 서정에 착목하여 "풀이 만든 역사"를 기록해가고 있는 시세계에 있어서 외부 이론이나 유행적 사조는 부차적인 외장일 수밖에 없다. 무엇보다도 나무 번역가의 운명을 지니고 풀 한 포기의 행성에 정주하려는 시인으로서 고유한 로컬의 언어 운용은 절대적 가치라 하겠다.

02

손택수 시가 정주하는 풀의 왕국이 낭만적이라거나 정론성이 결여될 수 있다는 의혹은 우문일 뿐이다. 그 경계는 식물이라는 종의 범주를 언제든 넘어서는 것이고, 그토록 정제된 서정이 기원하는 치열한 내적 갈등을 항상-이미 수반하고 있기 때문이다.

성냥을 긋고 얼른 담배로 불을 가져갈 때
꺼지지 않게 불을 감싸던 두 손은 꽃봉오리를 품은 잎과 같았지
맞아, 그때 적어도 나는 불이 그냥 불이 아니라
누군가의 심장이라도 된다는 듯이
고개를 숙이고 등으로 바람벽을 하였지
하긴 그때 성냥은 다들 동물들이었으니까
닭표, 사슴표, 펭귄표, 용마표, 오리표
동물들이 불을 켜곤 하였으니까
(중략)
그런 성냥갑엔 근사한 말들도 있었지
'인간은 오직 노동에 의해서만 세상에서 편안히 지낼 수 있다.

그러므로 노동을 하지 않는 자는 편안을 누릴 수 없다.'
알 수 없는 명언들이 우리를 명상으로 이끌었지
먼지가 켜켜이 쌓인 성냥공장 노동자의 노동은 왜 골병인지,
노동은 왜 휴식이 되지 못하는지,
유황 냄새에 코를 킁킁거리는 내게 그 많은 동물들은
성냥이 단순히 성냥만은 아니라고 말하는 것 같았다

—「성냥갑 동물원」 부분

지난 시절의 애틋한 추억을 하나의 화소로 삼아 변주하는 양상 역시 손택수 시에서 보편적 시상 전개의 방식에 해당된다. 위의 작품에는 성냥이라는 유산이 중심 화소로 등장한다. 화자가 아련하게 추억하는 것처럼 성냥의 상호에는 유독 동물 이름이 많았다. 성냥갑은 "천마표와 비호표, 비사표" 등 "세상에 없는 동물들"도 만나게 해 주는 환상의 동물원이었던 것이다. 물론 성냥 상표가 "다들 동물들이었"던 것만은 아니다. '성광', '신흥', 'UN' 등의 상표 역시 성냥의 추억을 소환한다. '성냥갑 동물원'은 화자의 시적 세계를 극화하기 위한 장치일 것이다. 그러나 이런 명명이 작위적인 느낌을 동반하지는 않는다. 개연적인 상상으로 시대와 사회를 아우르는 동화의 이미지를 긴장감 있게 구성하고 있다.

성냥은 화자의 두 손을 "꽃봉오리"로 전이하는 주술로도 기능하였다. 또한 "노동을 하지 않는 자는 편안을 누릴 수 없다"는 명언을 들려주는가 하면, 정작 휴식이 되지 못하는 노동에 관한 명상을 이끄는 기제이기도 하였다. 성냥갑의 동물들은 "성냥은 단순히 성냥만은 아니"었음을 웅변하고 있었던 것이다. 성냥갑에 새겨진 명언의 묘사 장면은 조경란의 소설 「성냥의 시대」(『일요일의 철학』, 2013)를 부른다. 소설에서 이 문구는 성냥공장에서 50년 넘게 일한 '그의 아버지'가 매달 골라 새기는 그 달의 문구로서 선택한 아우어바흐의 경구였다. 동일한 경구를 매개로 소설은 "성냥의 시대는 끝났지만" 이를 받아들일 수 없는 아버지의 노동을, 시는 "노동은 왜 휴식이 되지 못하는지"를 반성하는 자아의 내면을 각각 형상화하고 있다. 아

련한 성냥갑이 환기하는 우리 시대에 관한 문학적 형상들이다.

청산가리에선 아몬드향이 나지
포스겐 독가스에는 새로 자른 건초향이 나지

바다에 면한 공단에선 분홍색 눈이 내린다
염색공장들이 눈까지 염색을 해서
하늘도 구름도 염료 빛깔이다

분홍색 눈을 탈색하려면 더 많은 약품을 써야할지도 몰라
죽은 소를 잊기 위하여 등심을 꽃피우듯이
반월공단은 안산스마트허브로, 시화공단은 시화스마트허브로

(중략)

분홍색 파란색 눈이 내리는 도시
머리 염색이 절로 될 것 같은 거기
아이들은 총천연색 공기들을 마시지
파란 콧물을 흘리면서

—「동화의 나라」 부분

최근의 손택수 시는 동화적 상상력에의 적극적 관심을 보여 준다. 『나의 첫 소년』(2017)은 그에 관한 상징적 사례라 할 만하다. 그러나 그의 동화는 계몽적인 주문과 다르다. 「동화의 나라」도 표제의 이미지와 달리 현실 고발적 성격이 강하다. 동화의 배경부터가 "분홍색 파란색 눈이 내리는 도시/머리 염색이 절로 될 것 같은 거기"라 한다. 일견 "반월공단은 안산스마트허브로, 시화공단은 시화스마트허브로" 첨단의 외장을 지니게 되지만, 사실은 청산가리의 아몬드 냄새와 같은 위선의 향기일 뿐이다. 이처럼 「동화의 나라」는 문명의 폐해를 직시하면서도 동화의 외장을 담담히 유지하고자 한다.

비판적인 주제를 천연스러운 정서로 처리하는 외현은 반어의 기법을 전형적으로 취한 형국이다. 그리하여 원색적인 상상의 나라는 손택수의 시선이 항상 가닿으려 하는 상처의 현실이 된다.

03

『애지』 2018년 봄호의 손택수 시편에서 가장 주목되는 작품은 「말을 위하여」가 아닐까 한다. 풀의 제국을 벗어나 언어 자체를 정면으로 다루는 한 양상이기 때문이다. 그렇다 해도 생활의 편린으로부터 시상이 비롯되는 손택수표 시학이 예의 작동하고 있다.

보도블록은 일테면 안장 같은 것이다
야생에 얹은 나의 문장들이 그러하듯이
안장이 말의 잔등을 찧어 상처를 내기도 하겠으나
나는 말에게 안장을 얹어서 먼 길을 함께 떠나는 수고를 마냥
단죄하고 싶지만은 않다
장맛비와 일대 일로 씨름을 해본 적이 있다면 알리라
몇 시간씩 퍼붓는 물에 침수된 지층방에서 바짝바짝 타들어가는 심장을
양수기 모터가 타버리듯 돌려본 적이 있다면
물은 생명이면서 죽음이다 절망이면서 전망이다
그 앞에 똑똑히 나를 서 있게 한다
그 모든 것인 말과 함께 나는 길을 가리라
길섶에 핀 들꽃에 코를 벌름거리기도 하면서
말의 숨소리와 뱃구레의 오르내림을 따라 출렁이리라
하루의 노역에 지쳐 새어나오는 내 한숨 소리에 귀를 쫑긋거리는
말도 어느 순간 내 몸의 기별들에 반응을 하겠지
가령 나는 말이 고개를 돌려 나를 감아줄 때
그가 그 긴 목으로 다정하게 포옹을 하고 있음을 안다
그가 그 큰 눈망울 속에 담은 나를 보여줄 때 거기에 눈부처가 앉아 있음을 안다

허구헌 날 길을 뜯는 공사 먼지가 눈을 흐리는 일은 좀
자중하였으면 얼마나 좋겠나 발굽이 다치면 나 또한 절룩거려야 하니
안장은 사실 애물단지 같기도 하다 말과 나 사이의 장벽 같기도 하다
그래도 나는 통방을 하듯이, 거기 누고 없소
또각또각 깔린 대지에 함께 노크를 하리라
장맛비 뒤에 나온 인부들이 깨진 보도블록을 수선하고 있다
편자를 박듯 망치로 블록을 끼워 맞추고 있다
이런 식으로밖에 말과 만나지 못하는 게 좀 서글프긴 하지만
이마저 없다면 우리는 영영 서로를 이해하지 못할지도 모르는 일이다

—「말을 위하여」 전문

위에서 화자는 "장맛비 뒤에 나온 인부들이 깨진 보도블록을 수선하고 있"는 장면을 통해 '말'의 사유를 끌어들인다. 보도블록과 말(言)과 말(馬) 사이의 미적 거리는 가깝지 않다. 그리하여 화자는 동음이의 개념들을 자연스럽게 하나로 부르면서 이들을 연결하는 장치로서 '안장'을 활용한다. 작품 모두에서 보도블록을 안장이라 지시하는 것이다. 대지 위에 얹은 보도블록이 안장인 것처럼 화자는 "나의 문장들"을 "야생" 위에 안장으로 얹는다.

안장을 매개로 하여 "이런 식으로밖에 말과 만나지 못하는 게" 서글프더라도 말은 "그 모든 것"이기에 대면해야 할 타자일 수밖에 없다. 안장이라는 존재는 "사실 애물단지"이자 "말과 나 사이의 장벽"일 뿐이다. '말(언어)'을 만나기 위해서 '말(문장)'을 사용하지만, 말은 말의 장애물일 수밖에 없다. 지극한 언어도단의 정황이기만 하다. 그 아포리아의 순간 속에서도 "이마저 없다면 우리는 영영 서로를 이해하지 못할지도 모르는 일"이기에 진지하게 전유해야 한다는 전언이 오롯하다.

이처럼 손택수 시는 구체적인 시적 정황과 정제된 메시지를 전달한다. 손택수 시를 접해 본 독자라면 그의 시가 일종의 매너리즘 경향을 보이기도 한다는 점을 알 것이다. 이는 제도화된 문단 구조 속에서 시작의 일상을 살아가는 데에 따르는 불가피한 한계상황일 수 있다. 그럼에도 불구하고

그의 시를 기쁘게 맞이하는 것은 발상의 진정성과 시어 세련의 탁월한 감각을 인정하기 때문이다. 사실 손택수 시의 자아는 근본적인 모순을 인지하고 있다. 모두에 감상한 「나무 번역가」를 통해 "말이 멎은 자리에서 생겨나는 몸짓과 눈빛과 숨결"이 또 다른 정동의 생성 순간임을 화자 스스로 고백한 바 있다.

문학은 언어예술이다. 작가라면 언어 자체의 물성을 전유하려는 기획에 생을 걸어야 한다. 무수한 불면의 밤을 바쳐 신체와 비신체 사이의 정동을 체감하려는 노력이 없고서야 문학은 한낱 재기에 불과할 것이다. 하지만 우리가 처한 현실이 녹록하지만은 않다. 문학장은 정론성을 상실한 지 이미 오래고, 그저 여기(餘技)로 적는 문장들이 작품인 척하는 모습을 쉽게 접할 수 있는 것도 사실이다. 뼈아픈 반성이 필요한 시절이다.

손택수 시는 그런 상실을 위무하고자 한다. 시대의 상처에 대한 숙주이기를 자처한 그의 시는 새로운 계절에도 변함없는 위로로 우리 곁에 와 주었다. 그는 "어디서 무슨 일을 하다 혼자 밥을 먹는"(「혼자 밥 먹는 사람」, 『동안』 2016년 봄호) 동안에도 언제나 "말과 함께"일 것이다. 그 속에 존재할지 모를 무의식적 반복은 시인 스스로가 지양해 나갈 것임을, 독자이자 친구로서, 이 글은 확신하고 있다.

자화상을 변주하는 방식
—정석교론

01

시어의 조건

언어는 인간이 인간일 수 있는 선험적 조건이기도 하다. 인류의 역사 속에서 언어의 발견은 그야말로 신이 내린 기적의 구체태라고 규정할 만하다. 이성적 사유의 전제 조건으로서 언어가 지닌 의미에 대해 정신분석학적 논거를 통해 부연할 필요는 없으리라 본다. 오늘날 로고스 중심주의의 역사적 맥락과 보편적 의미 및 한계는 하나의 상식인 줄 안다. 이 자리에서 생각해 볼 문제는 시학이 다루어야 할 언어의 층위 차원이다. 언어예술 중에서도 가장 경제적인 장르인 시는 언어의 고차원적인 운용과 양립할 수 없다.

오늘날 담론의 수위에서 시어를 규정하는 입장과 이론은 다양하게 제출되어 있다. 따라서 시어가 갖추어야 할 조건을 단순하게 일반화할 수는 없다. 그럼에도 불구하고 분명한 것은 현대시의 발생론적 기원, 이를 포함하여 전 세계적으로 일반화된 문학의 범주 규정이 분명히 존재한다는 점이다. 그 속에서 시어는 일상적 기호이되 사전적 의미를 넘어서는 미적 장치가 된다. 다양한 수사와 배치를 통해 미적 거리가 생성되는 일련의 메커니즘은 고도의 추상을 동반한다. 시어는 언어가 도구 단위에 한정될 수 없는 일종의 주술적 장치임을 단적으로 증거한다.

우리 문단의 시적 경향은 그야말로 다단하지만, 시어의 운용 방식에 따라서도 구분될 수 있다. 대표적인 사례는 일상어의 용법을 준용하면서 조탁을 통해 서정적 감성을 전달하는 방식일 것이다. 이른바 지역 문학장의 많은 시편들에서 이러한 운산 양상을 접할 수 있다. 강원 영동권 문단에서 주로 활동했던 정석교(1962-2020) 시세계 역시 일상적 생활 문학의 전형적 범주를 예시하는 경우이다. 1997년 『문예사조』로 등단한 시인 정석교는 2001년 『산속에 서니 나도 산이고 싶다』를 상재한 이래 모두 7권의 시집을 남겼다.[1] 강원도 삼척이 고향인 시인은 인근에서 학업을 마치고, 고향 시청에서 오래 근무하던 중 생을 마감했다. 문학 활동 역시 강원 영동권 문단이 주요 무대였던바 해당 지역 문학장의 현황과 실체를 지시하는 대표적 사례라 할 만하다.

> 여울지는 산간수에 마음을 담그면
> 나 또한 떨어지는 폭포수처럼
> 빈곤의 헐거운 자만심 풀고
> 산산히 부서지는 허울
>
> 산을 닮은 물빛 푸르게 물들어
> 하늘자락 둥글게 감싸안고
> 내 안의 그림자 소중히 세안해
> 쪽빛처럼 고운 마음 가질려나
>
> 새소리 닮아가는 산골바람

---

1) 정석교 시인의 시집은 다음과 같다. 『산속에 서니 나도 산이고 싶다』, 메아리출판사, 2001; 『꽃비 오시는 날 가슴에 꽃잎 띄우고』, 시와시학, 2011; 『딸 셋 애인 넷』, 해가, 2013; 『바다의 길은 곡선이다』, 북인, 2015; 『빈 몸을 허락합니다』, 밥북, 2017; 『곡비(哭婢)』, 리토피아, 2019; 『겨울 강 푸른 뜰』, 그늘빛, 2020. 이하 작품 인용 시에는 시집 제목만 표기.

해질녘까지 도란도란 정겨운 이야기
메아리되어 전해지는 소야곡
가슴 한켠 솟아나는 수줍은 사랑

—「산속에 서니 나도 산이고 싶다」
(『산속에 서니 나도 산이고 싶다』) 부분

정석교의 첫 시집은 시인의 고향 인근에 소재한 소규모 출판사에서 제작되었다. 당시에는 '국제표준도서번호(ISBN)'도 달지 않았고, 그런 만큼 오늘날 '서지정보유통지원시스템'에도 관련 데이터가 없다. 지역 문학장의 자료들 중에서 이와 같이 전문 유통이나 공급이 전제되지 않았던 경우가 많은데, 그 같은 자료들은 지금 시점에서 텍스트를 접하기조차 힘든 실정에 놓여 있다. 오늘날과 같이 디지털 아카이브 시대에, 관련 문단의 활성화는 물론 한국 문학장의 체계적 정리 차원에서도 문제적으로 재고해야 할 지형이리라 본다.

위 작품은 시집의 표제가 된 것인데, 제목 그대로 산속에 깃든 화자가 넉넉한 산의 물성을 닮고자 하는 동일화 욕망을 진솔하게 표현하고 있다. 특별한 수사나 시어의 긴장된 배치가 발견되지는 않는다. 일상적인 언어를 정제한 후 적절한 음보 단위로 행을 구분한 전형적 단형 서정시의 양상이라 하겠다. 여기 담긴 정서나 주제는 그야말로 아름다운 것이다. 한편 그런 만큼 지각의 연장을 계기하기는 상대적으로 어렵다. 사유를 통해 시어와 감각 사이의 거리를 확장하는 순간이 현대시의 중요한 미덕이라면, 위와 같은 텍스트는 읽는 동시에 의미가 고착화되는 수용 과정을 벗어나기 곤란하다. 이는 정석교 시를 떠나서, "메아리되어 전해지는 소야곡"과 같이 중세 세레나데 류의 감성을 현대 서정시로 재현하려는 구상을 선택한 이상 귀결될 수밖에 없는 한계 조건일 것이다.

02

장소성의 길항

자연을 이용한 서정적인 감상의 표출은 정석교 시세계에서 특화된 요소임이 분명하다. 주목해야 할 문제는 장소 경계의 중층적 양상이 되어야 한다. 이 말은 순수 서경이라는 분명한 외장과 달리, 정석교 시의 장소 소재가 다양한 방식으로 전유되고 있음을 뜻한다. 단순한 포즈 속에 담긴 섬세한 차이를 감각할 수 있을 때 정석교 시 본령과의 공명은 더욱 깊어지게 될 것이다. 이 연역적 명제를 뒷받침하는 논거로서의 작품들이 초기 시세계 속에서 손쉽게 발견된다.

정석교는 첫 시집에서 「죽서루에서」, 「삼척역」, 「오십천」, 「신리 너와집」, 「무릉계곡」 등을 통해 고향 주변의 대표적인 장소 지표를 시화한 바 있다. 고향에서의 삶을 바탕으로 구체적 장소에 대한 오랜 천착이 결과한 대표적 작품들로 보인다. 여기에는 풍경 묘사만이 포함되지 않는다. 불특정한 공간에 장소성의 경계를 형성하는 것은 결국 인간의 삶이요 관계일 수밖에 없다. 그리하여 "파고만 부추기며 뱃전으로 모여들던/ 한무리 갈매기도 그 전만 못하게/ 더문 더문 칼날같은 수면위에/ 헛 울음만 괸 정라진 앞바다"(「정라진 어부 천씨」, 『산속에 서니 나도 산이고 싶다』)와 같이 정라진 바닷가에 일생을 바친 어부의 삶과 세태 변화가 자연의 물성에 인격을 부여하며 처연한 장소성을 재현하기도 한다.

한편 이 작품은 14년의 시간이 흐른 후 네 번째 시집인 『바다의 길은 곡선이다』에 다시 등장한다. 내용을 일부 수정하고, 특별한 주석 없이 동일한 제목으로 수록되었다. 제목 그대로 바다를 배경으로 한 어부의 서정적 일대기는 동일하게 반복된다. 정석교 시세계 내에는 이처럼 동일한 제목이 시간이 흐른 뒤 다시 등장하는 양상이 일부 발견된다. 이 작품 이외에도 「들꽃」(『산속에 서니 나도 산이고 싶다』와 『꽃비 오시는 날 가슴에 꽃잎 띄우고』), 「오불진 사람들」(『산속에 서니 나도 산이고 싶다』와 『바다의 길은 곡선이다』) 등을 예시할 수 있다. 같은 제목 아래 소재와 주조가 유사하면서 표현 방식을 부분적으로 수정한 경우에 해당된다.

이러한 배치는 제도적 차원에서 볼 때 엄격함이 결여된 현상이기도 하지만, 대개는 시인 자신의 기준에 따라 작품을 갱신한 흔적일 것이다. 위 작품의 경우 "반백의 삶 해풍에 돌려준 바다/ 정라진 어부 천씨,/ 고물에 매달린 갈매기 어지러운 울음만 괸 입항/ 버겁게 끌어올린 그물마다 파도만 팽팽했다"(「정라진 어부 천씨」, 『바다의 길은 곡선이다』)와 같이 정라진 바다의 물성으로부터 천씨라는 인물의 내면 정서로 강조 국면이 전이된 양상이라 하겠다. 결국 이들은 정석교 시가 체현하는 고유한 장소성이자, 자기 갱신을 통해 로컬 히스토리를 변주해 가는 일련의 과정으로 볼 수 있다.

돌에 물을 준다 습관처럼
풍란 몇 촉
여리게 돌을 감싸 안고
말라가도 혼자서는 마르지 않겠다는
매일 돌에게 물을 준다

물을 머금을수록 더욱 단단해지는
돌의 입자들
탱탱해지는 난(蘭)의 뿌리들
깊은 강바닥 한낱 돌이었을 때
너의 뿌리는 암반이었을 터이고
부드러운 흙 속이었을 때
너의 뿌리는 씨앗이었을

돌에게
수태할 수 있게 물을 준다
강물 같은 흙 속 같은

뿌리의 행적을 찾기 위해
꽃이 피었다
돌에게도 꽃이 핀다는 사실
물을 주면서 알았다
—「석부작, 돌에 물을 주다」(『꽃비 오시는 날 가슴에 꽃잎 띄우고』) 전문

장소성의 변주와 관련하여 정석교 시세계에서 자리하고 있는 물활의 지평을 강조할 필요가 있다. 이는 장소 속에 내재된 인위적 관계를 자제하고, 최대한 물성 자체에 주목하는 시선의 국면을 가리킨다. 예컨대 위 작품은 돌과 뿌리를 소재로 자연의 본성이 무엇인지를 보여준다. 석부작(石附作), 즉 난이나 분재를 돌에 붙이는 관상용 장식품은 철저히 인위적인 존재이다. 석부작의 가치는 인간의 시선으로 재단될 때 비로서 미적 의미를 완성할 수 있다. 하지만 위의 화자는 돌의 입자와 난의 뿌리가 지니고 있었을 원형의 감각을 궁구하고자 한다. 그것은 인간의 정동 너머에 존재하기에 인위적 감각으로 포착될 수 없는 무엇이다. 따라서 '돌의 개화'는 돌과 난에 고유한 물성을 드러내고 있으며, 그 놀라운 발견에 관한 적실한 비유에 해당된다.

이처럼 다양한 장소성을 시화하는 정석교 시는 고유한 개성을 통해 로컬 히스토리를 정립시키고자 한 실천적 사례로 지역 문학사에 기록되어야 한다. 앞서 본 다양한 장소 소재의 내면적 전유 양상을 포함하여 장소와 자연의 물활의 지평을 표출하려 한 점에도 주목해야 할 것이다. 위의 「석부작, 돌에 물을 주다」를 비롯하여 「번개시장 어물전에는 예수가 산다」(『바다의 길은 곡선이다』)와 같은 작품은 정석교 시세계에 자리한 물활의 지평을 증거하는 대표적 사례라 하겠다. 정석교 시의 로컬 히스토리 생성과 관련된 진정성의 문제는 문학사회학적 분석을 통해서도 충분히 입증된다. 그는 강원 영동권 지역 문단의 대표적 단체인 두타문학회에서 활동을 지속해 왔으며, 강원작가회의 회원으로도 꾸준히 활동해 왔다. 또한 2006년부터 동해, 삼척을 거점으로 하여 일부 작가들이 결성한 작가동인동안의 창립 멤버로서

지역 문학장의 건강한 활성화를 위해 작고 시까지 헌신하였다. 이처럼 시인과 시와 단체가 융합된 지평에서 길항하며 로컬 히스토리를 전유해 온 사례는 관련 문학장의 소중한 성과가 아닐 수 없다.

03

육체, 실존의 거처

시어를 통해 자신의 뿌리를 기억하고, 스스로를 반성하며 윤리석 성찰을 요구하는 과정은 시인의 입장에서 중요한 덕목이자 미학에 해당될 것이다. 이러한 일련의 과정을 누구보다 준열한 자기 재현의 과정이라고 할 수 있다면, 그것은 곧 시로 그리는 자화상과 다를 바 없다. 그렇게 볼 때 정석교 시에는 수많은 자화상이 등장한다. 어머니, 아버지, 누이, 부인, 딸 등등 가족사를 소재로 한 빈번한 연대기는 정석교 시세계 전반을 관통하는 메인 모티프와 같다. 「자화상」이라는 표제를 내세운 작품도 두 편 존재한다. 먼저 "사시사철 똑같은 햇살이/ 창가에 놓인 무테 안경속으로/ 무심히 비쳐지는 오늘 아침/ 어머니를 닮아가는 내 얼굴을 본다"(「자화상」, 『산속에 서니 나도 산이고 싶다』)에서는 '어머니 얼굴을 그리며'라는 부제가 환기하는 것처럼 선친을 통해 발견하는 자아의 모습을 진솔하게 그린다. 한편 "매일 접하는 일상의 생활이지만/ 폐부 깊숙이 박혀 지나가는 나이/ 지천명,/ 궤도 따라 한 치 어긋남 없이 달려오는/ 열차의 일상적 질주"(「자화상」, 『딸 셋 애인 넷』)에서는 내면적 성찰에 집중하는 양상을 보인다. 지천명에 접어든 화자가 성숙한 시선으로 존재의 운명을 고적하게 진술하는 어조가 인상적이다.

> 미역국 우러나던 날, 깊어진 생각을 따르던 견고한 걸음이 불면을 걸어냈다
> 살결 같은 달빛 아래 자분자분 밟히는 절기 눈물 닮은 운석 몇 울다 옷깃에

머문 한기 불현듯 정신을 부축한다 가뿐한 빈 몸, 하늘은 산마루부터 깨어난다

힘 부친 시절 서성이며 살다간 거친 생각 비워지고 있는 나의 몸 들어내어도 공허하지 않을 명경처럼 훤히 돋우는 생애, 남루해진 자국은 허물이다 머문 시간 가슴으로 발화되어 시린 자성(自省) 깨우는 새벽의 정신, 더 가둘 것 없는 마음 가볍다 오래 묵은 속내 다 털어내면 명부전에 이름 한줄 올릴 수 있을까

세상을 깨우는 종소리 같은 햇살, 허공에 가득 찬 새의 울음을 본다 둥지에 문을 달지 않는 새는 태어나는 순간부터 허공은 길이다 우듬지 끝 흔들리는 허공, 날개로 직조된 새의 길은 더 높고 깊숙하다 빈 몸을 채우는 그림자, 다시 쉰여섯의 별이 뜬다

—「빈 몸」(『빈 몸을 허락합니다』) 전문

정석교 시세계 내부에는 양질전화라 할 만한 비약의 순간이 자리하고 있다. 그 흔적은 다섯 번째 시집인 『빈 몸을 허락합니다』에 집중되어 드러난다. 표제로부터 부각되고 있는 것처럼 사유의 대상이 '나'와 같은 대명사나 관계가 전제된 가족 단위로부터 벗어나 '몸'이라는 신체에 집중된다. 몸은 실존의 증거이고 욕망의 대상이다. 그것이 또한 감각의 근원이라는 점은 무수한 예술이 신체를 부르는 주요 동인이기도 하다. 몸에 존재의 무상함이 각인됨을 깨달은 불가에서는 육체를 벗어나 적멸에 이른다. 적멸은 곧 법신의 체득이라 하니 몸의 기연이 불생불멸에 이른다.

정석교의 『빈 몸을 허락합니다』는 시집 전편을 관류하며 몸의 계행을 자처하고 나선다. 이러한 감각의 전이에는 분명 어떤 계기가 존재할 것이다. 그 사이에는 불치병을 앓게 되는 비극적 상황이 매개되어 있다. 실제 시인은 치료법이 없는 혈액암을 앓게 되었고, 2020년 갑작스런 죽음은 결국 그 병으로 인한 것이었다. 발병은 정석교 시세계 변모에서 중층결정의 기제였음이 분명하다. 적멸 가까이 섰던 신체이기에 위와 같이 "가뿐한 빈 몸"을

"더 높고 깊숙"한 허공으로 채울 수 있었으리라. 와병, 산행, 몸을 지움으로써 타자의 감각을 생성하는 지양이 스스로를 위무하는 일련의 고투와도 같이 읽힌다.

무수한 몸들, 그러나 텅 빈 그것. 아서 프랭크의 표현을 빌리면 이는 '소통하는 몸'(최은경 역, 『몸의 증언』, 갈무리, 2013)의 이미지들이다. 이윽고 "물의 혜안"(「물의 혜안」, 『빈 몸을 허락합니다』)을 보고, "단단한 소리"(「면벽 1」, 『빈 몸을 허락합니다』)를 듣는다. 기존에 볼 수 없었던 처연한 언어들이 연기의 세계를 그린다. 견고한 물활의 지평이 여기에 연동되고 있다.

2002년 3월 23일, 군사정권에 빼앗긴 노동자라는
이름을 되찾는 첫걸음이었다.
2004년 11월 14일, 총파업으로 2,622명이 징계,
455명이 파면 해임되었다.

창살 너머 수런거리는 메아리 '공무원도 노동자다' 남루하게 잃은 자존심 빈사상태의 늪에서 허우적거렸다 꿈결, 저벅저벅 조여 오는 방패 든 군홧발 거리의 울음이 곧은 걸음 지울 수 있으랴 석관 속 미라 수액 빨린 목이 마르다 감금된 창살 끝 쭈뼛한 마음 따갑다 복직을 억압하는 밤 가라, 그대로 가라

집시법 위반 훈방되던 날, 호흡을 다시 토해낸다 몸 위로 잠겼던 늪이 빠져나간 눈물 마른 자리 푸른 싹이 돋았다 가슴 저리게 원직복직 외친 가쁜 숨결 담벼락을 넘는다 어깨 맞대며 먹는 길 위의 식사, 밟혔던 하루가 일어난다 다시 거리에 선다

온몸으로 말할 때 독기는 희망을 품는 것과 하나의 동의어, 희망은 빛나는 햇빛 같은 것, 저버릴 수 없어 눈을 뜬다 그래, 물고기는 죽어도 절대 눈을 감지 않았지 내 생의 아름다운 날,

—「가라, 그대로 가라」(『곡비』) 전문

시인의 자화상 역시 변모되는 모습을 보인다. 『곡비』는 사회적 관심과 개인적 삶을 리얼리즘의 정공법으로 묘사하는 새로운 국면을 연출한다. 위 작품에서 화자는 2000년대 초반의 공무원노조 운동을 재현하고 있다. 기존에 볼 수 없었던 문체와 시형이다. 형식적 변주는 내용의 전이를 동반한다. "내 생의 아름다운 날" 뒤에는 휴지 기호인 ","이 붙는다. 이 기호는 현실과의 길항이라는 '아름다운' 삶이 여전히 종결되지 않은 현재형의 과정임을 상징적으로 체현하고 있다.

정석교 시세계 내에서 가족사의 확장은 사실 이미 예비된 것이기도 하다. 「월계이발관」(『딸 셋 애인 넷』)을 대표적 사례로 들 수 있다. 5장으로 분절된 이 작품은 "월계골 어귀 붓끝 하나 힘차게 살아있는/ 양철간판 '월계이발관'"의 생성과 소멸 과정을 그린다. 분장 형식이나 대상에 대한 서정적 서사 형식을 취한다는 점에서도 정석교 시세계 내에서는 특이한 분기점을 이룬다. 이 작품에서 화자는 철저하게 내면을 감춘 채 이발사의 운명을 객관적으로 묘사하고자 한다. 결국 시상 전개는 "가슴에 남겨진 월계이발관 노 이발사/ 말끔한 흰 가운 구름이 되었다/ 째깍이는 가위소리 바람이 되었다"로 마감되는데, 이러한 종결구 역시 처연한 슬픔을 구름과 바람의 물성으로 대체하는 의뭉스러운 포즈가 아닐 수 없다. 가족사나 육체가 공동체 구성원의 일원으로 확장된 형국임은 물론, 일상 속의 애증이 시적 가치일 수 있음을 미적 거리를 유지한 채 발견하는 양상이라 하겠다.

> 가난 들먹여 굶은 것보다 서러운 막장, 동발 메고 공룡아가리 전사처럼 진격했지 허기 걷어낸 입안에 고이는 어둠의 침전물, 탄가루 격렬했던 밤을 생환하면 부끄러운 시야는 늘 헐어 있었지 아침은 안면부지 깊은 늪, 퇴적의 지문 선명한 흔적을 담보로 햇살 풀은 막걸리 한 사발이면 족했지 도계집 주모 두툼한 손목이 안주였지 고요하고 거룩한 밤, 폐부 깊숙이 죽음을 탐하던 절망 더 이상 거역할 수 없는 유폐처럼 깊고 아득한 독방
>
> 가슴에 은닉한 탄탄한 적 또, 만들며 살았지

갱도 위에서 불꽃처럼 실어 날랐던 청춘 우리만의 경계 아득한 독방, 기억하지 못한 기록으로 떠났지 폐광처럼 조용한 진폐병동, 오늘을 천상으로 가기 얼마나 좋은 날인지 고요하고 거룩한 밤에

—「고요하고 거룩한 밤에」(『곡비』) 전문

이 작품 역시 정석교 시세계에 특화된 가족사의 영역이 사회적으로 확장되는 수위를 기념할 만한 작품이다. 강원 영동권 지역에서 탄광산업은 로컬히스토리의 재현에 있어서 필수적인 제도이자 문화적 배경이다. 관련 문학장의 많은 작품들이 광부의 삶을 시적 소재로 전유하고 있다. 「고요하고 거룩한 밤에」는 탄광 노동자의 격렬했던 삶과 일상, 폐광처럼 소멸해가야 했던 운명이 비의적 배경 위에서 축약되어 펼쳐진다. "고요하고 거룩한"이라는 수사가 지닌 상징성은 진폐병동 속의 유폐된 존재와 결합되면서 성(聖)과 속(俗)의 전도 효과를 파생하고 있다. 그리하여 이 작품은 탄광노동자의 개별적 삶을 소재로 한 수많은 형상화들을 위로하는 한 편의 진혼곡이라 할 만하다.

04

시인의 운명

정석교 시인의 갑작스러운 죽음으로 그의 시세계 역시 단절되었다. 『빈 몸을 허락합니다』의 구심적 긴장과 『곡비』의 원심적 지향이 질적 도약의 단계에 이르렀음을 감각한 독자로서는 안타까운 결과가 아닐 수 없다. 그것 자체가 시인의 운명이었음을, 그로 인해 더욱 극적인 시적 구도가 온전히 정석교의 것이 되었음을 또한 인정하게 되는 아이러니가 짓궂기만 하다. 그에 관한 전반적 조명을 마무리하는 자리에서, 정석교 시세계를 극적으로 이끈 중요한 화두이자 시세계 전편을 통해 가장 슬프게 읽히는 작품을 감상

해 본다.

> 한 층 한 층 올라가는 엘리베이터 안 기진한 아이 체온 허하게 전해온다. 무거운 세상 안고 살아가야 하는 두려움보다 먼저 눈물이 앞선다. 병상 앞에서 울컥 미어지는 범람하는 해일처럼 아득한 마음 여린 얼굴을 들여다 본다. 차마 눈 떼지 못하고 입술만 지그시 깨물은 채 하얀 시트 눈시울 삼킬 뿐이다
>
> 오염된 척수를 늘 안고 살아가야 하는 아이 하얀 시트 들추다 마주친 얼굴, 아버지로서 지켜주지 못한 사랑 알았다는 듯 입가에 미소가 핀다. 가슴에 담는 눈물처럼 흘러내리는 링거액 혈관 깊숙이 아픔을 세정하고 있을지도 모른다
>
> 혼자 이겨내야 할 세상 귓바퀴 맴도는 아이의 청명한 웃음소리 또 언제 병상에 누워 단절된 어지럼증을 느껴야 하는지 병실 밖 스산한 들녘 풍경 추스른 옷깃 사이 마음 시리게 한다
>
> —「에필렙시」(『딸 셋 애인 넷』, 2013) 전문

역시 정석교 시의 자화상 류에 속하는 한 작품이다. 화자는 에필렙시(epilepsy), 즉 뇌전증을 앓고 있는 자식을 아프게 바라본다. 이 작품이 수록된 『딸 셋 애인 넷』의 시편들이 시인의 배우자와 딸들에게 바친 헌시임을 시집 표제로부터 드러내 놓고 각인하였듯이, 위 작품은 역사전기적으로 볼 때 가족사와의 연관을 환기할 수밖에 없다. 정석교 시의 관성상 혈육과 자연은 시적 상상력이 발생하는 원체험과 같다. 그 속에는 이토록 절실한 상처와 그리움이 자리하고 있었다.

마지막 시집 『겨울 강 푸른 뜰』의 판권란에는 초판 발행일이 2020년 4월 12일로 인쇄되어 있다. 이날은 시인의 세 딸 중에 처음으로 둘째가 결혼하는 날이었다. 이런 장치는 시집이 둘째 딸 결혼을 기념하여 기획 제작된 것임을 시사한다. 실로 시인은 「잘 피워다오, 부부의 꽃」이라는 축시를 수록하는가 하면, "딸의 결혼축하와 더불어 하객분들께 선물로 드릴까 한다"

(후기, 「웨딩카펫 네 번 밟을 남자」)라고 적었다. 작품 내용은 대부분 자연에 관한 것으로서 더욱 정제된 단시 형식의 외장이 주목된다. 각 장의 간지에는 딸의 실제 웨딩촬영 사진이 전재되어 있다. 이런 류의 시집은 유례가 없으리라 본다. 앞의 후기에서 이어 쓴 것처럼 누구든 "딸, 아내는 내 몸과 같이 참 소중하고 귀한 사람"일 수밖에 없겠으나, 정석교는 이 시집으로 자신의 명제를 실천하려 한 듯하다. 그렇게 시인은 목숨 같던 딸을 여윈 사흘 후인 4월 15일, 스스로의 목숨을 내놓았다.

거기에는 이런 작품도 있다. "까치 울음이 화답하는 우듬지// 물오르는 소리 탐문하는// 푸르게 돋는 봄의 입술,// 오, 마른 줄기 재잘재잘// 내 몸 열어두어도 좋지 않을까."(「봄의 입」, 『겨울 강 푸른 뜰』) 우듬지, 즉 나무 꼭대기 줄기는 까치 울음을 현전한다. 나무에 물기 스며 오르는 봄은 시간이자, 생동의 소리를 입술로 탐문하는 공감각의 장이다. 이 생성의 지평에 주체의 몸이 개방된다.

이 절묘한 배치에 무슨 설명을 부가할 수 있을까? 어떤 수식이든 이론적 접근은 저 절제된 감각의 지평을 훼손하는 인위적 언어로 전락될 뿐이다. 그렇게 정석교 시는 스스로의 기원대로 자연 자체가 되었다.

어느 문학적 관포지교
—류재만·이상웅, 『묵호에 진 부채』론

01

파트롱 혹은 브로맨스

문학장의 파트롱(patron), 즉 후원자 제도는 오랜 역사를 지니고 있다. 서양에서 문화예술을 지원하고 육성하는 문화는 이미 2000년 이상의 전통을 지닌 것이었다. 중세에 이르러 파트롱의 사인화 경향은 여러 폐단을 낳았다. 급기야 이를 극복하는 것이 미적 모더니티의 핵심 과제 중 하나가 되었다. 도구화된 파트롱 제도로부터 벗어나 자율성을 쟁취하는 과정이 근대적 예술의 성립 과정이기도 하였던 것이다. 그럼에도 불구하고 다양한 후원 제도는 오늘날까지 문학장을 비롯한 예술 전반을 추동하는 근본적 동력으로 여전히 작동하고 있다.

류재만과 이상웅의 산문집을 소개하는 글 모두에서 파트롱 제도를 운운하는 것은, 그것이 이들의 운명적 만남을 설명하는 적절한 개념일 듯하기 때문이다. 맥락은 다음과 같다. 같은 고향에서 난 두 친구가 있었다. 지척에서 성장했고, 평생을 가까운 곳에 살았다. 하지만 삶의 방식은 전혀 달랐다. 한 사람은 공직에 몸을 담은 채 틈틈이 시를 썼고, 한 사람은 사업가로 크게 성장했다. 숨 가쁘게 청년의 시간이 지나가고, 원숙한 장년의 삶에 이르러

이 둘은 다시 만났다. 그 만남을 매개한 것이 문학이었다. 파트롱 관계는 『묵호에 진 부채』(그늘빛, 2018)의 선험적 조건인 셈이다.

2018년 현재 류재만은 계간지 『동안』의 주간이고, 이상웅은 발행인이다. 2007년에 연간 무크지 형태로 창간된 『동안』은 2015년에 반년간지로 전환되었다. 2016년에 이르러 계간지로 도약함으로써 『동안』은 전국 단위로 배포되는 전문 문예지의 구색을 비로소 완비하였다. 이 질적 고양의 중요한 계기로서 류재만과 이상웅은 기여한 바 크다. 류재만은 『동안』 발간을 주관하는 문학 단체인 '작가동인동안'의 수장이자 잡지 주간으로서 헌신적 노력을 다했고, 이상웅은 거액의 후원금을 쾌척함으로써 지역의 문화사업 활성화에 대한 적극적 의지를 실천하였다. 이처럼 계간지 『동안』의 성립 과정을 되돌아보는 것은 그들의 문학세계를 이해하는 필수적인 전제이리라 본다. 아니나 다를까, 『묵호에 진 부채』를 여는 첫 번째 글은 이때의 소회를 기록하고 있다.

> 강원권 영동 지역에서 현대적인 문학장이 본격적으로 가동된 것은 1980년대에 이르러서입니다. 그 전에도 한국전쟁기 강릉을 중심으로 활동한 '청포도시동인회'나 1960년대 이래 일부 단체의 활동이 기록되고는 있습니다만 미비한 수준에 그칩니다. 1980년대 이후라 하더라도 개별 지역을 거점으로 한 문인 단체의 연간 기관지나 동인지 형식이 문학 활동의 주류인 현황을 부정하기 어렵습니다. 강원 영동권 문학장의 정체 현상이 해당 지역 문인들의 나태함 때문에 비롯된 것은 아닙니다. 강원 지역은 근대문학 초기의 다단한 현상으로부터 배제되어 왔습니다. 주요 원인은 무엇보다도 '근대'라는 제도의 성격과 연관될 것입니다. 식민지 근대와 전후 혼란 등 근대사의 특수성 속에서 강원 영동권 지역은 미적 근대의 실현이라는 '근대문학적 사건'이 발생될 만한 계기를 오래도록 맞지 못했습니다. 서울을 중심으로 형성된 한국사회의 기형적 구조 속에서 주류 문학장으로부터의 소외는 비단 이 지역에 국한된 문제가 아닐지도 모르겠습니다.
>
> 오늘날 역시 강원권 지역은 문화의 불모지라 해도 과언이 아닐 만큼 관련된 자본이나 콘텐츠가 부족한 것이 사실입니다. 영동 지역의 경우는 더더욱 열악

합니다. 이 척박한 문화의 고장에서 『동안』은 자생적으로 발생하여 성장하였고, 이제 전문 문예지로서 종합 계간지라는 제도를 향해 비약하고자 합니다. 과문한 저로서는 강원 지역에 거점을 두고 계간지로 발행되고 있는 종합 문예지의 존재를 알지 못합니다. 적어도 강원권 지역 문학사에 있어서 획기적인 도약이 되는 이 위대한 도전에 작은 힘이나마 보태게 된 점을 기쁨이자 영광으로 생각하고 있습니다.(「새로운 도약을 위하여」)

산문집에서 유일하게 전문이 경어체로 작성되어 진지함을 더하는 이 글은 『동안』이 계간지로 전환된 2016년 봄호의 '발간사'로 수록되었던 것이다. 『묵호에 진 부채』의 초고는 『동안』이 계간지로 전환된 이래 발행인 이상웅이 쓴 발간사를 기본 뼈대로 삼았다. 여기에 시인이자 소설가인 류재만이 살을 붙이고 상상력을 더했다. 바탕이 된 『동안』의 발간사 역시 따지고 보면 이 둘의 합작품이라고 할 수 있다. 『동안』에 가장 먼저 등장하는 발간사는 언제나 바쁜 발행인을 위해 주간 류재만이 매호마다 모티프를 제공하고, 이를 최종적으로 이상웅이 정리하여 제출되고 있는 실정이다.

위에 인용된 글은 『묵호에 진 부채』에 수록된 다른 글들과 달리, 거의 윤문 없이 원문 그대로 전재되었다. 위 글에 따르면 동해시를 비롯한 강원권 문학장이 구조적으로 열악한 이유가 오랜 역사적 과정에 기인한 것이며, 주된 원인 중 하나로 '근대문학적 사건'의 부재를 들 수 있다. 그렇다면, 이들이 의기투합하여 계간지 『동안』의 산파 역할을 담당한 일은 2010년대에 이르러 강원 영동권 지역에 현현한 문학사적 사건이라고 비유할 수 있을 듯하다. 이들의 오랜 브로맨스, 혹은 문학적 파트롱 관계가 강원권 지역의 문학장에 있어서 새로운 흐름을 만들어 낸 것이다.

02

장소애와 로컬 히스토리

『묵호에 진 부채』의 발생 배경을 추론하자면 가벼운 에세이의 기획에서 출발하였으리라 본다. 친구 간의 우정을 추억하면서, 『동안』의 제작 과정에서 생산되었던 발간사라는 소품을 근거로 하여, 지역에서의 오랜 삶에 대한 비망록을 남겨 보자는 의도가 아니었을까 한다. 그런데 그 결과물의 무게가 결코 가볍지 않다. 외견상으로만 보더라도 이 산문집은 원고지 750매에 이르는 묵직한 볼륨을 지니고 있다. 2부로 나누어 배치된 12편의 글들은 표제에 각인된 대로 '묵호'의 장소성과 지역적 역사, 그곳에서의 핍진한 경험을 제각각 변주해 나간다. 더불어 산문집 곳곳에는 문화비평에 가까운 비판적 인식과 생태론적 세계관에 바탕한 전망이 산파된다. 작은 소품으로 출발하였으되 결코 간단히 수렴되지 않는 중층적 의미를 파생하고 있는 형국이다. 수필이라는 장르의 태동이 그러했듯이 몽테뉴 식 중수필의 철학적 사색을 지닌 텍스트라 하겠다. 그런 만큼 이 산문집이 지닌 무게의 층위는 다층적인데, 여기서는 문학사회학적 측면, 내용적 측면, 형식적 측면으로 나누어 주목하였다.

먼저, 문학사회학적 측면에서 보자면 앞서 거론한 문학장의 재편 노력을 재론해야만 한다. 『동안』 이전에, 이들이 속한 강원도 동해시 문학장의 전사 역시 파트롱적 배경과 긴밀히 관련된다. 한국사회에서 동해시라는 지역은 특수한 도시적 위상을 점한다. 동해시는 1980년에 신설된 행정 단위이다. 당시 명주군 묵호읍과 삼척군 북평읍이 합쳐 신도시로 형성된 것이다. 도시의 신생은 그 이전의 실정과는 다른 새로운 경계와 삶의 환경을 만들게 된다. 시인 김시래(1923-2008)가 '동해문인협회'라는 문학장의 건립을 구체적으로 모색한 것은 1985년에 이르러서이다. 김시래는 당시 해당 지역에서 문학 활동을 하고 있던 문인들과 더불어 동해문인협회를 창립하고 회장으로 추대된다. 기관지 형식의 문예지 『동해문학』은 우여곡절 끝에 1988년 3월에 창간되었다. 김시래는 창간호와 2집(1990)까지의 인쇄비용을 자비로 충당하였다. 김시래가 쓴 창간사에서 주목되는 것은 "會員들에게 作品發表의 무대가 되고 讀者들에겐 창작 의욕을 고취시켜 汎市民的인 文學風土를 조성하는 데 크게 기여하리라는 確信"(『동해문학』 창간호, 1988)과 같이 지역문화운동으로서의 발간 의지이다.

김시래가 동해문인협회의 창립을 주도하고 문예지 발간 비용까지 책임질 수 있었던 데에는 당시 동해문화원의 초대 원장으로 재직함으로써 갖게 된 명망, 그를 둘러싼 주변 여건 등이 작용하였으리라 추론된다. 김시래의 상징권력은 가치평가의 대상이라기보다는, 이른바 파트롱으로서의 문학사회학적 입지를 지닌 작가였다는 위상에 대한 실질적 근거라 하겠다. 서구의 경우, 특히 19세기의 후원 제도는 후원자와 작가 사이의 교환관계를 통해 문학장 활성화에 크게 기여하게 된다. 한국 근현대 문학장은 역사적 정황상 그 본격적 성립 자체가 해방과 한국전쟁 이후로 늦춰질 수밖에 없었고, 이때 각 지역에서 명망을 지니거나 선진 교육을 습득한 주요 인물들은 지역 문학장의 후원자이자 핵심 인자로 기능하며 그에 따른 상징권력을 선취할 수 있었다. 김시래는 비교적 늦게 신도시로 형성된 동해 지역에서 후원자이자 핵심 작가로서 1980년대의 관련 문단을 주도하게 되었던 것이다. 이렇게 볼 때 동해권 문학장의 성립과 전개는 1980년대 이후부터 거론될 수밖에 없다. 이는 해당 행정구역 자체가 그때 발생한 것이기 때문에 당연한 결과일 수 있다. 한편 이러한 현황은 또 다른 역설을 내포하게 된다. 대표적 예가 내용과 형식을 포함한 전문적 잡지 시스템의 부재이다.

류재만과 이상웅의 문학적 만남은 이와 같은 지역 문학장의 부재를 극복하기 위한 극적 순간이기도 하였다. 『동안』은 앞서 언급한 바와 같이 작가동인동안이라는 문학 단체가 주관하여 전국 단위의 전문 문예지로서 발간되고 있다. 이들은 잡지의 전문성과 강제력을 담보하기 위해 별도의 편집위원회를 운영하는 중이다. 편집위원회에는 작가동인동안의 회원으로 활동하지 않는 문인도 포함되어 있다. 이 역시 잡지 운영의 객관성을 강제하는 일환일 것이다. 어쩌면 너무도 당연한 이 같은 잡지 시스템을 강조하는 데에는 나름의 이유가 있다. 강원 지역에는 2018년 현재까지 『동안』을 제외하고는, 위와 같은 '당연한' 잡지 체제를 갖추고 종합 장르의 문학을 다루는 전문 계간지가 존재하지 않는다. 시인 류재만과 사업가 이상웅 간의 브로맨스는 이곳 지역의 문학적 역사를 새로 쓰는 데에 있어서 중요한 견인차 역할을 했던 것이다. 『묵호에 진 부채』는 위와 같은 문학적 우정과 실천이 빚어낸 사적 결과라 할 수 있다.

다음으로, 내용적 측면으로 볼 때 산문집 전반을 관류하는 문학적 주제가 있다면 단연 '장소애'가 부각된다. 자신의 생이 비롯된 고향에 대한 애정, 그 장소가 지닌 원형으로서의 가치에 대한 공감은 모든 존재가 지닐 법한 보편적인 감정에 가깝다. 그럼에도 불구하고 그에 대한 목적의식적 사유나 지속되는 반성을 견지하는 사람은 흔치 않다. 당면한 현실에 생의 감각을 집중할 수밖에 없는 것은 현존재의 본성이자 일반적인 존재 방식이기도 하다. 마치 그에 대한 반작용인 듯이, 이 책은 고향이라는 장소에 관한 성찰을 중요한 문제의식이자 일종의 '부채의식'으로 강조하고 있다.

> 묵호의 지명유래는 여러 가지가 있으나 몇몇 사람들이 무연탄을 일본으로 수송하기 위한 묵호항의 개항과 연계시키고 있는데 이는 유래라기보다 비하의 저의가 있고 유래를 찾는데 있어 기본이 되는 기록된 역사와도 달라 후대에 다수의 유래 중의 하나로 기록될까 걱정되어 바로잡아야 한다고 생각한다. 선적하는 과정에서 발생하는 낙탄과 비산탄으로 바다가 시커멓게 되었고 그래서 묵호라 불리게 되었다는 잘못된 유래의 회자는 바닷일과 광산에 종사하는 사람들의 삶이 목숨을 걸어야 한다는 것에 대한 우월감에 기인한다는 것이고 그렇게 말하는 사람들과의 대화 속에서 엿볼 수 있었다.(「묵호와 토포필리아」)

장소성을 사유하는 작업의 일환으로서 지명에 대한 천착이 있다. 위에 인용한 「묵호와 토포필리아」는 당연한 듯 여기는 '명명'에 대해 근본적 의

문을 제기한다. 석탄 산업과 관련된 지명의 발생적 배경 속에는 생명을 건 광산 노동에 대한 일상적 오해와 편견, 또한 이와 더불어 존재했던 무수한 해양 노동의 실정과 명암이 각인되어 있다. 이 글은 명명 속에 숨겨진 삶의 실체에 대해 역설하고 있는 것이다. "묵호를 석탄과 관련된 이름으로만 여겨도 어쩔 수 없지만 이해를 돕고자 아는 대로 열거한 것"이라는 의뭉스러운 태도 속에는 실상 "누구도 지역에 대한 토포필리아(장소애)를 시험해서는 아니 되는 것"이라는 분명한 입장이 자리하고 있다. 당위론적 애정이 아닌 진정성에 기초한, 구체적 체험과 삶의 실정을 강조하는 장소애의 국면일 것이다.

> 둘만의 공유일까. 정체성은 사람과 자연과 환경과 역사와 문화에 의해 구축된다고 본다. 거의 기록되지 않은 일들이 대부분을 차지하고 있다고 본다. 있었으나 그들에게만 있었던 일, 들렸으나 아무도 들어주지 않았던 소리, 거의 사라졌지만 아직도 희미하게나마 가능성이 남아있는 것들, 저만치 거기에 있던 것들을 눈앞에 펼쳐보이고자 했다. 치열함의 발현은 본인은 물론 특히 가족의 간절함에 의해서이고, 매우 지성스럽고 절실한 간절함은 누구나 공유하고 있는 것이 아닐까. 둘의 공유에서 다수의 공유를 의도한 부분도 있다. 묵호라는 작은 지역이 세계의 분명한 부분이듯이, 지역적 서정의 정서가 우리와 동네를 더 촘촘히 할 수 있음을 물론 한계가 지어질 수 없음에도 지어졌던 한계를 극복하고 일반화 할 수도 있을 것으로 생각했고, 가능성도 아주 조금 엿볼 수 있었다.('책머리에')

'정체성'은 장소애라는 내용 범주에서 파생한 핵심 논점으로 등장한다. 위의 서문을 보면 이 책은 "있었으나 그들에게만 있었던 일, 들렸으나 아무도 들어주지 않았던 소리, 거의 사라졌지만 아직도 희미하게나마 가능성이 남아있는 것들, 저만치 거기에 있던 것들"에 대한 기록의 욕망으로 제작되었음을 알 수 있다. 크고 웅장한 것이 아닌, 작고 사소한 것에 대한 기록인 것이다. 사실은 그 작고 사소한 것들에 지역의 실체가 담기고, 그들이 모여

정체성을 이룬다는 사실에 대한 확신을 엿볼 수 있다. 이처럼 장소애는 혹은 지역적 정체성에 대한 관심은 이 책 전반의 화소를 이끄는 원동력으로 작동한다.

끝으로, 형식적 측면에서도 보더라도 이 책이 지닌 결은 남다르다. 산문집의 특징이 개성적 형식에서 유감없이 드러나고 있다. 위에 인용한 문장들의 색깔, 곧 문채(文彩)는 이 책 전편의 성격을 상징적으로 암시한다. 무엇보다 의도적인 만연체 혹은 독백의 어조가 두드러진다. 그 문장들은 핍진한 경험에 바탕하되 주관적 추상으로 변주되는 내용을 동반한다. 이 책의 주류 문장들이 지닌 개성은 전체 원고를 윤문한 시인 류재만의 문학적 소양이 반영된 결과이기도 할 것이다. 류재만 문학의 경향은 해양을 소재로 하여 일관된 창작 지평을 유지해 오는 것으로 잘 알려져 있다. 그런 만큼 류재만 시는 현 단계 해양문학의 계보를 잇는 대표적 사례 중 하나이다. 기존에 상재했던 『어달리 바다』(1999), 『해비늘 벗기기』(2002), 『파도를 재우다』(2006), 『나루』(2013), 『여기 오징어, 울릉도』(2017) 등의 시집은 모두 바다에 대한 일련의 헌사에 다름 아니다.

류재만 시의 해양문학적 양상은 강원권 지역의 문학장이 지닌 전통적 흐름과도 긴밀히 연동된다. 강원 지역의 문학장을 거론할 때 흔히 예시되는 김동명, 심연수, 황금찬, 박인환, 최인희 등의 시에서 예의 동해와 관련된 양상을 찾아볼 수 있다. 바다는 강원권 문학작품의 주요 소재로 등장함으로써 이 지역 해양문학의 실정적이고도 장르적인 근거를 마련하고 있는 것이다. 류재만 시는 해양과 관련된 경향을 지님은 물론, 단순한 소재주의를 넘어 목적의식적인 장르 실험을 지속하는 문제적 대상이다. 이러한 맥락에서 그의 시는 강원 지역 해양문학의 계보를 잇는 핵심 자원이며, 그 역사적 전통을 현재화하는 구체적 예시라 할 수 있다. 이는 곧 한국 해양문학의 현재를 구성하는 주요 논거로 류재만 시가 기능할 수 있는 이론적 근거이기도 하다.

여기서 주목하고자 하는 바는 류재만 문학세계에서 특징적인 요소가 문체의 개성에서 발견된다는 점이다. 앞서 예시한 『여기 울릉도, 오징어』의 경우에도 여러 면에서 파격적 의미를 지닌다. 특히 「오징어, 놀다 가다」와 같은 장시는 시인이 오래 전부터 실험해 온 양식이다. 시적 서사가 아니고서는 재현될 수 없는 풍속과 로컬 히스토리, 그리고 류재만 식 문학적 아비투스를 볼 수 있다. 무엇보다 시적 서사를 이끄는 대화체, 각 장마다 변화되는 발화 주체, 시점의 이동 등이 흥미롭다. 다성의 언표를 통해 시적 사건을 입체적으로 구성하려는 의도인 것이다. 이러한 특징이 이번 산문집에서도 여지없이 발현된다. 이야기 곳곳에 등장하는 대화체 진술은 관련된 화소에 생생한 현장감을 유발하고 있다. 경우에 따라서는 의인화된 인물을 내세워 가상의 사건을 재현한다. 시간의 흐름 위에 등장인물이 겪는 사건의 개연적 배치는 서사 양식이 지닌 기본 원리와 같다. 시인이자 소설가로서 류재만이 지닌 상상력이 윤문 과정에서 체화한 문학적 요소일 것이다.

그리하여 이 책은 산문집이자 한 편의 소설이고, 하나의 역사서가 되었다. 장소성의 사유를 근간으로 하여 매 편마다 문학적 상상력이 결합되어 있으며, 당대의 핍진한 경험을 전제하고 있다. 지역의 오랜 경험과 장소의 역사, 친구와의 우정을 그린 에세이가 자전적 소설이자 구성원을 주체로 삼은 로컬 히스토리로 완성되었다. 일상 속의 생태주의라고 하는 철학적 지평과 혜안은 여분의 미덕이다. 죽마고우의 우정이 기록하는 문학적 연대기가 이처럼 다채롭게 변주되고 있다.

03

제도 너머의 제도

류재만과 이상웅의 산문이 다장르적 경향으로 변주되고 있다는 점은 그 자체로서 문제적 의미를 지닌다. 무엇보다 문학의 장르, 곧 문학의 경계를 넘나드는 모험적 시도라는 차원에서 남다른 주목이 필요하다. 근대적 의미의 문학은 일종의 제도로 존재한다. 이는 문학이라는 언어예술에 대한 정의로부터 장르 구분, 출판 시스템에 의해 생산 및 유통되는 문학장 메커니즘 등에서 얼마든지 확인되는 사실이다. 따라서 이들 산문이 지닌 다차원의 경향은 단순한 비망록을 넘어 한국 문학장의 매너리즘에 제기하는 진지한 문제의식과 연동된다.

강원 지역으로 범위를 좁혀 보면 그 의미는 더욱 남다르다. 강원권 근현대 문학장의 역사는 그리 오래 되지 않았다. 그것은 1950년대에 이르러 본격적으로 성립, 전개되었다. 근대문학의 제도화 과정에서 문학 매체가 주요한 역할을 담당하였음은 주지의 사실이다. 1920년대를 전후한 동인지 문단은 그 상징적 사례라 하겠다. 근대적 인쇄술의 정착과 함께 언론 출판의 제도화는 문학에 있어서 미적 근대성이 발현되는 양태를 '노래'에서 '문자'로 이행케 한 결정적 요인이 된다. 그 과정은 강원권 지역문학의 경우도 예외일 수 없다. 강원권 지역문학과 관련된 문학 매체는 동인지로 대표될 수 있다. 이곳 문학장의 양상 역시 이른바 동인지 문단이라 일컬을 수 있을 만큼 각종 동인이나 문학 단체의 활동이 주류를 이룬다. 이를 중심으로 동인지 혹은 기관지 발간, 시낭송이나 시화전 같은 관련 행사 개최 등이 문학적 아비투스로 형성되어 있는 것이다. 이는 근대적 문학장이 정립된 시기로부터 오늘에 이르기까지의 주류 경향으로 볼 수 있다. 문제는 그것이 지닌 비전문적 수준이다. 무엇보다 동인지는 자기만족적이라는 근본적 한계를 벗어나기 어렵다.

계간지 사업으로 수렴되는 류재만과 이상웅의 작업은 이러한 강원권 문학 제도에 있어서의 전위적 실천을 상징한다. 이번 산문집 역시 그 성과에 연동될 것이다. 이들 글쓰기는 이른바 삶의 문학과 전문적 문학 제도를 결합하고자 한다. 여기에는 제도를 이용한 전문성 확보를 위시하여 제도의 한계를 넘어서려는 실험적 모색이 포함되어 있다. 그 결과 강원문화재단의 문예진흥기금으로는 최고액을 수령하는 등의 성과를 낳기도 하였다. 이번에 공동 창작된 『묵호에 진 부채』가 산문이면서 소설이고, 지역의 구체적 삶을 기록한 르포루타주이면서 민중이 주체가 되는 지역적 역사물로 변주되고 있는 국면 역시 제도 너머의 문학을 향한 실험일 것이다.

논쟁의 여지 또한 분명히 존재한다. 류재만과 이상웅이 이번 산문집을 통해 지역에 대한 부채라고까지 선언하며 강조하고 있는 영역은 정체성의 천착이다. 지역적 정체성에는 지리적 특성, 지역적 사건과 삶, 지역의 문화 등이 두루 포함된다. 저자들 역시 정체성을 강조하며 지역 원형의 보존과 복원에 주목하고 있다. 한편 대개 지역의 문학장에서 생산되는 작품의 현 수준을 보면 지역성이 두드러진다기보다는 보편적 소재를 취해 소위 통상의 미학을 추구하는 경향을 지닌다. 장소 경험의 형상화를 표면에 내세우더라도 결국 소재주의적 감상에 지나지 않는 경우가 빈번하다. 지역의 삶과 문학을 마주하는 새로운 공준이 필요한 시점이다.

요컨대 정체성으로 집중되는 무의식을 경계할 필요가 있다. 현 단계 지역 문학 담론에서 궁극적 목적으로 전제되는 개념 중 하나가 정체성 개념이다. 정체성은 지역문학 범주가 성립하기 위한 근거이자 미적 지향의 대상으로 통용되고 있는 것이다. 문학이 삶을 반영하는 이상 구체적인 삶과 문학 행위가 이루어지는 장으로서의 지역이라는 단위는 이론적으로나 예술적으로나 유의미한 범주에 해당된다. 문제는 관련된 문학 행위들이 동반하는 일종의 단선적 성격에 있다. 비근한 예로 대부분 지역 문단은 오랜 관성이기도 한 개별 동인 및 문학회 단위에 근거하고 있다. 이러한 구조는 한국 문학장의 성격에 해당되는 것으로서 나름의 충분한 의미를 지닌다. 그럼에도 불구하고 문학의 진정성과 관련하여 여러 문제점을 파생하는 것도 사실이다.

오늘날의 이론적 지평으로 볼 때 정체성에만 매몰되는 시각은 '차이 없는 반복'에 불과하다. 지역의 정체성(identity)을 넘어 다양한 특이성(singularity)과 조우하려는 노력이 필요한 것이다. 정체성 너머에 있는 또 다른 정체성, 제도 너머에 있는 또 다른 제도를 지향할 의무가 문학인들에게는 항상 존재한다. 류재만과 이상웅의 산문 역시 지역적 정체성의 재구를 위한 이론적이고 미학적인 전유에 진정성 있는 노력을 기울여 왔는가를 냉정히 되돌아 보아야 한다.

어쩌면 이런 의문은 기우일 수 있겠다. 『묵호에 진 부채』는 그 생성의 움직임을 이미 체현하고 있는지도 모른다. 앞서 거론해 온 지역 문학장 재구의 노력 자체가 그 예시일 수 있다. 또한 이번 산문집을 관류하는 정신으로서 생태학을 간과할 수 없다.

> 세상은 양면적이다. 미세먼지의 발생은 살아가기 위한 방편의 측면에서 불가피하다. 인체에 사회에 세계의 생명에 직접적인 피해를 준다는 것을 알면서도, 그 일에 종사해야만 하는 불가피성이 우리에게는 있다. 사람이 많다는 것은 수요가 많다는 것이다. 수요는 최소한으로 묶어둘 수가 없다. 그것은 사람의 욕심이 본능적이라는 것에 기인한다. 자연 친화적 방법을 찾아내지 않으면 안 된다는 정도로 지금은 언급할 수밖에 없다.(「미세먼지의 입」)

이들이 아프게 직시하는 것처럼 오늘날의 동해는 “명태가 사라진 지 오래고, 오징어의 어획량이 급격히 줄어들고 있”는 실정이다. 주된 이유가 생태계 파괴에서 기인함은 주지의 사실이다. 위 글은 ‘미세먼지’의 눈이 되어 오염된 현실을 진단한다. 수많은 이론들이 미세먼지의 원인과 대안을 논리적으로 분석하고 있다. 하지만 그 해결책은 점점 더 묘연해지고 있는 것이 사실이다. 이런 실정에서 작가는 어떤 노력을 더할 수 있을까? 류재만과 이상웅은 전천 하구 갯목마을에 사는 개와 돼지와 연어의 대화를 상상한다. 자신을 잡아 돼지에게 주려는 개 앞에서 연어는 내가 뿌린 씨를 갯목 앞바다에 옮겨 달라고 부탁한다. 그리고는 “가장 중요한 건데. 걔들이 돌아올 때까지 오래 살아야 돼. 안 그러면 국물도 없어. 죽은 내 살점도 앞으로는 없을 거란 말이야. 알았지? 오래오래 살아 줘.”(「갯목과 연어 코」)라고 강조하고 있다. 이처럼 류재만과 이상웅은 연어-되기를 통해 새로운 공동체의 질서를 상상한다. 거기에는 궁극적으로 생명이라는 가치가 자리하고 있다. 이러한 생태학적 지평이야말로 『묵호에 진 부채』의 문학적 상상이 가닿은 또 다른 제도이자 경계가 아닐까.

기든스에 따르면 인간이라는 존재는 자신의 고유한 역사를 만들 듯이 자신의 고유한 지리학을 만들어 간다.(마르쿠스 슈뢰르, 배정희·정인모 역, 『공간, 장소, 경계』, 에코리브르, 2010) 『묵호에 진 부채』는 류재만과 이상웅이 그들의 역사와 지리학을 구성하는 과정에서 나온 결과물이다. 이들은 자신의 산문집을 통해 고유한 장소 전유를 개성적으로 연출하였다. 한국문학사에 장소를 주제로 한 이러한 류의 공동 작업은 존재하지 않았다. 나아가 그 같은 면모는 동해 지역의 문학장이 지닌 성격과 가능성을 증거하는 물증이기도 하다. 그리하여 이들의 산문집은, 미학적 성패를 떠나, 그 자체로 특수함을 내포한 하나의 문학사적 사건이 되었다. 적어도 관련 문학장의 역사에 있어서 『묵호에 진 부채』는 장소성과 문학성을 결합한 기념비적 텍스트로 기억될 것이다. 어느 문학적 관포지교가 이룬 고유하고도 개성적인 결실이 오롯하다.

혁명의 미학, 소설의 당위
—이광식의 『소설 허균, 호피와 장미』에 대하여

01

구상(構想)과 구상(具象)

이광식 장편소설 『소설 허균, 호피와 장미』[1]가 허균 서사의 2020년대 판본으로 등장하였다. 허균(1569-1618, 선조 2-광해군 10)에 대한 기존의 연구와 서사물이 상당히 제출되어 있는 실정임에도 불구하고 이 소설은 남다른 위상을 전제하며 허균에 대한 새로운 연역임을 자처하고 있다. 무엇보다 주목되는 점은, 저자 스스로 서문에서 밝힌 바대로, 이 작품이 "같은 고향 사람으로서 마땅히 고향 선배인 허균을 써야 한다는 강박관념"의 산물로서 '10년 가까이' 공력을 들여 집필되었다는 사실이다. 작가는 이러한 친연성 위에 "도저한 논리와 폭력의 만연인 이 방만한 포스트모던" 시대에 힘입어 "허균이 또 새롭게 얘기되어야 할 바"를 그려야만 한다는 당위성을 전제하고 있다.[2] 그와 같은 야심찬 도전으로 탈고된 『소설 허균, 호피와 장미』의 공과를 살피고, 거기로부터 부조되는 생성의 층위를 일별하려는 데에 이 글의 목적을 둔다.

---

1) 이광식, 『소설 허균, 호피와 장미』 1-2, 소금북, 2020.

2) 위의 책, 6-8쪽.

『소설 허균, 호피와 장미』는 총 34개의 장(1권 19장, 2권 15장)으로 분절된다. 모든 장은 관련 내용을 상징하는 2음절의 단어와 해당 장을 대표하는 어구가 부제목으로 제시되어 있다. 예컨대 첫 장은 '향기—이달에게', 마지막 장은 '종족—강을 건너다'와 같은 식이다. 이러한 언표들은 해당 이야기 속의 대표적인 사건이나 중심인물을 표상하기에, 독자들은 각 장의 표제와 부제목만 통하더라도 전체 서사의 윤곽을 감지할 수 있다. 작품의 전반적인 구상을 표제로부터 일관되게 등치시키고 있으니, 내용과 형식이 그 자체로 하나의 아우트라인을 구현하고 있는 셈이다. 이러한 외장에서부터 치밀하게 계산된 작품의 기획 의도를 엿볼 수 있을 것이다.

이 작품에서 특히 주목하려는 점 중의 하나는 인간 허균을 조명하는 차원으로 보인다.[3] 당대 걸출한 문인이자 지식인이요 사회 개혁을 꿈꾼 미완의

3) 최초의 한글소설 「홍길동전」의 저자로 잘 알려진 허균에 대해 우리 역사는 다음과 같이 기록하고 있다. 허균은 초기 동인의 수장이던 허엽의 아들로서, 전쟁 중 스물 넷의 나이로 문과에 급제하고, 3년 뒤에는 중시에 장원 급제한 수재였다. 불교에 심취해 불경을 외고, 부처에 절한다는 비판이 일기도 했으나 문사의 상사라는 이유로 선조의 두둔을 받는다. 황해 도사로 가며 서울 기생을 데리고 부임해서 탄핵을 받기도 하였다. 허균은 인목왕후 폐모론 무고로 불거진 계축옥사(1613, 광해군 5) 이후 신분의 불안함을 느끼고 이이첨의 그늘로 들어가게 되고, 그의 후원에 힘입어 광해군의 신임을 얻게 된다. 이이첨과 뜻이 맞아 폐모론 여론을 조성키 위해 허위로 격문을 지어 돌렸으나, 조사 과정에서 허균의 소행이라는 진실이 나와 무위로 돌아가고 만다. 1617년(광해군 9) 말, 허균은 다시 폐모론을 도모해 이를 주장하는 유생들의 상소가 잇달아 제출되도록 한다. 폐모를 반대하는 이항복, 기자헌은 결국 이 일로 유배를 가게 된다. 기자헌의 아들 기준격은 허균의 역모 혐의를 고발하는 상소를 올린다. 기자헌은 불교에 심취해 허균과 가까이 지낸 바 있고, 아들 기준격을 허균 밑에서 공부하게 했었다. 기준격의 상소에 따르면 허균은 정도전을 높이 평가했고, 계축옥사의 주범들인 여주의 서인들과도 어울렸으며, 특히 서양갑과는 친밀한 인물이라 한다. 이때도 광해군은 허균을 처벌하지 않았다. 이윽고 광해군이 폐비론을 결정했으나 여론이 호응치 않아 구체적으로 실행되지 않을 때, 허균은 인목대비가 있는 서궁을 습격할 계획을 세우고 기존 유생들 외에 무사와 승려들까지 규합한다. 이때 허균의 행보를 주시하고 있던 유희분, 박승종은 허균이 폐모 문제를 핑계로 역모를 꾀하고 있다고 밀계를 올린다. 허균을 불안해 하던 이이첨도 같은 의견을 올리고, 왕은 결국 허균을 하옥하고 조사에 착수한다. 관련 일당을 추국한 결과 의창군 이광을 추대하려 했다는 등의 역모 증언이 나오고, 허균은 대질 신문도 없이 참형을 당하고 만다. 이상

혁명가라는 일반적 상징 이외에도, 끊임없이 갈등하고 배반하는 인간 허균의 면모를 가감없이 드러내고 있는 것이다. 부박한 존재로서의 인간 묘사라는 구상은 기존의 허균 서사와 이 소설을 구별짓게 만드는 개성의 하나라 할 수 있다. 이와 같이 『소설 허균, 호피와 장미』는 허균이라는 인간의 실체에 보다 객관적으로 접근할 수 있는 구상물(具象物)을 현현하고자 한다.

반면 이러한 의도는 장편 서사물의 핵심 기제여야 할 인물의 성격이나 사건의 개연성을 핍진하게 조직하는 차원에 있어서 걸림돌이 되기도 한다. 두 중심인물 허균과 이이첨의 성격이나 주요 사건의 조직적 배치가 동반하는 우연성과 비약, 등장인물의 대화를 통한 요약 형식의 반복 등이 산견된다. 그와 관련하여 이 소설이 선험적 한계로 지니고 있었던 조건, 즉 "본디 책 5권 분량이던 것을 이런저런 이유로 2권으로"[4] 제한할 수밖에 없었던 점을 상기할 필요가 있겠다. 기획 단계의 입론은 서사 이면에서 서사 내부를 강제하는 물리적 배경이기도 하다. 부득이하게 지면을 제할할 수밖에 없었던 조건은 말하기(telling)과 보여주기(showing)의 긴장으로 조직되어야

『조선왕조실록』(국사편찬위원회, http://sillok.history.go.kr), 『한국민족문화대백과사전』 24(한국민족문화대백과사전 편찬실 편, 한국정신문화연구원, 1991, 702-703쪽), 『국사대사전』(이홍직 편, 『국사대사전』, 민중서관, 1997, 1567쪽) 참조. 한편 이윤석은 「홍길동전」의 저자가 허균이라는 통념에 대해 이견을 제시해 왔다. 허균 저작설을 처음 제기한 사람은 1927년 경성제국대학에서 조선문학을 가르치던 다카하시 도루인데, 그가 근거 삼은 『택당집』의 '홍길동전'과 한글소설 「홍길동전」은 전혀 다른 책이라는 것이다. 또한 「홍길동전」에서 허균 사후의 인물과 관청 이름 등이 등장한다는 점, 「홍길동전」과 같은 형식의 한글소설이 허균 사후 약 200년 후에야 나타난다는 점, 허균이 한글로 소설을 쓸 수 있는 능력이 있었다는 것을 증명할 수 없다는 점 등을 반론 근거로 들고 있다. 이윤석, 『「홍길동전」의 작자는 허균이 아니다』, 한뼘책방, 2018 참조. 허균 서사에 관한 역작 『허균, 최후의 19일』(김탁환, 푸른숲, 1999)에서도, 본문의 에피소드("주인공이 왜 난가? 『홍길동전』은 자네가 10년도 전에 써둔 것이 아니었나?", "그때 써두긴 했지만, 북삼도를 누비고 다니는 박두령을 보며 많이 고쳤다네. 『홍길동전』이 아니라 『박치의전』으로 할까 생각도 해보았었지.", 1권 160쪽)와 달리, 권말에 제시한 허균 연보(2권 306-319쪽)에는 「홍길동전」 집필에 대해 어디에도 기록되지 않는다.

4) 이광식, 앞의 책, 7쪽.

할 서사의 균형을 어느 한쪽으로 기울게 하는 변수로 작동할 수 있다.

02

호피와 장미, 상상의 거점

이 작품은 허균이 13세 되던 1581년(선조 14), 한성(서울) 용산나루에서 스승 이달을 처음 만나는 장면으로부터 시작되어 대부분 연대기적 순서를 따르며 전개된다. 이야기 주체는 허균의 것인 1인칭 주인공 시점에서 전지적 작가 시점으로, 대개는 기호 '*'로 구분되며 교차되고 있다. 서술자의 변주는 중요한 형식적 자질이다. 이러한 시점의 교차 속에서 사건에 관한 전지적 해석과 허균의 내적 입장을 비교하며 읽는 것도 이 소설의 특장이자 재미일 수 있겠다.

또 하나의 형식적 특징은 대부분 사건이 등장인물 간의 대화로 전개된다는 점이다. 주요 사건이 대화로 전개되다보니 인물에 따라 주관적인 입장과 해석이 가감없이 드러난다. 따라서 이를 접하는 독자는 어떤 이의 생각과 진술이 객관적인 것인지를 끊임없이 판단해야 한다. 이러한 장치는 애당초 이 소설이 취한 개방적 구조와 연동되는 형식 자질이다. 작가와 등장인물과 독자가 하나의 장 속에서 당대의 사건과 논점에 대해 상상과 가치판단을 주고받는 열린 구조라 할 수 있다.

장편 서사를 이끄는 주요인물은 물론 허균이지만, 그 상대역으로 이이첨의 존재 역시 큰 의미를 지닌다. 허균의 정체성은 하나로 규정되지 않는다. 중층적 정체성이야말로 『소설 허균, 호피와 장미』가 제시하는 핵심적 명제일 수 있다. 이이첨의 성격 역시 소설의 성패를 가르는 주요한 요소이다. 이들 중심인물이 관련 화소를 이끄는 과정에서 기본적인 서사의 틀은 일종의 비약을 거치기도 한다. 어떤 면에서는 치밀하지 못한 형상화 양상일 수 있다. 중심인물 허균과 이이첨의 관계는 빈번하고도 핵심적인 사건인 만큼 대표적 예시가 된다.

허균과 이이첨은 성균관에서 처음 만난다. 21세가 되던 1589년(선조 22) 소과 입격 뒤 성균관에서 공부하게 된 허균은 7년 전에 사마시에 먼저 입격하여 유생 자치기구의 고문 격으로 지내던 이이첨과 조우한다. 기자헌과도 만나 셋이 된 이들은 정여립 관련 사자(使者)의 간찰 사건을 경험한 후 헤어진다. 그 후 허균이 25세가 되는 1593년(선조 26), 이이첨은 세조 영정을 보존했다는 공으로 충신 정문(旌門)을 받고, 이어 효자 정문까지 이른바 쌍정문을 받게 된다. 한편 문과에 급제한 허균은 자문재진관(외교문서 전달관리)으로 요동을 가게 되고, 그 도중에 원접사 윤선각의 종사관으로 임명된다. 이때를 서술하는 문장이 "이이첨의 기대와는 달리 임금이 나를 원접사 윤선각의 종사관으로 또 임명했다"(1:163)[5]인데, 그것이 왜 '이이첨의 기대'와 다른 것인지가 그 전까지의 이야기에서는 개연성 있게 제시된 바가 없다. 구상과 달리 구체적 이야기로의 재현이 생략된 양상이다. 이러한 생략은 이 책이 5권으로 기획되었다가 2권으로 축소되는 과정에서 비롯된 구조적 결락일 수 있으리라 본다.

곧이어 이이첨은 성균관 전적에 배적되고, 의주에서 돌아온 허균은 이이첨을 다시 만난다. 이때만 해도 이들의 사이는 좋았다. "갑오년(1594)에 벼슬에 동시에 오른 나와 이이첨이었지만, 나는 정시로, 이이첨은 별시로 급제했으므로 그 움직임을 알았으나, 요동에 다녀오고 의주에 오래 있었으므로 만날 기회를 갖지 못하였다가 나는 귀경 며칠 뒤 성균관으로 이이첨을 만나러 갔"던 것이다. 이때 이이첨은 허균에게 "내 자네와 늘 함께 할 것임을 약조하네. 내 길이 곧 자네의 길일 것"이라고 다짐한다.(1:164) 그러나 얼마 지나지 않아 이들은 원수 사이로 대립한다. 허균이 "원수처럼 지내는 사람이 셋(이이첨, 이홍로, 기자헌)"(1:232, 괄호는 인용자)인데, 이이첨은 그 중의 대표적 인물이었던 것이다.

---

5) 이하 작품 인용은 괄호 안에 『소설 허균, 호피와 장미』의 '권수:쪽수'를 표기하기로 한다.

『소설 허균, 호피와 장미』는 표제에 드러난 것처럼 서사 전편에 걸친 대표적인 사건을 '호피(虎皮)'와 '장미(薔微)'로 상징한다. 호피는 권력과 부귀에 대한 상관물이다. 진술 속에서 호피 소재가 직접 드러나는 부분을 보면, 예컨대 허균은 탄핵으로 벼슬을 잃고 전라도 부안을 방문했을 때 사또 심광세가 찾아와 "저 고귀한 자들은 호피 보료에 앉아 술 마시고, 울긋불긋한 옷을 입고서, 긴 옷자락에다 패옥까지 차고 계집들이나 기쁘게 하더군요."(1:268)와 같이 말한다. 그 전에 이이첨을 진술하는 장이 '호피—이이첨의 행보'로 제시된다. 세조 영정의 보존을 계기로 받은 충신 정문에 이어 효자 정문을 받는 출세의 과정을 호피의 길로 요약하고 있다.

호피의 상징은 계축옥사(1613, 광해군 5) 이후 신변에 불안을 느낀 허균이 이이첨과의 관계를 적극적으로 도모하는 부분에서 예의 반복된다. "다음날 나는 이이첨의 집으로 곧장 들어가 사랑채에서 그가 나타나기를 기다렸다. 방안은 온통 호피였다."(1:347)는 것이다. 이 장면을 보고 허균은 "권위와 함께 더 할 수 없는 사치가 여기 있구나."라고 탄식한다. 또한 "'호표불외기조하고, 이서불견치니라.' 호랑이와 표범은 그 발톱과 이빨을 겉으로 드러내지 않는다는 말이었다. 곧, 강한 자는 경솔하게 그 위력을 밖으로 나타내지 않는다, 하는 병략훈이었다."(1:349)는 점을 되뇐다. 그런 이이첨에게 머리 숙인 허균은 곧 그 보상을 받는다. "그리고 며칠 뒤, 좋은 소식이 날아들었다. 그것은 나를 예조 참의(정3품)로 삼는다는 임금의 첩지였다."(1:352)는 전개는 권력에 대한 아부가 가져오는 달콤한 결실을 적나라하게 그린다.

한편 '장미'는 모반 계획이 드러난 허균이 체포되어 의금부에 투옥되는 장면을 기술한 장('장미—그곳에 들어가다')을 직접적으로 지시한다. 구체적으로는 다음 부분에 집중된다.

> 함거가 일렁거린다. 나는 지금 함거를 타고 흔들거리며 인정문에서 벗어나 형장인 저잣거리로 가는 중이다. 내 몸의 온갖 기관은 차라리 태초의 그것이

됐다. 처음이다, 생명의 씨앗이다, 알이다. 그러므로 최후요, 역설적으로 최초다. 최후에서 피어나는 새 꽃이다. 검고 붉은 장미꽃 한 송이다. 역사와 시대를 아름답게 장식하는 화려한 꽃이다. 그러므로 나는, 나 같은 인물은 곧 다시 피어날 수도 있을 것이다. 회복할 수 없으므로 몸은 따라서 다시 처음이다. 말하건대 따라서 몸이 이렇게 가볍다 하여 이 어찌 지나치다 할 수 있으랴. 이미 몸이 아닌 것을, 처음으로 돌아간 것을. 이제 나는 곧 현륙(顯戮, 장거리에서 처참하여 시체를 군중에게 보이는 형)될 것이고, 그리하여 마침내 나는 우주적으로 새로이 구성돼 훨훨 날아가는 새가 될 수도, 삼립을 휘젓는 곰도 되고 호랑도 될 수 있음이다. 그 아름답고 화려한 장미꽃으로 이 세계에 다시 피어날 수도 있을 것이다.(2:350-351)

허균이 최후를 맞는 장면이다. 위에 드러난 상념은 이 장편 서사의 백미에 해당될 만하다. 여기에는 존재와 혁명의 본질에 관한 철학적 사유가 함축되어 있다. 우선 장미는 영원한 생명과 궁극의 가치를 체현하는 이미지로 차용된다. "최후에서 피어나는 새 꽃"이라는 역설의 존재가 곧 장미일 것이다. 인간이라는 개체는 붉은 피와 함께 사라지지만, 그 피는 역사와 시대를 장식하는 거름과 같다. 붉은 피는 결국 시간을 거슬러 다시 피어날 장미의 약속이기도 하다.

꽃이라는 대상을 생명에 관한 진부한 보조관념으로 한정할 수 없는 이유는 그것이 신체 기관의 또 다른 양태로서 등장하기 때문이다. 붉은 장미꽃 한 송이로 변주된 허균의 자화상을 통해 신체에 대한 탈근대적 지평이 발견된다. 신체는 주체, 곧 동일자의 개체성에 제한되지 않는다. 동일자적 개체성을 벗어나는 신체는 비고정적이고 다양한 가능성을 지니며, 들뢰즈식으로 말해 스피노자의 행동학(ethology)적 관점과 같은 신체에 대한 이해와 연동된다.[6] 허균의 신체가 허균 너머의 꽃으로 변주되는 과정은 인간의 논리

6) 들뢰즈와 가타리는 신체에 대해 다음과 같이 강조한 바 있다. "우리는 이러저러한 관계 안에서 신체에 귀속되는 입자들의 집합체를 신체의 경도(longitude)라 부른다. (중략) 스피노자는 '신체는 무엇을 할 수 있는가?'라고 묻는다. 우리는 어떤 능력의 정도 혹은 이 정도의 한계에 따라서 능력(capacité)을 갖는 정동들을 신체의 위도(latitude)라고

와 감각이 포착할 수 없는, 기관화와 기관화되지 않은 기관이 혼재하는 풍경이다.[7)]

이처럼 허균 일대기를 소재로 한 대형 서사가 조직되는 과정은 지극한 철학적 사유를 동반한다. 그럼에도 불구하고 서사의 결은 한편으로 투박하고 다른 한편으로 감상적이다. 서사의 표면이 호피와 장미라는 상상의 거점 속에서 서로를 주고받으며 대구와 조화를 이루어가는 과정이 차라리 한 편의 장편 서정을 그리는 듯도 하다.

03

혁명의 로컬리티

『소설 허균, 호피와 장미』에는 고향 강릉의 장소성이 중요하게 반영되어 있다. 이 점 역시 기존 역사소설과 변별되는 층위 중 하나이다. 작품 서두에

할 것이다. 경도가 어떤 관계하에서의 연장적(extensive) 부분들로 이루어진다면, 위도는 어떤 능력 하에서의 강도적(intensive) 부분들로 이루어진다. 우리는 신체를 기관과 기능에 의해서 정의하지 않듯이 종이나 류의 특성에 의해서도 정의하지 않는다. 우리는 신체의 정동을 주요하게 고려하고자 한다. 우리는 이와 같은 연구를 '행동학'이라 부르며, 스피노자가 진정한 윤리학(『에티카』)을 쓴 것도 이와 같은 의미에서이다."(질 들뢰즈·펠릭스 가타리, 이진경 외역, 『천의 고원: 자본주의와 정신분열증』 2, 연구공간 너머, 2000, 30쪽) 허균이 죽음에 직면하여 수행하는 혁명에 대한 성찰은 이와 같이 기관을 넘어서는 신체의 지평을 환기하고 있다.

7) 기관화(organization)란 개체화되고 결정된 특성을 가리킨다. 들뢰즈적 관점에서 미결정의 다양한 가능성들은 '기관 없는 신체(body-without-organs)'(BwO)로 표현되는데, 이는 스피노자식 행동학적 퍼스펙티브에서 효과적으로 관찰될 수 있다. 한편 모이라 게이튼스는 행동학이 기관을 부정하기보다는 신체들 간의 교환과 조화를 위해 '초월적 기관화'를 벗어나는 것이라 하여 '기관화된 기관 없는 신체(body-without-organized-organs)'(BwOO)의 개념을 제안한다.(Moira Gatens, "Through a Spinozist Lense: Ethology, Difference, Power", Paul Patton ed., *Deleuze: A Critical Reader*, Blackwell, 1996, p. 168)

허균은 친가를 한성 마른내(건천동)로 기록하지만, 곳곳에서 "나는 허균. 강릉 사람"(1:170)과 같이 자신의 고향을 강릉으로 호명한다. 이와 관련된 인상적인 장면은 다음과 같다. 허균은 24살이던 1592년(선조 25) 임진왜란이 발발하자 가족과 피난을 떠나고, 피난길의 고난 속에서 아내와 갓 태어난 둘째 아이를 잃는다. 그 후 함경도에서 배를 타고 아흐레 동안을 고향 강릉을 향해 가며, "사랑하는 아내와 아이를 잃은 스물넷 청춘인 나는 이 맺힌 원한을 어떤 방법이로든 지배 세력에게 되돌려 줘야 한다"(1:135)고 다짐한다. 그렇듯 고향으로 회귀하는 길은 궁극적 평화를 향한 여정이자 혁명관이 정립되는 기제로서의 의미를 산파한다.

예향의 도시로 익히 알려진 강릉은 유구한 문학적 역사를 지니고 있다. 천혜의 자연환경이라는 지리적 배경, 율곡 사상과 허균 문학의 기원이라는 상징자본 등이 인문학적 저력의 근간으로 작동해 왔음은 주지의 사실이다. 또한 강릉은 한국사에 있어서 이른바 중앙과의 대타적 거리와 긴장을 유지해 왔던 전략적 장소였다는 로컬 히스토리를 지닌다. 이 역시 특유의 문학적 전통이 형성될 수 있는 지정학적 조건이었을 것이다. 그럼에도 불구하고 강릉의 장소성이 오늘날의 문학적 위계에서는 물론 이 소설 속에서도 주변적인 배경으로 귀결되는 실정은 부정할 수 없는 사실이다. 중요한 것은 근공간 중심의 장소애 혹은 정체성의 선험적 가치론에 집중되는 공간론을 극복하려는 태도일 것이다. 허균 사상을 장소성과 연결하는 이 작품은 경계와 정체성 너머를 선취하고 있다는 점에서 고유한 특이성의 지평을 함의한다.

허균에게 있어 고향 강릉은 오랫동안 발아 과정을 거쳐 온 혁명의 씨앗이 무르익는 결정적 배경이 된다. "세상을 바꿀 결심"(2:65)을 다짐하는 결의의 장소도 강릉이다.('결의—경호에서') 그것은 선험적 당위로 한정되지 않는다. 허균의 혁명 모티프는 시종일관 서사 전편을 관류한다. 소설에서 허균이 혁명을 꿈꾸어 나가는 과정은 일견 드라마틱하고 일견 비약적이다. 허균은 기축옥사, 곧 1589년(선조 22) 정여립의 역모 사건을 경험하면서 혁명에 대한 생각을 가다듬는다. 정여립에 대한 허균의 입장은 "나는 그의 생각을 존중할 것이거니와, 그의 방식은 좇지 않을 것이다. 아니, 나는 그의 방식을 피할 것이나, 그의 생각은 존중할 것이다."(1:121)와 같은 다짐 속에 각인되어 있다. 그런데 이후 허균 자신이 혁명을 실천하는 과정은 다소 장황하고 어설프게 전개된다. 혁명관 자체가 문제적이다.

물론 소설 속에서 허균의 사상은 역사적으로 알려진 바를 충실히 재현한다. 전통 성리학자로서의 면모를 위시하여 유교와 불교에 심취한 이력과 행동이 상세히 묘사된다. 불교에의 경사는 형 허봉으로부터의 영향이 큰 것으로 그려진다. 허봉은 유배지에서 사망하면서 아우 균에게 편지를 남긴다. "서산대사 휴정의 제자 명허 스님을 만났다. 그는 이분법과 상대성이 판을 치는 이 세상을 바꾸어야 한다고 말하는구나."(1:71)와 같이 시작하는 이 편지는 허균에게 깊은 인상을 남긴다. 그럼에도 불구하고 이 작품의 가장 중요한 화소이면서도 끝까지 밝혀지지 않는 사실이 허균의 혁명관이다. 줄거리에 따르자면 허균은 분명히 호민부대를 조직하여 혁명을 행동으로 옮긴다. 그런데 그 목적이 서궁 장악을 통한 폐모론의 집행인지, 법궁 찬탈을 통한 역성혁명의 의지인지는 끝내 허균의 입으로 표명되지 않는다.

> 이제 난 호민이야. 진정 호민이지. 그동안 나는 그저 그렇게 살아가는 항민이며, 항상 원망을 품은 원민일 따름이었어. 내 비록 사대부였으나 나는 항상 특히 불만이 많은 원민이었지. 이제 나는 전적으로 세력을 키운 호민이 되어 적에게 나를 처절히 부딪쳐 갈 것이야. 그래, 가고야 말 것을! 서궁의 인목대비는 기다리라. 그 와중에 이이첨 그대도 기다리라! 기준격 너도. 그리고 광해는…."(2:236)

인용문은 '진퇴—강홍립' 장에서 허균이 호민군을 배치시킨 후 거사를 명령하고 다짐하는 부분이다. 여기서 강조되는 것은 호민관이다. 스스로가 호민, 즉 세력이 있고 넉넉한 백성이자 진정한 혁명가가 되어 강한 역능의 존재로 거듭날 것을 다짐한다.[8] 절대 권력을 향한 상징투쟁을 위시하여 물리적인 대립과 계급투쟁을 불사하리라는 입장을 엿볼 수 있다. 그럼에도 불구하고 광해군을 향한 입장은 말줄임표로 생략됨으로써 권력 너머의 지향이 무엇인지를 스스로 소거하는 양상이다. 이는 불확실성이자 결여임이 분명하다. 채울 수 없는 결여의 존재로서 허균의 정체성과 관련된 소갈병 은유는 서사 전반에 걸쳐 배치된다. 예컨대 "목이 마르다. 그건 역사 오랜 소갈병에서 비롯된 것이거니와, 따라서 나는 그리 깊이 취해선 안 될 몸임에도 거푸거푸 술을 마셔댔다."(1:206)로부터 "벌써 어둑해지는 담 너머 하늘을 바라보며 나는 심한 갈증을 느꼈다. 평생 따라다니는 그놈의 소갈병 때문이었다."(2:140)에 걸친다. 결국 허균은 호민군을 이끄는 지도자와 방벌[9] 쿠데타의 영웅 사이에서 갈등하는 소갈병 환자였던 것이다.

> 진실로 말하자면 국가주의 아니던가. 국가가 잘 되기를 기대해 왕권의 교화에 힘쓰자는 게 그 생각의 한 요체가 아니던가 말이다. 이제 생각하니 나는 성리학의 울타리를 벗어나지 못함이다. 내 어찌 이 세상의 오늘의 생각 밖에서 생각할 수 있었겠는가. 이제 죽음에 이르러 조금 성찰되나니 사람들이여, 세상 밖을 향한 더 많은, 더 깊은 고민을 해야 하거늘!(2:354)

형장으로 끌려가는 함거 속에서 허균은 위와 같이 독백한다. 이 진술에는 허균 혁명론의 본질과 한계가 적실하게 담겨진다. 위에서 광해군이라는 절대 권력의 상징을 향한 입장이 생략되어 있었던 이유를 이 부분에서 추론할 수 있다. 이른바 '왕권의 교화', 즉 국가주의라는 경계 내부의 질서요 성리학이라는 울타리 안에서의 재건이야말로 허균 혁명관의 요체였던 것이다. 그

8) 허균의 호민관은 여러 장면에서 강조되는데, 칠서들의 입장과 거리를 두면서 구체적으로 피력된 바 있다. "호민이란 일반적으로 '세력 있는 백성'이란 뜻이 아닌던가. (중략) 허나 내가 '호민'이라 이를 때는 의미가 달라져. 이는 곧 '호걸스런 백성', '준걸스런 백성'이란 뜻이 되지. 곧 '혁명가다운 인물'을 가리키는 말이라 할 것이다."(1:274)

9) 방벌에 관한 자의식은 아들 굉과의 대화에서 "그리하여 애비는 방벌(放伐, 정권 교체 시에 역성혁명으로 정통성을 인정받는 정권 탈취 방식)을 바라는지도 모른다."(2:278)과 같이 외화된 바 있다.

런데 어느 순간에 '세상 밖을 향한' 혁명의 진정성을 깨닫게 된다. 스스로의 생각을 스스로의 생각이 넘어서는 이러한 국면은 결국 1인칭 진술 속에 전지적 판단이 담겨 있는 구도라고 할 수 있다. 요컨대 허균의 혁명론은 "이 세상의 오늘의 생각"이라는 경계 속의 것이었고, 그로부터의 지양은 적멸의 순간에 도래한다.

전지적 응시는 응당 작가의식의 산물이다. 이는 『소설 허균, 호피와 장미』가 필연적으로 관계될 수밖에 없는 텍스트로서 「홍길동전」이 지닌 양가적 속성에 유비된다. 「홍길동전」은 서자와 같은 타자에 대한 공감을 드러내고 있다는 점에서 타자의 서사라고 할 수 있지만, 조선이라는 공동체 외부의 존재들을 배타와 정복의 대상으로 삼는다는 점에서 또 다른 타자화의 서사이기도 하다.[10] 「홍길동전」이 결국 봉건 질서를 근본적으로 부정하는 탈주의 서사가 아니었듯이, 허균 스스로의 혁명 역시 봉건 제도라는 선험적 한계 속에서 국가주의를 바라는 신념이었다. 이런 점에서 허균은 「홍길동전」의 메타 서사를 스스로의 삶으로 실현한 존재라고 할 수 있다.

이상을 종합해볼 때 이광식의 허균 버전이 지닌 진정한 의미는 역사적 사실이나 이론적 혁명관일 수 없다. 따라서 앞선 장에서 인용했던 함거 속 허균의 독백에 나타난 혁명의 철학적 비전을 다시 상기할 필요가 있다. 형장으로 향하는 함거 안에서 허균은 '신체' 너머를 주문처럼 그린다. 이러한 사유가 몸에의 집중으로 운산되고 있다는 점을 주목해야 한다. "내 몸의 온갖 기관은 차라리 태초의 그것"이 된다. "회복할 수 없"는 운명이 "이미 몸이 아닌 것"이요 "처음으로 돌아간 것"으로서의 신체를 변주한다.

유기체의 신체 너머에 닿는 감각은 인간적인 소여를 부정한다. 그것은 분자의 신체이며 분자적 감각이다. 정형화된 신체의 정동이 아닌 유동적이고 해체된, 따라서 그 어떤 감각과도 소통될 수 있는 비정형의 감각이라고도 할 수 있다. 이 소통의 지평을 소멸되는 신체의 운명이 각성하고 있다. 죽음

10) 민족문학사연구소 편, 『한국 고전문학 작품론 2』, 휴머니스트, 2017, 29쪽.

에 직면한 허균의 몸은 스피노자적 신체의 이해와 연관되는 소통의 신체를 현현하는 듯하다. 신체의 행동학은 인간중심적 가치를 극복할 수 있는 대안적 존재론을 시사한다.11)

나아가 그것은 타자 공동체의 지평을 개방한다. 현 단계 공동체를 사유하는 방식은 레비나스, 블랑쇼, 낭시 등에서 볼 수 있는 것처럼 윤리적 존재론의 입장을 강조하고 있다. 이들 이론은 공히 민족과 국가라는 실체를 넘어 타자의 공동체를 역설한다.12) 이때 타자는 동일자를 전제하는 타자가 아닌 동등한 존재의 조건이자 절대적 외부로서의 타자를 가리키며, 존재론 역시 인식 주체를 중심으로 하는 것이 아니다. 이들 공동체론이 시사하는 실존적 사건으로서의 타자와 특이성 지평을 적극적으로 전유하려는 태도는 장소의 사유를 위한 주요 전제라 할 만하다. 이렇듯 혁명을 향한 허균의 꿈은 비참한 최후로 종결됐지만, 허균 이래 유구한 역사 위에 피어나는 장미 향기 속에서 항상-이미 현재화되고 있다.

---

11) 모이라 게이튼스는 스피노자의 신체적 의미를 다음과 같이 설명한다. "인간 존재는 속도와 느림, 동작과 정지에 의해서, 그것을 구성하고 있는 부분들에 의해서만 다른 신체들과 구별되는, 역동적이고 상호결합된 전체의 부분으로 인식된다. 인간의 신체는 스피노자에 의해 수많은 다른 신체들로 만들어진, 복합적 개체로 이해된다. 그것의 정체성은 이러한 신체가 그 환경과 끊임없이 교환되고 있다는 점에서, 데카르트적 자동기계(automation)의 경우에서처럼 궁극적인 혹은 완성된 생산물로 결코 조망될 수 없다. 스피노자는 다양한 상호연관의 연쇄로서, 다양성으로서 신체를 이해했다." 나아가 스피노자의 행동학은 각 사물을 특징짓는 변용시키고(affecting) 변용되는 능력에 대한, 속도와 느림의 관계들에 대한 연구이다. 규범화된 몰적(molar) 주체와 달리, 행동학은 분자(molecular)의 윤리학을 제기하는 것이다. 즉 주체의 '안-사이(in-between)'와 관련된, 그들 사이를 관통하며 가능한 생성의 범위를 명시하는 것과 관련된 미시정치학적 차원이 그것이다. 이러한 행동학적 관점은 다른 존재의 형식을 넘어서는 인간 존재 혹은 선험적인 무엇인가를 특권화하지 않는다. Moira Gatens, op. cit., pp. 165-167.

12) 이에 관한 전유와 소설적 지평에 대해서는 고봉준, 「근대문학과 공동체, 그 이후—'외부성의 공동체'를 위한 시론」, 『상허학보』 33, 상허학회, 2011 참조.

04

부박한 존재, 타자의 얼굴

모두에 전제한 바와 같이 이 작품이 지니고 있는 구조적 허술함은 서사 이론의 관점으로 볼 때 하나의 한계일 수 있다. 대표적인 사례가 시점의 혼란이다. 교차되는 서술자를 사용하다보니 일관되지 못하는 부분이 발견된다. 예컨대 허균의 혁명 무리를 묘사하는 곳 중에서 박응서가 도망하는 중방을 죽이고 자신도 사라지는 장면, 기준격과의 갈등이 고조되는 부분 중 허준이 아들 굉을 만나 대화하는 장면 등에는 1인칭 시점과 전지적 시점이 특별한 지표없이 혼효되고 있다. 앞서 요약한 허균 내부의 혁명관의 질적 전이도, 그것이 전지적 시점이 아니라 1인칭 주인공의 내면 형식을 빈 이상, 갑작스러운 비약의 국면을 피해가기 어렵다. 혁명의 당위를 위해 소설의 미학이 상쇄되는 결과이다.

한편으로 이러한 구조가 인간 허균의 중층성을 드러내기 위한 고도의 기술로 기능한다는 점에서 인상적이다. 인간 허균은 그대로 부박한 인간 존재와 등치된다. 서사 과정에는 이와 관련된 다양한 에피소드가 배치되어 있다. 우선 탁월한 무술가로서의 허균을 본다. 허균은 무예가 매우 뛰어난 사람으로 묘사된다. 이홍로가 신현과 이성을 대동하고 허균을 찾아와 위협했을 때, 허균은 "몸을 날려 그들의 허리와 가슴을 한 순간에 쳐내니 두 사람 모두 향나무와 매화나무 그늘 아래로 나가떨어지고 말았"(1:231)던 것이다. 이는 도교의 영향을 받은 영웅상을 지시한다. 허균은 18세이던 1586년 구월산에서 '진인(眞人)'을 만나고, 2년에 걸쳐 탁 방사로부터 "천리경(千里鏡, 먼 곳을 보는 도술), 둔갑술, 축지법, 분신술, 망기경(忘棄鏡, 기억을 지워버리는 도술), 강공술(공중으로 뛰어오르는 도술)" 등을 배운다. 허균을 가르치는 이들은 "진도(眞道), 곧 도교를 믿는 사람들"(1:54)이었다. 허균의 능력은 교만한 태도로 도발하는 능운을 제압하는 장면에서 대표적으로 드러난다.(1:179) 이때 상대는 허균의 품새를 보고는 싸움도 하지 않고 굴복한다. 그런 허균이지만 추후 이이첨의 사주에 의한 황개순의 습격('구축—「홍길동전」을 짓다')이나 기준격의 사주에 의한 자객 사건('퇴행—기준격')에서는 무력하게 당하는 모습으로 묘사된다. "당해내기에는 몸이 너무 늙어 버렸다"(1:309)는 실정을 전제하더라도 급속히 노쇠한 영웅이 아닐 수 없다. 나이 든 이후에도 부질없는 살인을 막고자 박치의를 제압함으로써 "번개보다 빠른 내 솜씨에 새삼 입을"(2:65) 벌리게 한 허균과는 대비되기 때문이다.

『소설 허균, 호피와 장미』에 따르면 허균의 비극적인 종말은 이이첨과의 재회로부터 기인한다. 소설 전반부에서 허균과 이이첨의 관계는 상극으로 그려진다. 그런데 이들의 우호적 만남이 갑작스럽게 이어진다. 관계의 급전은 '약동—득의의 시절' 부분에 나타난다. "다음날 나는 이이첨의 집으로 곧장 들어가 사랑채에서 그가 나타나기를"(1:347) 기다린 허균은 이이첨의 처신에 유연함이 필요하므로 "하여 제가 그것을 도울 수 있을 듯도"(1:350) 하다고 제안한다. 이렇듯 의연한 혁명가의 면모와 달리, 허균은 이이첨에게 아부하여 권력을 누리던 시절을 "내 전 인생에서 가장 화려하게 보낸 시절, 즉 말 그대로 보명득의(保命得意)의 한 시절"(1:353)로 회고하기도 한다. 독자로서는 부화뇌동하는 허균의 세속적 면모를 감지하게 되는 장면이다.

허균은 사랑관에 있어서도 혁명적인 인식을 보여준다. 당대 문화를 고려한다 하더라도, 제도나 주변 상황에 휘둘리지 않는 파격적 애정관이 그의 것이다. 어머니의 죽음에도 불구하고 기생 장옥랑을 만나 육욕을 탐닉하고, 그런 자신을 "나는 사랑에 빠진 괴물"(1:171)이라고 인식하는 면모를 보이기도 한다. 괴물 허균은 인간의 욕망을 충실히 따르는 본능적인 존재를 드러내지만, 윤리적 인간의 관점으로 볼 때 납득하기 어려운 한계 상황일 수 있다. 허균은 어쩔 수 없는 인간이요, 끊임없이 소갈병에 괴로워하는 나약한 환자였다.

허균의 제거로 목표를 달성한 듯한 이이첨 역시 인조반정에 의해 덧없이 소멸되고 말았다. 권력은 허망하며, 이 봉건적 권력투쟁이 얼마나 소모적인 당쟁이었는지를 역사는 교훈으로 남겨주고 있다. 하지만 한계와 모순의 반복은 존재의 본성이기도 하다. 알튀세르가 비유한 바와 같이 현대인 또한 존재를 둘러싼 이데올로기적 호명 속에서 가치와 자유를 논할 따름이다.

그렇다면 허균이 죽음으로 남긴 대안은 유효한 것인가. “세상 밖을 향한” 사유와 실천은 과연 가능한 행위인가. 인류 역사는 그것이 한낱 이론적 범주일 뿐이라는 점을 증거한다. 21세기의 이성 역시 항상적인 기아와 폭력 속에서 국가나 민족이라는 경계의 현재를 지속하고 있다. 이광식은 육체 너머의 존재를 어렴풋이 그릴 뿐이다. 그가 남긴 허균의 형상은 레비나스를 빌면 타자의 얼굴이기도 하다.

레비나스가 묘파한 바와 같이 사물을 탈은폐하는 것으로는, 즉 진리라는 이름으로 사물을 한정하는 것으로는 궁극의 이성이나 인간 사이의 평화에 도달하기 어렵다. 탈은폐된 것의 즉자와 대자 너머에 인간의 벌거벗음이 있다. 인간의 벌거벗음은 나를 호명하고, 그렇게 드러난 얼굴은 이미 또 다른 언어이다. 타자를 향한 초월의 무상성은 존재에 머물려는 집착을 중지시킨다.13) 함거에 갇혀 절규하는 허균의 얼굴이 그런 중지의 형상 아니었을까.

작가의 무의식에 전제되어 있던 포스트모던적 지향은 이러한 경계 너머의 상상을 개방한다. 이야말로 역사적 당위를 넘어서는 혁명의 미학이라 할 만하다. 그런 생성을 담보하기에 『소설 허균, 호피와 장미』는 미학적 층위와 구분되는 소설의 당위를 체현한 셈이다. 우리가 간과했던 혁명가 허균의 찢어진 육체를 통해, 이 전복적 상상을 제고하려는 텍스트 내부의 욕망이 짐짓 의뭉스기만 하다.

---

13) 이상 ‘얼굴의 현상학’으로 비유될 수 있는 레비나스의 입장에 대해서는 『전체성과 무한』의 「독일어판 서문」(에마뉘엘 레비나스, 김도형·문성원·손영창 역, 『전체성과 무한: 외재성에 대한 에세이』, 그린비출판사, 2018, 464-470쪽) 참조.

3부

서정의 본령과 확장

서정의 본령

—최월순의 시세계

01

근대적 서정시는 재도지기의 운명을 벗어나 개인의 내면을 담아내는 미적 범주로 정착되었고, 이제 더 이상 문학적 공준과 같은 것이 시어의 운용을 강제하지 못하는 듯하다. 이러한 정황은 때로 시작의 절대적 자유를 보장하고, 나아가 사적 영역으로서의 시 장르라고 하는 오해를 낳기도 한다. 유래 없는 전 지구적 위기에도 불구하고 활황인 한국 시단의 실정은 시어의 사인화에 따른 역설적 결과일 수 있다. 시어가 내면의 표출인 이상 자기만족적 작품 생산이 문단 제도로 보장되고, 또한 그것을 동력으로 유지되고 있는 것이 문학장의 단면임을 부정하기 어렵다.

강력한 상징자본의 문단 위계가 여전하지만, 한편으로 제도적 지원에 기대어 나름의 질서를 견지하는 개별 문학장은 시어의 또 다른 경계를 구성하고 있다. 오늘날 생산되는 많은 시집들은 그 견고한 경계를 실증하는 결과물들일 것이다. 최월순 시집도 이와 관련된 문학사회학적 배경을 지니리라 본다. 그런 최월순의 시편들은 비교적 쉽게 읽힌다. 그만큼 특별한 기교나 사적 상징이 드문 편이다. 시상 전개나 시적 수사는 이른바 전통 서정의 주류 경향을 충실히 따르고 있다. 문학사적 사건이라 할 화소 역시 두드러진 편이 아니다. 중요한 것은 이러한 외장이 미적 수월성의 한계를 지시하지 않는다는 점이다.

1996년 『문예사조』 1월호에 「달맞이꽃」 외로 등단한 이래 최월순은 강원 영동권의 전통적 연간 동인지인 『갈뫼』(설악문우회)에 2010년대까지 꾸준히 작품을 발표해 왔다. 시력만 해도 20년이 넘는 중견작가가 그인 것이다. 따라서 일견 긴장과 거리를 배재한 듯한 형식적 외장은 그만큼의 시적 염결함에 비례하리라 본다. 이에 대해서 이론은 어떤 입장을 취할 수 있을 것인가? 최월순 시의 고유한 감각을 파악하려는 노력은 무엇보다 우선되어야 할 감상의 자세일 듯하다.

언어가 '시어'일 수 있는 중요한 이유 중 하나는 일상어를 넘어서는 중층적 의미를 생성하기 때문이다. 지극히 제한된 규모의 일상 어휘를 통해 자동화된 의미망을 초월하는 경험을 조직적으로 구조화하는 것이 시어의 운명인 셈이다. 그렇기에 시어 운용은 결코 내면의 자의적 판단에 국한되지 않는다. 특정 언어 공동체의 미적 감수성에 기반하면서도 표현들 상호 간을 횡단하는 구성적 의미를 담보할 수 있을 때 언어는 비로소 시어로 작동할 수 있다.

최월순의 시적 표현은 이러한 시학의 공리를 '의도적으로' 비껴가는 편이다. 시적 장치의 느슨함이라는 의도된 화법은 이면의 목적을 함의하기 마련이다. 평범한 듯한 일상적 수사의 배출 너머에 존재할 시정신의 깊이를 감각하려는 태도가 필요하다. 그렇게 보자면 순수한 내면을 만물의 본성으로 재현하려는 의도가 무엇보다 두드러진다. 중심 소재로부터 그 맥락을 예시할 수 있다. 최월순 시집 『그대의 즐거운 노래』(머그, 2019)의 전편을 관류하는 지배적 소재는 자연이다. 예컨대 시집 서두에 등장하는 「은어는 날개가 없다」는 은어가 함의하는 자연의 생리를 빌어 생과 존재를 유비한다. "막막한 물길"이라는 한계상황은 "수많은 자맥질"에도 불구하고 "건지지 못하는/ 꿈길"을 현전한다. 무수한 노력에도 불구하고 '꿈길'은 넘을 수 없는 벽으로 가로막혀 있는 것이다. 이러한 은어의 운명은 "연두빛 들녘"의 "때 이른 풀벌레"의 처지 속에서도 동일하게 발견된다. 그리하여 날개 없는 은어는 곧 존재의 선험적 한계를 형용하게 될 것이다. 그럼에도 이 한계는 절망적이지 않다. 선험적 한계는 끝없는 "희망의 몸짓"을 동인하는 필연의 기제와 연동되기 때문이다. 이러한 메커니즘은 자연 스스로가 지닌 본성이기도 하다. 최월순의 결 고운 시선은 이미 존재하는 자연의 본성을 닮은 생래적 기질인 것이다.

자연과 더불어 두드러진 소재 중 하나는 가족이다. 시집 2부는 "가슴 속에/ 묻어두었"(「아가야」)던 '아가'에 대한 헌사에 다름 아니다. 아버지(「아버지의 일기 1, 2」)나 형부(「살구나무」), 이모(「이별연습」) 등에 투사된 서정적 자아의 내면 역시 아가가 상징하는 친밀한 가족 공동체의 변주에 비견될 수 있다. 아가의 비망록은 "이 세상 어딘가/ 살아있을 것만 같은/ 슬픈 위안"(「하늘에 띄우는 편지」)에의 집착이자 "아픈 기억을 버리려"(「이별」) 하는 필사의 실천일 것이다. 가장 내밀한 화자 스스로의 상처를 적나라한 이미지로 체현하는 경우이기도 하다. 이렇듯, 시적 상상력의 한계가 공공연히 의심되는 2000년대의 시단 경향 속에서, 독자는 가장 오래된 서정의 본령 혹은 결백한 존재 범주에 관한 형상을 최월순 시집을 통해 만나게 된다.

02

결백한 존재의 범주라는 성격이 환기하듯 최월순의 시편들은 어떤 작품이든 관계의 진정성에 주목한다. 이런 관점에서 접근하자면 제재 간의 위계나 목적의식적 요설 등은 서툰 기교에 지나지 않는다. 시작의 개성이 균질적으로 산파되고 있는 형국은 그가 지향하는 평등한 경계의 지평이 반영된 결과일 수 있다.

> 네 눈빛이 내 가슴을 관통할 때마다
> 내 몸엔 오소소 가시가 돋는다
> 가까이 오지마

나의 가시가
너를
찌를 것만 같다
네 눈빛의 온기가 스미기도 전에
나의 가시는 곤두선다
그 가시의 길이만큼 떨어져 있는
너와 나의 거리
닿지 못하는
그만큼의 거리에 서서
너를 바라본다.

—「관계」 전문

이 작품은 대상을 사유하는 시인의 시선을 상징적으로 다루고 있기에 주목을 요한다. '나'와 '너' 간의 소통은 두려움의 대상이 되어 양자 사이는 "가시"와 같은 장애로 가로막힌다. 그에 따라 "닿지 못하는/ 그만큼의 거리"가 자아와 대상 간에 의도적 관계로 놓여 길항하고 있다. 여기서 "너"의 존재가 무엇을 지시하는지는 분명치 않지만, 그에 관한 명시가 이 작품에서 관건은 아니다. 지시 대상은 가시를 지닌 구체적 식물일 수도 혹은 불편한 관계의 특정한 타자일 수도 있지만, 이와 무관하게 화자가 주목하는 '거리'는 모든 대타적 관계에 보편적으로 작동하는 이른바 존재론적 거리임을 잘 알기 때문이다. 이처럼 「관계」가 형상화하는 거리는 지극한 추상의 미적 거리이며, 그 무거운 관계는 일상적인 언어로 재현되고 있다. 존재론적 범주를 사유하는 최월순 시는 이처럼 무심한 듯한 외장에도 불구하고 지극히 형이상학적이다.

대상과의 선험적인 거리는 비애의 근거이기도 하다. 이에 대한 인식은 비장한 어조로 이어지기 마련이다. 하지만 최월순 시는 일상어의 외장을 취하는 방식이 전조하듯 긍정적인 태도를 놓지 않는다. 시집의 표제로 사용된 「그대의 즐거운 노래」는 이와 관련된 양가감정을 시화한 대표적 사례일 것이다. '노래'는 항상적인 대자연 속에 실재("달빛을 타고 들려오는 그대의 즐거운/ 노래")한다. '그대'라는 실체가 부재("그대가 없는 어느 날")하는 속에서도 노래는 화자의 정동("나도 모르게 눈가가 젖어 왔다오")이 작동하는 기제("그대의 노래가 생각날까")로 기능하고 있다. 이때 그대와의 관계 속에 배태된 양가감정은 노래와 눈물 사이의 미묘한 감정값에 비견될 것이며, 이는 고스란히 존재론적 거리의 중층적 감각을 표상하는 데로 나아가게 된다.

이와 같은 시적 포즈는 염결함의 자세인 동시에 일종의 반성적 태도일 수 있다. 실로 최월순 시편의 화자는 "오욕의 담을 넘지 못하는 나"(「풍경 1」)이면서 "억겁의 인연 속에/ 내가 가야 할 곳"(「친절함에 대하여」)을 반성하는 자아의 형상으로 반복적으로 등장한다. 결백한 내면으로 삶의 정위를 희구하는 금욕적 자세가 각인된 대목이라 하겠다. 이러한 시적 포즈는 시집 전반을 관류하며 순수한 외장 너머의 서정적 깊이를 부여하고 있다.

> 빛나는 봄날에도 눈이 내리고
> 안간 힘을 쓰고 기어오르던 새순이
> 얼어버렸습니다.
>
> 얼어버린 새순은 상처를 입고
> 여린 잎일수록 상처는 오래갑니다.
>
> 빛나는 봄날에도 눈은 내리고
> 기운 없는 눈은 내리면서 녹으면서
> 질척거리는 길을 만들고
> 엉겨 붙는 어둠이 되고
>
> —「빛나는 봄날」 전문

앞서 예시한 대상과의 관계를 주재하는 주체는 전경화된 서정적 자아,

즉 '나'에 해당된다. 이와 같이 대개의 최월순 시편들은 직접 드러난 화자와 그의 언술이 시상을 이끌고 있다. 한편 위의 작품은 자연을 소재로 한 시편들 중 남다른 시적 긴장을 구조화하는 경우에 해당된다. 봄날의 서경을 다루는 이 작품이 대상과의 적절한 긴장을 유지하는 이유 중 하나는 바로 부재하는 '나' 때문이다.

서정적 자아의 부재는 중의적 차원을 함의한다. 우선 '나'라는 일인칭 화자나 그 상대로서의 '너'가 직접 등장하지 않음은 물론 주관적 사유가 시적 정황을 이끌지도 않는다. 화자의 정서를 감춘 채 풍경 스스로가 객관화되고 있는 형상이 지배적인 것이다. 또한 고유한 시선이 부여하는 봄날의 감각은 계절의 정동으로 전이된다. 예컨대 봄날을 수식하는 "빛나는"은 관찰자의 의미 부여인 동시에 대낮의 빛 자체를 묘사하기도 한다. 강설은 빛나는 봄을 거역하는 모순의 사건이요 부정적 이미지로 개입된다. 이때 숨은 화자의 담담한 진술은 봄과 눈의 이항대립으로 서경의 의미를 일반화하지 않는다. 여린 잎의 상처가 실재하는 와중에 눈은 "질척거리는 길"과 "엉겨 붙은 어둠"의 소이일 뿐이다. 이 끈적한 양가감정은 봄, 눈, 새순 중의 어느 하나로 귀속될 수 없다. 이들의 존재와 상호 지양 속에 비로소 구성되는 관계의 감각인 것이다.

이처럼 서정은 결 고운 내면 표출의 단계에 한정되지 않는다. 그것은 자아의 감정이요 그가 구사한 언어인 동시에, 나아가 자아의 내면을 벗어나는 대상 스스로의 물성이요 언어 자체의 감각이기도 하다. 시학에는 이러한 미적 인식의 지양 단계가 전제되어 있다. 「빛나는 봄날」과 같은 작품은 시인의 의도를 넘어 시어의 경제, 또 다른 서정의 본령을 체현하고 있는 셈이다.

03

그 밖에도 최월순 시편들이 지닌 다양성은 읽는 재미를 더하고 있다. 그 스펙트럼 속에는 일종의 메타시 경향이 포함된다. 예컨대 「안헤도니아에

도착하다」, 「가을은 기척도 없이」, 「환각의 나비」, 「너를 껴안는 나의 하얀 뼈」 등은 다른 장르를 모티프로 구상된다. 「부석사, 그리운 내 사랑」은 소설 「부석사」를 읽고 쓴 작품이다. 원작의 구도에 따라 남자와 여자의 기억을 Ⅰ, Ⅱ로 분절하여 “지척에 두고도/ 결코/ 다다를 수 없는” 사랑을 재현코자 하였다. 2001년 이상문학상 수상작이기도 한 「부석사」는 신경숙 고유의 문체와 사인화된 세계를 충실히 보여준 바 있다. 부석(浮石)이라는 전설에 착안하여 낯선 남녀의 내면에 자리한 상처의 간극을 서사화한 이 이야기는 그 자체로 충분히 시적이었다. 최월순 시는 끝내 다다를 수 없었던 부석사로의 서사적 행로에 서정적 형상을 부여하였다.

시집 곳곳에 산파되어 있는 시적 경구는 다양성 차원을 넘어 최월순 시의 깊이 있는 사유를 반증하는 사례라 하겠다. 즉 “살아가는 동안 거쳐야 할 일은/ 바람결로라도 네 곁을 지나”(「매미소리가 진하다」)라거나 “되풀이되는 나의 생인 그대”(「눈물을 훔쳐 먹다 1」)라는 단언, “들여다볼수록 외로워지는 것이 사랑”(「노을 속에 서 있으면」)이라거나 “가을 바다는/ 흔들리지 않는 사랑”(「여행일기 2」)이라는 명제 등을 볼 수 있다. 이들 경구는 끊임없이 삶을 탐구하고, 나아가 생의 의미를 찾으려는 시적 모색의 과정이 정제하는 성찰적 이미지일 것이다.

최월순 시편들이 지향하는 경건함의 수위는 한 편의 시가 감당하기에 벅찬 무게일지도 모른다. 단형 서정시라는 양식으로 자연의 원리와 생의 발견을 미학적으로 완성하기는 요원한 일이다. 그런 중압감은 오히려 반복되는 모티프나 시적 비약의 원인일 수 있다. 가령 영겁의 인연이라는 모티프는 「눈물을 훔쳐 먹다 2」, 「발길을 멈추고」, 「내 그리움을 탓하지 마시오」, 「여행일기 1」 등에서 반복되고 있다. 한편 “산다는 것”의 의미는 “제 것을 찾아가는 길”(「가을에」)인 동시에 “소중한 것들을/ 서서히 잃어버리는 일”(「산다는 것은」)이기도 한 형용모순 사이에 놓이기도 한다. 화자의 내면으로 수렴되는 동일성 지평을 벗어나 짐짓 본연의 감각으로 개방시키려는 자세가 시어 스스로의 무게를 더는 혜안일 수도 있으리라 본다.

시집 3부를 구성하는 기행 시편들은 최월순 시의 또 다른 아비투스를 증거하는 경우에 속한다. 이로부터 다양한 장소성이나 유랑 취향을 읽어낼 수도 있겠다. 분명한 것은 기행 시편들을 통해 일회성 경유가 아닌 구체적 장소 체험으로부터 고유한 로컬 히스토리의 감각이 부조됨을 체감할 수 있다는 점이다. 그렇게 강선리, 법수치, 은비령 등의 장소가 빛나고 있다. 그 정점에 「여행일기 14—미시령으로 가고 싶었다」가 자리한다. 화자는 길 위에서 "이정표가 가리키는 대로 달려왔"지만 "의도하지 않아도 다른 길로 들어서는 인생길"을 발견한다. 길 잃은 좌표에 대한 판단은 목적지로서 한계령과 미시령의 차이에 의한 것이다. 이들 공간은 강원 지역의 대표적 장소 지표에 해당된다. 그저 정위할 뿐인 자연물들이 삶의 우연성을 각성케 하는 계기로서 현전하고 있다. 이런 전이의 정동은 장소 경험에 관한 성찰이 부르는 시적 미덕일 것이다. 어쩌면 자연 스스로가 지닌 물성의 기호를 번역한 양태일 수도 있겠다.

시가 지닌 동일성의 패러다임은 그 자체로 모순의 경계를 형성한다. 서정은 동화와 투사에 의해 세계를 전유하지만, 무릇 시어는 사물로서의 언어를 현현코자 하는 욕망으로 성립된다. 이는 최월순 시의 미학적 성가에 관한 판단과는 무관한 진단이다. 물성의 체현은 '노래'의 범주를 벗어난 근대적 의미의 시어가 지닌 생래적 관심이자 서정의 또 다른 본령에 가깝다. 앞으로 전개될 최월순의 후기 시편들 역시 이러한 시적 운산에의 천착으로부터 자유로울 수 없다. 그런 희망은 독자로서의 순수한 바람이자 시어 스스로의 운명적 지향일 것이다.

장소의 정동
—이애리의 『동해 소금길』

01

공간은 문학작품의 배경 이전에 유기체가 선험적으로 지닌 존재 조건이기도 하다. 공간에 함의된 의사소통 과정이 문화론의 주요 범주를 형성하게 된 것은 결코 우연이 아니다. 문화인류학의 고전이 된 에드워드 홀에 따르면, 모든 유기체는 신체적 경계 외부에 존재하는 또 다른 경계를 지닌다.(최효선 역, 『침묵의 언어』, 한길사, 2013) 그것이 곧 유기체의 공간 영토요 친밀한 장소일 것이다.

인간은 자신의 영토권을 고도로 발달시키고 문화로 전유한 대표적 존재라 할 수 있다. 홀이 묘파한 바와 같이 인간은 수많은 경험을 통해 공간의 의사소통 기능을 체화한다. 공간에 대한 향수, 장소에 대한 집착이 서정시의 주된 발생적 맥락으로 기능해 왔던 소이는 현존재가 지닌 이러한 본질과 무관하지 않다.

공간과 장소에 대한 일반론 및 의사소통으로서의 문화적 입장을 모두에 언급하는 이유는 이애리 시집을 이해하기 위한 필연적 전제가 이와 관련되기 때문이다. 『동해 소금길』(시로여는세상, 2019)은 첫 시집 『하슬라역』(시와에세이, 2011) 이후 8년 만에 선보이는 이애리의 두 번째 시집이다. 고유한 장소성에 주목하는 시선은 이전 시집의 주요 개성이었다. 거기서 표제작으로 소환된 하슬라역은 강릉 옛 지명에서 착안한 상상의 장소로서 "동해역과 강릉역 중간 즈음에 있음직한"(「하슬라역」) 희망의 거점이다. 그곳은 스스로가 껴안은 대상을 중층적으로 변주한다. 예컨대 "심곡항 등대처럼 밤새 글썽거"리는 결구는 존재의 현현에 대한 감각인 동시에 부박한 운명을 향한 애상이었다.

이처럼 장소성과 휴머니즘에의 천착은 이애리 시가 태동하는 생래적 지향과 같다. 그러한 관성이 『동해 소금길』에서도 여지없이 반복되고 있다. 하슬라역이 그러하듯 동해소금길 역시 강원권 영동 지역의 고유한 장소성에 투사하려는 의도를 적실히 드러낸다. 4부로 나뉘어 배치된 70여 편의 작품들은 이러한 상징적 의미망을 대개 위배하지 않는다. 그렇게 볼 때 장소성의 전유는 초기 작품으로부터 이어진 이애리 시세계의 아비투스라 부를 만하다.

바닷가 애인의 안부가 불통일 때가 있다

해무가 덥석덥석 와 훼방을 놓거나
왁자한 해풍에 그만, 옆구리 한쪽 맥없이 내줄 때
집어등 촉수 없이 회항하는 고래의 등뼈처럼
허름한 애인의 깊은 시름을 들여다볼 때
항구의 허벅지든, 수변공원이든 병나발 불며
술 한됫병 뒤집어 쓴 채로 함묵하고야 마는
동해안 등대오름길 아래 묵호항

등대 불빛이 지척에 있으나 코앞이 까막바위다

불콰한 부흥 횟집 네온사인만 밤새 출렁대고
격정적 덤불 해무에 이끌려 불면의 새벽까지
애인의 아침 해는 떠오르지 않는다

파도 난간에 묶인 푸른 쓰레기봉투 몇 장이
간헐적으로 빈 술병을 더듬고 있다

—「묵호항」 전문

시집을 여는 순간부터 동해안의 전통적 장소 지표인 묵호항을 만난다. 묵호항은 바닷가 애인이 현전하는 설렘의 공간이지만, 깊은 시름과 불면의 새벽이 공명하는 설움의 장소이기도 하다. 묵호항의 호명과 동시에 환기되는 애인은 그리움의 대상 인물이겠지만, 등대오름길과 묵호항에 이르는 풍경 자체일 수도 있다. 여기서 수사의 원관념이 무엇인가에 대한 확인보다도 중요한 것은 장소 사이사이에 집중되어 있는 물성을 체감하는 일이다.

해풍에 내주는 옆구리나 항구의 허벅지와 같은 표현은 근대 제도가 계량화한 공간 분할, 즉 사물의 시작과 끝을 주목하는 도구 감각과는 이질적인 것이다. 그렇기에 그것은 제도화된 감정(feeling)이나 정서(emotion)와 다른 이른바 정동(affect)의 차원이라 할 수 있다. 정동은 순간적이거나 지속적인 관계의 충돌이요 분출일 뿐만 아니라 힘과 강도의 이행이다. 그것은 인간과 비인간, 신체와 세계 사이를 순환하는 운동이자 울림 그 자체이기도 하다.(멜리사 그레그·그레고리 시그워스 편, 최성희 외역, 『정동 이론』, 갈무리, 2015) 묵호항이라는 친근한 소재는 주변 대상들 간의 접촉과 길항이라는 사물의 정동을 함의하고 있다. 익숙한 비유 속에 담긴 전복적 상상력이 주목할 만하다.

한편 「묵호항」을 관류하는 설움의 기원이 궁금할 수밖에 없는데, 그 단서는 처연한 풍경 묘사에 놓인다. 떠오르지 않는 "애인의 아침 해"는 "파도 난간에 묶인 쓰레기봉투 몇 장"과 더불어 음울한 분위기를 전조한다. 이들은 안부 부재와 같은 불통의 현재를 드러내는 시적 장치일 것이다. 그럼에도 불구하고 묵호항 풍경이 적멸의 이미지와 등치되지는 않는다. 해무나 해풍의 소란을 껴안거나 빈 술병의 고독을 더듬는 연민이 장소의 정동으로 실재하고 있기 때문이다. 그로 인해 풍경은 애인의 안부를 현전하는 물활의 장으로 전이된다. 희망이든 절망이든 추상적 가치의 선언은 사물 스스로의 감각일 수 없으며, 그런 까닭에 시적이지 않다. 시어는 사물로서의 장소에 내포된 정동을 감각케 하는 도구인 것만으로도 충분히 자신의 존재 이유에 값한다.

02

모두에 전제한 바와 같이 장소에 대한 상상은 하나의 메인 모티프로서 『동해 소금길』을 관류한다. 강원도 영동권에 거주하며 꾸준히 시작 활동을 펼쳐 왔던 이애리는 관련 지역의 풍물을 능숙하게 시적 소재로 다룬다. 「남애리항」, 「별지누아리 바다—사근진」, 「겨울 서학골」, 「낙산사 홍련암」, 「물외—어머니」, 「소금강 서어나무」 등등을 통해 여러 항구와 등대, 바닷가와 고향의 사물들이 재현되고 있다.

다양한 시적 공간들은 저마다의 고유한 울림을 지닌다. 이를 일반화하는 데에는 비약이 따를 수밖에 없다. 해설의 편의상 장소 지표들이 형상화되는 방식을 재단해 보면 크게 두 가지 경향으로 분류할 수 있다. 『동해 소금길』에서 유일하게 연작시로 배치된 「소돌항 눈사람」은 그 첫 번째 경향을 대변하는 적절한 예시일 것이다.

> 첫눈 오는 날 소돌항 바다에 가면
> 거기 당신이 눈사람 되어 마중합니다
> 어깨에 쌓인 눈송이 녹아내리기 전에
> 별빛으로 손수 만든 목도리를 건넵니다
>
> 소돌 등대조차 흐려져 눈 보이지 않고
> 바다색깔도 검어지다가 캄캄해져서
> 바닥에 주저앉아 나는 깡소주를 마시고
> 당신은 내 눈물을 마셨습니다

앞을 못 보는 처지에서 할 수 있는 건
새장가 가는 게 좋겠다고 맘에 없는 말 던지고
눈을 뭉쳐 소돌바다에 던졌습니다

절벽 같은 어둠을 키우며 살던 내게
밤새 함박눈 맞으며 제 꿈을 키워준
숫눈길(目道) 당신을 사랑합니다

—「소돌항 눈사람 2」 전문

강릉 주문진에 위치한 소돌항은 화자에게 있어 극진한 친밀함의 대상으로 전제되어 있다. "첫눈 오는 날 소돌항 바다에 가면"이라고 제시된 첫 행의 배경은 소돌항이라는 장소의 의미를 짐짓 우연한 사건으로 가장하기 위한 의장이다. "당신이 눈사람 되어 마중"하는 인연이 뒤의 행에 이어짐으로써 우연이 아닌 필연임을 알 수 있다. 서정적 자아, 눈, 소돌항 간의 운명과도 같은 관계는 앞뒤의 연작 시편들 속에서도 반복적으로 등장한다. 즉 "사람을 기다리면 첫눈이 먼저 옵니다"거나 "소돌항에 첫눈 내리던 날/ 눈사람 키가 세 뼘은 커졌습니다"(「소돌항 눈사람 1」)와 같은 주정적 풍경화, "내 인생에 눈사람 당신이 없었다면/ 밥벌이 안 되는 시인으로 살 수 있었을까"(「소돌항 눈사람 3」)와 같은 반성적 자화상 등에서 눈과 소돌항 간의 선험적 운명이 각인되어 있다.

또한 '눈사람'이라는 상징은 절대적 가치가 인격화된 형상으로 시집 내부에 배치된다. 예컨대 "겨울 순비령에 함박눈 내리면/ 더할 나위 없이 함께 눈사람 되리"(「더할 나위 없는—순비령」), "눈대신 몸으로 대관령 반정 오를 수 있을까/ 소돌항 눈사람 다시 볼 수 있을까/ 기뻐서 흘리는 눈물엔 단물이 가득 고인다"(「눈먼 사랑」), "당신이라는 우주 속에// 하루 종일 함박눈 내립니다// 밤새 눈사람 되어 기다리는// 한 사람"(「세상에서 제일 예쁜 말—사랑」) 등은 눈사람에 부여된 의미를 숨김없이 드러내고 있다. 그런 눈사람의 마중을 현현하는 공간이기에 소돌항은 필연의 장소성을 생성하는 것이다.

「소돌항 눈사람 2」에서 2연 이하의 시상을 이끄는 암흑 이미지는 항구의 낭만적 풍경을 존재론적 차원으로 변주하는 기제로 작동한다. "앞을 못 보는 처지"는 어둠의 극단적 양태에 비견된다. 전기적 배경을 참고하자면 시인이 실제 겪었던 실명의 위기가 주조한 시적 양상이기도 하다. 시인의 상처는 위에 예시한 바와 같이 눈 대신 몸을 통해 감각해야 했던 시간으로 재현된 바 있다. 캄캄한 바다는 실재하되 적멸이어야 하는 비극적 존재를 감각적으로 환기한다. 그럼에도 불구하고 스스로의 운명을 지양함으로써 현존재의 가치를 실현하는 정황은 상투적 서정에 담긴 사유의 깊이를 증거하기에 충분하다.

「소돌항 눈사람」 연작이 파생하는 또 하나의 재미는 일종의 언어유희에 있다. 눈(雪)은 겨울이라는 시간과 염결한 정신을 상징하는 동시에 눈(目)과 같은 감각의 거점으로 변주된다. 그런 눈사람을 애인으로 삼은 배경으로서의 소돌항이기에 별빛으로 짠 목도리를 주고받는 공감각적 장이 결코 어색하지 않다. 또한 눈과 바다는 상극의 대립물이기도 하다. 바다의 수분과 염기에 닿는 순간 눈이라는 결정체는 그 존재가 사라지기 때문이다. 눈사람은 이 모순적 관계를 함의하는 중층적 대상으로도 기능한다. 따라서 눈을 뭉쳐 바다에 던지는 행위는 스스로를 바다에 기투함으로써 현존재를 지양하는 행위로 해석될 수 있다. 이런 맥락에서 눈사람은 형해가 사라진 존재요 사랑의 실천이라는 추상을 가시화하는 구상태가 된다.

이상의 소돌항 이미지는 서정적 자아의 내면으로 전유된 장소 양상을 대변한다. 서정시의 발생론적 운명과 적실히 유비되는 국면이다. 주지하는 바와 같이 미적 근대라는 공준을 배경으로 보편화된 시 장르는 단형 서정의 외형과 동일자의 시선을 발생 원리로 지니고 있다. 이애리 시에 등장하는 다수의 장소들은 서정적 화자의 시선 내부로 전유된다. 장소를 소재로 하는 많은 시편들이 결국 '그대'와 '당신'을 설정한 연가풍 목가로 수렴되는 구조 역시 같은 맥락으로 설명될 수 있다. 반면에 주관적 개입을 최대한 배제하고, 장소가 지닌 물성과 물활론의 지평 자체에 주목하는 양상이 존재한다.

다양한 장소 지표가 형상화되는 두 번째 경향이 바로 그것이다.

철갑령 우직한 소들이 워낭 소리 울리며
우암진 나루터 소돌에 이부자릴 편다
빨간 소돌 등대 불빛도 눈감아 주는 곳

제주에서 시집 온 임할머니
마당에 금줄 치고 백일기도 끝에
떡두꺼비 같은 아들 잉태한 아들바위

서낭당 옆 해당화 신목(神木)
몇 번이고 고맙다며
복사꽃 뭉치를 흔들며 치성 드린다

마음보다 몸 먼저 품어주는 바다
이참에 아들 딸 구별 말고
소돌에서 딸바위라도 덜컹 수태한다면
열 달 후 소 눈처럼 둥그런 아기가
바닷가 뛰노는 옛 우암진항

—「소돌항 아들바위」 전문

위는 소돌항에 위치한 아들바위를 소재로 한 작품이다. 아들바위에 얽힌 설화를 바탕으로 자연이 지닌 물성을 담담히 진술하고 있다. 일억 오천만 년 전에 지각변동으로 인하여 지상에 솟은 바위라고 하니 그 자체로 태고의 신비가 각인된 대상이라 하겠다. 마지막 연에 거론된 우암진항은 소돌항의 옛 이름이다. '소돌'은 '우암(牛巖)'의 우리말인 셈인데, 지역 주민들의 선호도에 따라 2008년에 항명을 변경하였다. 아들바위는 코끼리처럼 생겼다 하여 코끼리바위, 소원을 빌면 이루어진다고 하여 소원바위라고도 불렸다. 자식을 원하는 사람이 기도하여 아들을 낳았다는 전설이 있어 아들바위로 특화되었다고 한다. 자연물에 가미된 토테미즘과 그와 관련된 지역의 역사를 간직한 장소 지표가 아닐 수 없다.

소와의 인연은 아들바위와 소돌항이 소재한 이곳 마을의 로컬 히스토리로 확장된다. 소돌마을이라는 이름부터가 큰 소가 누워 있는 모습을 닮았다해서 생겨난 것이기 때문이다. 실로 마을의 형상은 소가 동쪽으로 머리를 두고 앉아 있는 모양새이다. 명명에 담긴 실정, 장소의 역사를 엿볼 수 있는 형국이다. 마지막 연에서 딸바위와 관련된 상상은 동일자의 시선을 드러내는 언표로서 여지없이 화자의 내면이 개입되는 장면이다. 그럼에도 불구하고 위 작품은 자아의 주관보다는 자연의 물성, 대상의 정동 자체가 전경화되는 감각적 지평에 비견될 만하다.

> 오징어물회로 유명한 주문진 사천항 가기 전
> 달구경하기 가장 좋은 순포 바닷가
> 점박이물범이 살았습니다
>
> 낮에는 오리바위와 왜가리바위를 오가며
> 지누아리 난바다곤쟁이 고래가 자맥질하고
> 밤엔 가시연잎배 타고 경포대에 올라
> 그대 눈동자에 뜬 달과 고누놀이를 합니다
>
> 언제부터 점박이 물범이 놀던 바다는 사라지고
> 불온한 사람의 개발공사로 하여금
> 그 많던 오징어 명태도 보기 힘이 듭니다
>
> —「순포 점박이물범」 부분

이 작품 역시 장소의 실정과 물성 자체가 부각되는 한 양상이다. 강릉 사천 순포해변은 물범의 서식지로도 알려져 있다. 「순포 점박이물범」은 물범과 주변 자연물과의 조화로운 삶을 형상화한다. 그리하여 오리바위, 왜가리바위, 지누아리, 난바다곤쟁이, 가시연잎, 순채 등의 자연물이 물범과 어울려 구성해 내는 공동체적 장소의 질서를 감각케 한다. 자연 본연의 조화로운 풍경이기도 하다.

여기서 주목되는 시적 요소는 변주된 물성의 차원이다. 순포해변의 현재는 난개발과 관광 상품화 추세에 따라 조화로운 생태계 질서를 유지하기 어려운 실정에 이르렀다. 그러한 장소의 실정성이 위의 묘사를 통해 전경화된다. 이전 시집에서도 "그리움인들 없겠냐만/ 논밭 갈던 보습과 빈 마구간의 소 울음/ 소여물 끓이던 큰 가마솥에서/ 빨가벗고 목욕하던 추억만 있을 뿐"(「우시장」, 『하슬라역』)이라는 정경을 볼 수 있었다. 이는 도시산업의 진행에 따라 이제는 더 이상 찾아볼 수 없게 된 동해 북평 우시장의 역사를 형상화한 맥락이다. 그와 같이 강원도 영동 지역의 서정적 장소 지표들 속에 내재되어 있는 안타까운 실정을 내면화하는 구조는 이애리 시의 발생론적 메커니즘 중 하나였다. 위의 「순포 점박이물범」 역시 이러한 관성 위에 조직된 작품으로 볼 수 있다.

객관적 물성을 향한 시선은 생태론적 인식을 동반한다. 오늘날의 실정에 비추어 볼 때 자본의 보편화에 따른 환경오염 문제는 남다른 사실이 아니다. 자본의 논리는 필연적으로 공간과 장소를 제도적으로 구획한다. 르페브르에 따르면 공간은 사회적 관계를 내포하고 있다. 공간은 대상들과 생산물들이 맺고 있는 관계의 총체이기도 하다.(양영란 역, 『공간의 생산』, 에코리브르, 2011) 문제는 그로부터 파생되는 폭력적 지정학이다. 물범을 위시한 주변 생태가 직면한 현실의 처연함은 이를 고발하는 이미지에 다름 아니다.

장소에 대한 묘사는 지정학적 공간에 대한 반성을 동반한다는 점에서 철학적이기도 하다. 자연의 본령을 내면화하는 수많은 시적 양태가 존재한다. 이때 인간의 관점을 넘어 자연과 장소가 합일되는 사물화의 지평을 유지하는 입장은 간단히 선취될 태도가 아니다. 공간에 대한 내밀한 성찰이 병행되어야 하는 이유가 여기에 있다. 르페브르식으로 비유하자면 시는 무엇보다 '작품'이어야 한다. 작품은 대체 불가능하고 유일한 것인 반면 상품 혹은 생산물은 반복이 가능하다. 자연이 창조하는 것은 작품이요, 시는 그 대리물일 수 있다. 작품으로서의 자연과 시는 이성적인 운산 결과라기보다는 사물의 정동을 감각하고자 견디는 무수한 시간 속에서 태동하는 문학적 사건일 것이다.

03

「동해 소금길」은 시집 표제가 된 작품이기도 하거니와 이야기체 문장으로 구성된 장시의 외형을 지닌 문제작이다. 그런 만큼 특별한 주목을 요한다. 24연에 이르는 방대한 분량의 「동해 소금길」은 존칭형 서술어미를 통해 동화적 분위기를 고조하고 있으며, 동심의 순수함을 시종일관 유지하고자 한다. 긴 이야기 속에는 해당 지역의 로컬 히스토리, 다양한 장소 상징의 유래, 화자의 가족사에 얽힌 추억이 병풍처럼 펼쳐진다.

제재로 취해진 동해소금길은 "동해시 신흥동 서학골 입구에서 출발해 원방재를 넘어 정선군 임계면 가목리까지 이어지는"(3연) 탐방로로서 "소금짐을 머리에 이고 지게에 지고 백두대간 고갯길 넘나들었던 옛 선조들의 애환과 삶의 이야기가 고스란히 보존되어"(2연) 있는 역사적 공간이다. 이곳에서 유년의 삶을 보낸 화자는 큰집과 작은집의 추억으로부터(5-6연) 용소폭포(10-12연), 암두꺼비바위(13-14연), 장수공깃돌바위(15연), 숫두꺼비바위(17-18연), 장수샘(19-20연) 등에 대한 묘사를 이어가고 있다.

> 이번에는 장수공깃돌바위에 대해 이야기 할게요. 암두꺼바위 곁에서 100미터도 안되게 가까이 있어요. 마치 큰 바위가 투구를 쓴 모양 같기도 하고 진짜 장수가 공기놀이를 해서 올려놓은 것 같기도 한데요. 이 장수공깃돌바위는 백두대간 생태탐방로의 시발점이 된 모태가 된 바위랍니다. 장수 태생지로 5개의 공깃돌 중 유일한 1개가 큰 반석 위 투구 모습으로 올려져 있어요. 이 바위 주변에 옛날 장수와 관련된 명소들이 많지요.
>
> —「동해 소금길」 15연

흥미로운 사실은 「동해 소금길」에는 시집의 주요 화소들이 곳곳에 숨어 있다는 점이다. 시집 『동해 소금길』을 관류하는 소재들이 반복적으로 활용되고 있는 것이다. 위의 인용 부분에는 장수공깃돌바위의 위치를 위시하여 관련 정보가 서술적 어조로 제시된다. 이와 같은 바위의 서사는 그 자체로 시적 긴장을 지니기 어렵다. 하지만 인용 부분을 전후한 장면들이 하나의 이야기로 연동되면서 현대적 우화를 형성하는 수위가 서정적 긴장의 결여를 상쇄하는 「동해 소금길」의 묘미라 하겠다. 또한 그 밖의 개별 서정이 작품 사이를 넘나들며 로컬 서사를 완성하는 사후적 기제로 작동하고 있다.

> 강원도 동해에서도 바다와 가장 먼 동네
> 고등학교를 졸업할 때 까지도 전깃불이 없던
> 호롱불 아래서 코 새까매지도록 귀신놀이와
> 장수공깃돌바위가 어릴 적 놀이터였다
>
> (중략)
>
> 곡우(穀雨) 내리는 밤, 아버지와 막걸리 한잔
> 나누기를 즐겨하며, 흥이 많던 우리 어머니
> 장수바위에 쪼그리고 앉아서 달래, 냉이,
> 두릅 다듬던 엄마 대신 코고무신 한 켤레만
> 밤송이를 몇 년 째 품고 있다
>
> —「장수공깃돌바위」 부분

보는 바와 같이 「장수공깃돌바위」는 화자의 유년 시절, 부모와 관련된 추억을 재현하는 작품이다. 그 아련한 이야기를 현재로 소환하는 계기가 장수공깃돌바위이다. 바위와 함께했던 삶은 과거 속으로 사라졌지만, 바위는 추억을 생성하며 여전히 현전하고 있다. 공간의 의사소통 행위는 각인된 역사이자 추억의 현재화이기도 하다. 그러한 바위는 앞서 본 바와 같이 장시

「동해 소금길」에 어김없이 등장하여 스스로의 화소를 이어가고 있다.

그 밖에도 유사한 예시는 얼마든 발견된다. "아버지가 오소리를 잡는 날/ 정대 오빠가 토끼를 잡는 날/ 노란 양은주전자 들고/ 장수샘물웅덩이에 샘물 뜨러 간다// 큰 언니 일찍 시집가서 남의 사람 되고/ 둘째 언니 방직공장 돈 벌러 서울 가고/ 오빠는 태백 외삼촌댁에서 유학하고/ 공부는 뒷전이던 막내는 집안일 잘해서/ 샘물 기르러 안간다"(「샘물웅덩이—장수샘」)는 장수샘이 환기하는 유년의 삶을 그리고 있다. 이 역시 "참, 제가 장수샘이라고 부르는 샘물웅덩이에 대해서는 이야길 하지 않았군요. 장수공깃돌 2개가 샘 입구를 막고 있는데요. 여름에는 시원하고 차가운 냉기로 물맛을 달게 하고요. 추운 겨울에는 따스한 온기로 옛날 장수들만 먹었다는 신비의 약숫물이기도 하지요. 어릴 때 개구리 잡으러 냇가에 갔다가 손이 시려우면 이 샘물웅덩이 장수샘에서 손을 담그면 금방 손이 참 따스해졌어요"(「동해 소금길」, 19연)와 같이 장시의 국면에서 친절하게 부기되고 있다.

위와 같은 구조로 볼 때 「동해 소금길」은 화자의 고향과 유년의 추억을 변주하는 시적 서사이자 시집 전반을 이끄는 상상력의 거점 구조물이라고 할 수 있다. 이애리 시세계의 공간 양태들이 귀속하는 시적 헤테로토피아, 즉 현실화된 유토피아적 장소의 상징이기도 한 것이다.(미셸 푸코, 이상길 역, 『헤테로토피아』, 문학과지성사, 2014) 「동해 소금길」의 마지막 부분은 미처 다하지 못한 이야기들의 전개를 암시한다. 주막터, 천제당 선녀소, 보연폭포, 순비령을 위시한 다양한 장소들의 재현이 예고되어 있다.(22-23연) 남은 이야기들은 앞으로의 시작을 통해 이어질 것이다.

「동해 소금길」은 '길'의 상징을 통해서도 역동적인 생명력을 담보한다. 길은 정형화된 소통의 공간이면서 동시에 미증유의 지향 방향이자 태도이기도 하다. 「동해 소금길」과 같이 산문투 장시의 외장을 취한 「참지누아리」는 길의 상징을 전유하는 연가 버전으로 시집 속에 자리한다. 여기서는 "끈덕지게 착 달라붙는 참지누아리 지네발처럼 서로 피를 통하고 몸을 통해 전해지는 연애맛이 동해소금길 걷는 소금별 소년에게 따로 참맛이 있는 것"이라

하여 소금길을 통해 간단 없는 사랑의 지향과 태도를 약속하고 있다. 한편 「동해 소금길」은 시작 행위로써 소금길이 되고자 함을 알리는 기획이요 출사표와도 같다. 길의 정동은 시작 스스로가 되었다. 이처럼 「동해 소금길」은 장소가 전하는 애절한 복화술이자 향후 전개될 시세계를 강제하며 우리 시대의 천일야화를 꿈꾸고 있는 듯하다.

04

지금까지 에두른 바와 같이 『동해 소금길』은 첫 시집 『하슬라역』과 더불어 가족사의 추억이나 장소와 관련된 형상화가 지배적이다. 이는 그 자체로 이애리 시세계의 특장임이 분명하다. 물론 우화적 상상력으로의 경사를 경계하며 지평을 확장하는 국면 또한 존재한다. 이따금 보이는 사회적 사건에 대한 소재주의 차원의 관심은 이러한 경향을 대변할 것이다. 그럼에도 불구하고 사물의 정동에 주목하는 이애리의 시선은 끊임없이 장소의 감각을 소환한다. 어쩔 수 없는 시인의 아비투스이기도 하다.

이러한 상상력의 역학은 언어의 운산 영역에도 그대로 적용된다. 대표적 예로 「세상에서 제일 예쁜 말—사랑」과 같은 작품은 "당신께 꼭 하고 싶은 말// 세상에서 가장 예쁜 말// 세상에서 가장 귀한 말"을 그린다. 언어의 궁극은 부제에 명시되어 있듯이 '사랑'이다. 사랑에 대한 진솔한 지향을 가감 없이 드러내는 이 작품처럼 이애리 시편들은 비교적 쉽게 읽히는 과정 속에서 잘 조직된 짜임을 통해 시적 여운을 남긴다. 이것이 곧 시어의 주조 방식이자 동력에 해당된다. 결과적으로 시어를 세련하는 고통의 시간에 대한 공명은 이애리 시가 지닌 중요한 미덕일 수 있다. 때로는 명명 자체만으로도 파생되는 남다른 울림을 본다. 예컨대 「안돌이지돌이다래미한숨바우는 다정하다」, 「참지누아리」, 「물깨말 구구리길」 등의 작품은 내용을 감상하지 않더라도 고유한 표제의 발견만으로도 남다른 감동을 전한다. 이들 표제는 고유한 장소와 언어를 인식하는 계기로서의 시적 순간에 값하고 있기 때문이다.

내밀한 시적 긴장의 경계는 이따금 더 큰 지양 단계를 요구한다. 예술적 공간에 관한 철학적 성찰은 문학이 무엇보다 중단될 수 없는 말에 연결되어 있음을 강조한다. 더더욱 시는 근원적인 차원에 가닿으려는 언어이다. 쓰는 자와 읽는 자가 열린 내밀성으로 이어질 때, 다시 말해 말하는 능력과 듣는 능력 간의 상호작용을 향해 개방된 격정의 공간이 될 때 비로소 언어는 작품이 된다.(모리스 블랑쇼, 이달승 역, 『문학의 공간』, 그린비, 2010) 그 내밀성의 정동을 향한 고투는 모든 작가에게 부여된 선험적 운명일 것이다.

절대적 가치로서의 사랑은 부정할 수 없는 정언명령과 같지만, 같은 이유로 지극히 상투적인 명제이기도 하다. 그렇기에 시의 감각적 경계를 한정하는 제한 요소로 기능할 수 있다. 『동해 소금길』의 서정적 전유 장치로서 가족, 애인, 술 등이 자주 등장하는 맥락은 내재화된 구투에 해당될지 모른다. 이때 사랑이라는 절대 가치와 범주화된 감정 표현을 넘어서기 위한 실험적 도전은 충분한 의미를 지닌다. 독자로서의 기우를 첨언하자면 낭만적 동경과 무구의 세계는 항상적인 반성 대상이기도 하다는 점이다. 장소애를 매개로 한 미적 영역이 보다 핍진한 경험을 바탕으로 확장되기를 바라는 요구는 이애리의 초기 시집으로부터 비롯되었다. 이러한 기우는 소재의 한계에 한정되지 않는다. 모티프의 반복은 언어의 반복에 연동되며, 동시에 상상력의 매너리즘과 무관하지 않다.

문학의 관성은 이애리 시세계에 국한된 문제가 아니다. 그것은 우리 시대의 시적 상상력이 함께 사유해야 할 불가분의 아포리아에 가깝다. 이애리 작품의 결 고운 시어가 재현하는 장소의 정동은 이런 난제를 기꺼이 껴안을 것이라 믿는다. 문학이 근거하는 현실은 내면을 벗어나 공통적인 것의 구성을 위한 고투, 특이성과의 마주침을 향한 개방 역시 진정한 사랑의 본령임을 지시하고 있기 때문이다. 시인의 깊은 눈동자가 전할 소금길의 미래가 그리워진다.

시적 윤리의 모험

—고완수의 『낯익은 초면』

01

언어의 운용 차원에서 볼 때 시어가 조직되는 방법은 크게 두 가지로 구분할 수 있다. 하나는 일상적 어법의 범주 안에서 이미지 조각에 주목하는 양상이다. 이는 언어의 사전적 의미를 준수하는 만큼 시 장르 특유의 미적 거리가 상쇄되는 반면 공감에 기초한 서정적 울림 효과를 강화하는 장점을 지닌다. 다른 하나는 어법의 지시적 경계를 확장하며 미적 거리의 연장을 도모하는 양상이다. 이는 자의적 언어 조합을 극대화하는 만큼 공동체 정서로부터 멀어지는 반면 장르 특유의 소격 효과가 강조되는 장점을 지닐 것이다.

2000년대 이후의 한국 시단이 남다른 개성 수위를 유지하는 데에는 기존 공준을 벗어나는 언어 감각의 추세가 큰 역할을 했다. 언어 운용에 관한 위와 같은 구분 중 후자의 경향이 확장된 결과라 하겠다. 이러한 현상은 거대 담론과 관련된 사회적 패러다임 변화와도 긴밀히 연동되는데, 사실 이것은 우리 근현대 문학의 아방가르드적 전통과 무관하지 않다. 이상이 선취한 급진적 모더니즘이나 김춘수가 실험한 무의미시 범주 등은 전형적 예시에 해당된다.

여전히 지배적인 분포는 전자의 언어 감각이라 할 수 있다. 전통 서정에 따른 내면화 방식이 많은 시 작품의 제작 원리로 통용되고 있는 것이다. 고완수의 세 번째 시집 『낯익은 초면』(시시울, 2019) 역시 이에 기초한다. 대개의 고완수 시는 보편적 어법을 활용해 고유한 서정의 영역을 형상화한다. 이는 기존에 상재했던 『나는 자주 망설인다』(문학의전당, 2007)와 『누군가 나를 두드렸다』(시와에세이, 2010)에도 두루 적용된다. 그런데 『낯익은 초면』의 경우, 언어 운용의 단순한 차원과 달리 특유의 감각적 질서를 구성하기 위한 운산 절차가 주목된다.

『낯익은 초면』의 작품들은 시상을 전개하는 화소 단위들이 일말의 여유나 감정 낭비를 허락하지 않은 채 완고한 거리를 유지하는 경우가 많다. 이러한 특징은 우선 형식적 자질을 통해서 확인된다. 44편의 비교적 적은 작품으로 시집을 구성한 기획, 반복되고 있는 텍스트 구조, 시어의 조어 방식과 행·연 메커니즘 등을 통해서도 긴장된 미적 거리를 추론할 수 있는 것이다. 더불어 '낯익은 초면'과 같은 역설적 표현으로써 존재론적 탐구를 전경화하였다는 점 역시 보편 어법을 넘어서는 특수한 결을 전조하기에 충분하다. 시적 언어의 운용에 관한 상식적 구분과 고완수 시어가 귀속되는 영역, 그로부터 벗어나는 특수한 지점을 확인하는 것은 『낯익은 초면』을 이해하는 데 있어서 중요한 전제이자 논점일 수 있다.

『낯익은 초면』은 서두에 "사랑이 삶의 전부"(「전부인 까닭」)라는 명제를 교두보 삼아 전개된다. 사랑론은 문학을 넘어 모든 가치의 대명사일 것이지만, 그런 만큼 진부한 화두이기도 하다. 일상으로부터의 각성 역시 비근한 소재로 등장한다. 시집 속에서 "탑동초등학교 정문을 지나는/ 2차선 도로 위에 막대자석 같은/ 카메라"(「궁금하다」), "나이를 먹을수록/ 나도 모르게 애용하는 말"(「아이구」), "우아한 시대를 따라가기엔 버거웠어도/ 단 하나 잘 추는 춤"(「엉거주춤」) 등 일상의 풍경에서 포착한 소재나 언어유희 장면을 손쉽게 발견할 수 있다. 생활의 편린은 서정시의 익숙한 원천이겠지만, 재기를 넘어서는 긴장을 확보하는 것은 또 다른 문제일 수밖에 없다.

외견상으로는 위와 같이 일상에서 건져 올린 잔잔한 감동이 시집을 관류한다. 성급히 재단하자면 고완수 시는 꽃을 위시한 자연, 다양한 장소와 계절에 관한 서정으로 특화될 수 있겠다. 문제는 이것이 일차적 묘사로 한정되지 않는다는 점이다. 일상 속에서 포착된 순간은 추상적 내면 장치를 통해 사유 영역을 확장한다. 시어들은 스스로가 지닌 외형과 대비되는 사색의 지평을 끊임없이 소환한다. 생활의 사변이 지닌 무게가 결코 가볍지 않은 이유가 여기에 있다. 관련된 예시로서 『낯익은 초면』에서 유일한 연작 시편으로 부조되는 '폐선' 모티프를 보면 다음과 같다.

선적할 네
마음을 잃어버린 뒤였다
온몸으로 익혔던
해도를 놓아버렸다
묶이지 않아도 바다
어디에도 없었다

파도가 밀려와
내 심장을 깨운들
나를 떠난
네 마음 되돌릴 수 없다면
차라리 무덤이 되어
나를 조문하리라

—「폐선 1」 전문

'폐선'이라는 소재는 그 자체로 적멸을 환기한다. 그런데 적멸의 이미지는 낡거나 버려진 선박이 지닌 물성과는 무관하다. 적멸의 본령은 배라는 대상의 유무가 아닌 용도의 상실에 놓이기 때문이다. 위 작품의 경우 폐선 이미지는 '나'의 신체에 유비된다. 적멸의 원인 또한 '너'의 부재임이 적시된다. "선적할 네/ 마음을 잃어버린 뒤"로 폐선의 운명이 부여되는 것이다. 너의 부재로 인해 몸에 각인되 해도마저 의미를 잃는다. 신체의 기능이 더 이상 그 효용을 유지할 수 없는 형국이다. “네 마음 되돌릴 수 없다면/ 차라리 무덤”이라는 진술은 지극한 연가풍을 닮았지만, 스스로의 적멸을 조문하리라는 종결 어미로 인해 연가 단위를 넘어서게 된다. 스스로를 향한 진혼곡의 포즈가 시적 주술의 효과, 즉 너라는 지향 대상을 존재론적 차원으로 중층화하는 효과를 산파하고 있는 것이다.

폐선의 의미망은 후속 시편으로 이어진다. 「폐선 3」에서는 “홀로 선 이 자리가/ 무덤”이라고 한다. 관계 단절이 적멸의 이미지로 반복된다. 나아가 “흔적도 없어진 후에야/ 심장은 다시 뛰리라”며 주술을 변주한다. 개방과 폐쇄, 이승과 내생의 경계를 넘나드는 계기로 신체의 소거가 기능하는 장면이다. 「폐선 4」에는 “녹슬어버린 시간 너머로/ 식어가는 심장”과 같이 적멸의 이미지가 강화된다. 그림자마저 무덤을 이룬, 녹슨 시간 너머의 적멸을 그리고자 한다. 신체는 “슬픔이 현상할 수 없어 오히려 비천한” 대상일 뿐이다. 여기서는 “이름을 부르지 마라”와 같이 호명의 무위함이 더불어 강조된다. 호명 행위의 부정은 곧 로고스에 대한 반목을 함의한다. 이처럼 폐선의 이미저리는 너/나의 존재론, 로고스 너머의 지평, 적멸과 신생의 기연론을 함축하는 비의적 장을 연출한다. 이들 연작시편만을 통해서도 고완수 시어가 일상적 용법 속에서 고유한 의미를 구축하고자 축적해 온 숙련의 시간을 엿볼 수 있다.

02

고완수 시를 따라 읽기가 녹록하지 않은 이유는 시집 표제로부터 발견된다. ‘낯익은 초면’이라는 표현 자체가 하나의 형용모순이다. 초면은 낯선 얼굴이요 미지의 타자이기도 하다. 표제는 그런 타자를 낯익은 대상으로 수식한다. 윤리 개념을 인간 도리나 규범에 관한 성찰로 볼 때, 타자를 대하는 자세는 윤리의 범주로 수렴된다. 타자에 대한 입장은 곧 윤리적 태도를 지시하기 때문이다. 이에 착안하여 이글턴은 윤리학의 계보를 라깡 심리학의 범주로 정리한 바 있다. 그에 따르면 초면을 낯익은 대상으로 호명하는 고완수식 태도는 상상계적 윤리에 비견된다. 상상계적 윤리는 사랑에 근거하며, 상호성과 친화성이라는 상상계의 토대에 기초하여 사회적 질서를 형성한다.(테리 이글턴, 김준환 역, 『낯선 사람들과의 불화』, 길, 2018) 낯익은 초면이라는 수사에 담긴 친숙함의 지평도 이와 다르지 않을 것이다. 작품에서는 다음과 같이 형상화되어 있다.

어제에서 날아 온 새가
오늘의 나를 찾아 왔다

어제를 지우며 찾아 온 새는
습관인양 오늘의 나뭇가지에 앉아
어제의 이야기를 들려주었다

오늘의 이야기가 아니라서
나는 행간까지도 이해할 수 있었다

어제의 이야기를 들려주던 새가
어제의 표정을 책장처럼 넘겼다

버릴 것 하나 없어 복잡한
어제의 표정은 온기가 남아 있어서
오늘의 나는 전혀 쓸쓸하지 않았다

오늘로 막 날아 온 새였기에
나는 연신 고개를 끄덕거렸다

어제의 표정을 다 보여준 새가
어제의 그림자를 꺼내 조금씩 쪼았다

그림자는 갓 구운 눈물 같아서
오늘의 나는 조금도 배고프지 않았다

씹을수록 딱딱한 신기루 같아서
어제의 나나 오늘의 새나
검은 혀가 두렵기는 마찬가지였다

—「낯익은 초면」 전문

이 작품은 시집 표제로 사용되었다는 외형 외에도 전편을 관류하는 중심 모티프들이 한자리에 조직되었다는 점에서 문제적 텍스트에 해당된다. 먼저 드러나는 사실은 시간적 배경으로 어제라는 과거와 오늘이라는 현재가 대비되고 있다는 점이다. 중층적 시점이 사용되는 국면인데, 이처럼 복합적인 시간에 대한 추상은 자연스럽게 실존의 배경을 환기한다. 다른 작품에서도 "다만, 기다림이란/ 시간을 허물어/ 제 무덤을 쌓는 일"(「시간의 뒷면을 읽다」)과 같이 시간을 해부하여 적멸의 이미지와 결부시킨 바 있다. 「낯익은 초면」의 경우에는 위와 같이 중첩된 시간을 통해 자아의 내면을 성찰하는 비의적 장을 연출한다.

이러한 배경에 의거하여 서정적 자아는 "오늘의 나"와 "어제의 나"로 분화된다. 일종의 자아분열 양상과도 같다. "어제에서 날아 온 새"는 나의 분신을 실재케 하는 기제로 기능한다. 새의 방문은 곧 나의 복화술이며, 낯익은 초면이라는 형용모순이 개연적 의미망을 확보하는 근거이다. 오늘의 나에게 어제의 나는 초면이겠지만, 결국 나이기에 낯익은 주체이기도 하다. 그 밖에도 자아분열 양상은 타자화된 나를 설정하는 구도로 반복된다. 「그를 보았다」가 대표적 예시인데, 여기에는 "어제였다/ 신사복 차림의 그"와 "십 년 전이었다/ 누더기 차림의 그" 혹은 "삼신할미의 점지가 있던 날에도/ 어머니 궁까지 따라온 그"와 같이 시간 배치에 따라 삼자화된 자아를 볼 수 있다.

「낯익은 초면」에서 또한 주목해야 하는 것은 중심 소재로 '그림자'와 '혀'

가 사용되고 있다는 점이다. "어제의 그림자"나 "검은 혀"와 같은 표현이 그것인데, 이들은 애증의 대상이다. 허기를 채우는 갓 구운 눈물 같기도 하고, 단단한 신기루 같은 두려움의 존재이기도 하다. 이러한 양가감정은 혼돈스럽기 그지없지만, 그런 혼돈에 직면하는 순간이 곧 존재를 증명하는 과정임을 역설하고 있다. 그림자와 혀에 대한 외경의 태도 속에 존재의 경이로운 감각이 현현되어 있는 것이다.

그림자와 혀, 어제와 오늘의 나 등속이 형성하는 추상의 장은 사실 시집 전편으로 확장된다. 앞서 언급한 바와 같이 『낯익은 초면』 속에서 그림자와 혀는 빈번하게 등장하는 시적 장치들이다. 44편의 작품 중에서 그림자의 비유는 13편, 혀의 비유는 9편에 반복되고 있으니 상당히 높은 빈도라 하겠다. 결국 이들이 지닌 이미지는 시집 속에서 하나의 계열체를 형성한다. 그림자의 경우, "내 그림자마저 재로 흩어야/ 캄캄한 저 우주의 변방에서/ 별 하나로 솟지 않겠느냐"(「가을, 몰운대」)와 같이 부정의 대상인 동시에 자아의 대리물로 기능한다. 이때 그림자는 주체의 그늘로서 더불어 존재할 수밖에 없는 선험적 흔적이 된다. 그리하여 "아편 같은 그림자를 꺼내/ 조금씩 핥았"(「박쥐」)다거나 "그림자가 섬광처럼 파고들었"(「목련을 조문하다」)다는 표현은 존재를 감각하고 증명하기 위한 고투의 행위로 읽힌다.

혀의 경우, "뱀의 혀처럼 날름대는/ 바람의 입김"(「벚꽃 지던 날에」)이나 "화석으로 박힌 바람의 혀가/ 잘 익은 슬픔처럼 반짝거린다"(「인상화」)와 같이 감각의 촉수이자 욕망의 실체에 관한 보조관념으로 반복된다. 욕구(need)와 요구(demand)의 차이로써 욕망(desire)을 규정하는 정신분석학적 관점으로 볼 때, 혀는 요구의 기제라는 점에서 로고스적이요 상징계적이다. 그렇다면 "작설 같은 혀를 옹알거리며"(「경계성 몸살」)에서의 혀는 벚나무 꽃잎의 형상이자 불멸을 요구하는 혼신의 언어가 된다. 이처럼 그림자와 혀는 고완수식 존재론을 시화하는 구조적 장치로 시집 속에서 작동하고 있다.

낡은 그림자를 잃어버렸습니다
방금 전까지도 날 따라다니던,
내가 가는 곳 어디든 마다하지 않고
뱀의 혀처럼 따라다니던 그가,
오늘은 날 껍질인양 벗어놓고
까마귀 깃털처럼 떠나버렸습니다
그렇다고 내가 죽은 건 아니죠

그림자 찾아 주머니를 뒤져봅니다
생각 하나가 손에 잡혔습니다
치켜 뜬 눈알들이 낄낄거립니다
안주머니도 뒤져보았습니다
뛰지 않는 심장이 파닥거립니다
그렇다고 그림자가 살아 있는 건 아니죠

날 찾으려 그림자를 뒤져봅니다
오래도록 그림자만 따라다니던
매일 죽은 줄도 모르던 나를

—「그림자놀이」 전문

그림자와 혀를 위시한 중심 모티프를 통해 존재론적 탐색을 구조화하는 또 다른 결과물이 「그림자놀이」일 것이다. 여기서는 "낡은 그림자"를 '그'로 인격화하는 식으로 분리된 자아를 설정한다. "낡은 그림자를 잃어버렸"다거나 "그림자를 뒤져봅니다"와 같은 행위가 자아 탐색에 관한 상징적 사건으로 배치되고 있다. 낡은 그림자의 상실은 과거인 나와의 결별이지만 "내가 죽은 건" 아니다. 역으로 과거 신체의 소환 역시 "그림자가 살아 있는 건" 아니라고 한다. 그렇듯 나는 "매일 죽은" 존재이다. "날 찾으려" 감행한 그림자놀이는 사멸하는 나를 발견하는 과정이었다. 하지만 이것은 쳇바퀴를 도는 무의미한 행위가 아니다. 하이데거식 입론에 따르면 선험적 한계에 대한 인식은 현존재의 의미를 성찰하기 위한 필연적 전제였다. 그렇게 볼 때 「그림자놀이」와 같이 주관과 객관을 넘어 존재 자체를 사유하려 한 시도는 의미심장한 시적 모험이라고 평가할 수 있다.

이상 대표적인 작품을 통해 살펴본 고완수의 자아 탐색 여정은 우화등선의 성패를 확정하지 않는다. 그저 검은 혀에 대한 두려움(「낯익은 초면」), 까마귀 눈알과 같은 자아에 대한 공포(「그를 보았다」), 그림자를 따라 매일 죽어가는 스스로에 대한 발견(「그림자놀이」) 정도를 적시할 뿐이다. 적멸로 귀결되는 여정은 비극적 분위기를 전조한다. 하지만 적멸이 결과는 아니다. 애상은 자아 탐색의 여정이 동반하는 진지함에 비견되는 감정값일 따름이요 놀이의 진정한 목적은 내밀한 반성이 실재함을 현현하는 데 있다.

고완수 시는 폐선이나 그림자 같은 적멸의 심연을 지니기도 하지만, 그것이 존재의 또 다른 흔적이라는 발견으로써 생성을 향한다. 소멸과 신생에 대한 천착은 기존 시세계를 넘어서는 고유한 지점을 형성한다. 재기가 지배하는 세태 속에서 존재에 관한 사유의 계기는 그 자체가 의미 있는 사건일 수밖에 없다. 서정시가 지닌 중요한 미덕이 고완수 시편들 속에서 웅숭깊은 경계를 형성하고 있는 셈이다.

03

고완수의 『낯익은 초면』은 전작에 비해 확실히 다른 면모를 보여 주었다. 미적 긴장이나 응축된 언어, 정제된 표현 등은 목적의식적 세련의 결과로 읽힌다. 명실공히 중견의 입지에 이른 시인의 내공과 성숙을 증거하는 단면일 것이다. 가족사의 운명(『나는 자주 망설인다』)과 삶의 상처(『누군가 나를 두드렸다』)를 보듬어 온 시인의 언어가 스스로를 지양하는 도약의 순간은 뜻깊은 장면이 아닐 수 없다. 내적 반성은 고완수 시의 질적 전이를 견인하는 주요 기제임이 분명하다. 천성적으로 구심을 지향하는 그의 시어들이 내적 반성의 본의를 구체적 형상으로 재현하는 경우는 많지 않다. 그렇기에 적멸과 사랑의 양가감정이 구성하는 이미지 계열체를 통해 반성의 실체에 공명해야 한다.

독자의 입장에서는 반복되는 특정 화소와 이미지들에 대해 아쉬움을 표현할 수도 있겠다. 그 자체가 일종의 시적 전략이겠지만, 보다 다양한 체험과 감각 지평을 기대하는 것은 독자의 권리이기도 하다. 그렇게 볼 때 자연, 장소, 존재의 문제에 천착하는 단단한 경계가 대사회적이고 공동체적인 지평으로 확장되는 순간을 요구할 수 있다. 그런 요구는 단지 당위적인 바람이 아니다. 이는 『낯익은 초면』이 체현한 언어 감각, 건강한 세계관이 성취한 시적 성가에 대한 공감이 확장된 영역에 가깝다. 어쩌면 그것은 고완수 시 내부의 욕망일 수도 있다.

우선, 시집 내부에는 이미 원심적 상상력을 드러내는 수작이 자리한다. 「신구지가」가 단적인 예이다. 이 작품은 "김해박물관 뜰을/ 가야인처럼 거닐"던 화자가 만난 "매화꽃 무리"를 다룬다. 후반부의 "겨우내 밝혔던 촛불들이/ 혁명 같은 매향을 북상시키는" 시간이나 "구지가 부르는 매화들은/ 함성보다 더 붉었"다는 형상은 촛불혁명과 관련된 정치적 상상력을 환기한다. 의도를 떠나 사회성을 변주하는 고완수 시의 내면화 방식이라 볼 수 있다. 이 작품은 촛불에 관한 수많은 시화들과 변별되는 개성적 수준을 충분히 증거하였다.

다음으로, 미학적 거점으로서의 전위적 상상력을 시집은 이미 전유하고 있다. 동일화의 대상으로 먼저 호명되는 작가는 백석과 이용악이다. "내가 그리워하는 백석이나 용악 같은 이"(「마법사」)를 재현하는 계기를 마법이라 불렀다. 시편들은 스스로의 형상으로 그들을 체현하는 데 성공한 듯하다. 미학적 거점을 환기하는 또 하나의 인물이 잭슨 폴록이다. 그는 액션 페인팅과 같은 파격을 통해 추상표현주의의 새 차원을 구현한 인물로 평가받고 있다. 「행위예술가—잭슨 폴록을 생각하며」는 페인트로 출렁대던 그의 신체가 강화유리 같던 세상에 균열을 가져왔고, 그것이 곧 "일말의 기척도 없이" 도둑처럼 온 혁명의 시간임을 묘사하고 있다. 『낯익은 초면』이 폴록에 대한 오마주를 포함하고 있다는 점은 남다른 의미를 지닌다. 폴록식 혁명은 스스로의 경계에 균열을 낼 미학적 근거이자 내부의 욕망에 등치된다.

고완수 시의 내면적 경계가 보다 확장되기를 바라는 마음은 한편으로 근시안적인 입장일지도 모른다. 그의 시세계 근저에 자리한 서정의 윤리는 항상-이미 존재의 에크리튀르(écriture)를 실천하고 있기 때문이다. 이는 지금까지 언급하지 않았지만 간과해서 안 되는 중요한 자질일 수 있다. 존재의 에크리튀르란 "촉촉한 혀로 들려주는/ 말없는 우주의 문장"(「봄이 오면」)을 전유하는 문자 감각을 가리킨다. 우주의 문장을 쓰고 듣기 위해서는 "읽던 책"을 덮어야 한다. 기존 활자의 포기는 로고스의 폐기일 것이요, 동시에 이성 너머의 범신론적 언어에 대한 개방을 뜻한다. 그런 글쓰기는 "죽음이 내민 책 한 권"(「위험한 독서」)을 기꺼이 받아들이는 제의 행위와도 같다. "죽음의 잉크로만 쓸 수 있는/ 생의 문장"(「무논에 쓰는 문장」)을 장착한 이상 고완수의 시작은 존재의 에크리튀르를 체현하는 장이 되었다. 존재의 의미가 기투된 사물의 언어 앞에서 원심을 향한 실천이나 미학적 전거의 다양성 등속은 비루한 재량 이상일 수 없다.

시인은 자신의 시편들이 "마음으로 앓았던 병들의 기록"(「자서」)이라고 적었다. 이 한마디는 고완수식 윤리의 지평을 압축한다. 마음으로 앓되 "치명에 이르는 병"이어야 함을 시의 선험적 조건으로 삼았으니 염결한 시적 윤리를 재론할 여지가 없다. 그 결과 내 안의 그를 향한 상상계적 동일시의 지평을 복화술로 소환하였다. 그것은 이 불화의 시대를 견디기 위한 시적 위무가 아니었을까. 그렇다면 고완수 시는 근원적 가치를 향한, 상징계 너머 실재계의 윤리가 명명한 문학적 형상일 법도 하다. 이 지극한 시적 모험, 어쩌면 시 형식을 취한 윤리적 길항이 절박하고도 흥미롭다.

신세기의 해학
―한병석의 『애인 求함』

01

미적 자율성을 근간으로 하는 근대 시학은 다양한 시어의 운산을 개방하였다. 현대 사회의 미적 준거로 군림하게 된 모더니티라는 지표가 이제 하나의 범주로 구획되지 않는 중층성을 스스로 지니게 된 것이다. 그렇게 근대시의 역사는 한 세기를 훌쩍 넘어 도약의 시대를 열어나가는 중이다.

오늘날 한국 문학장의 다양성은 이러한 미적 공준의 분화 과정 속에서 자체적으로 파생된 결과일 수도 있고, 무수한 예술적 감성과 아비투스 사이에 작동하는 끝없이 긴장된 순간을 증거할 수도 있을 것이다. 이 오랜 길항의 과정 속에서 우리는 한병석의 시를 만나게 된다. 한병석 시세계를 접함에 앞서 근대시 100년의 역사가 신세기를 맞아 개방한 시학의 다양성을 미리 전제해야 할 듯하다.

한병석이 두 번째 시집으로 기획한 『애인 求함』(문원출판사, 2015)의 시편들은 대개 주변적인 소재를 일상적인 언어로 펼쳐내는 간명한 구조를 보여주고 있다. 비유의 방식으로는 대상들 사이의 인접성을 근거로 언표 사슬을 연쇄하는 일종의 환유적 기법이라 부를 수도 있겠다. 예컨대 "손길만 닿아도/ 순식간에 달아오르는/ 눈부시도록 하얀 피부"의 애인이었지만 "작은 감기의 침입에도/ 속수무책 후들거리는 아랫도리"로 인해 떠나보낼 수밖에 없어서 "잘 가거라 나의 사랑/ 담배"(「절교」)라고 영탄하는 방식이 곧 시작의 패턴인 것이다. 이처럼 어느 작품을 보더라도 공감하기 어려운 상징이나 내적 운산으로만 점철된 심상을 발견하기 어렵다. 농익은 연륜이 아무렇지 않게 구사하는 은밀한 연애담에 익숙해지기 위한 시적 태도를 지니기만 하면 준비는 끝난 셈이다.

이러한 진단은 대부분 시어의 이미지를 쉽게 파악할 수 있다는 말이고, 읽기와 동시에 의미가 파악되는 구조를 지닌다는 뜻이다. 또한 이런 양상은 첫 시집 『갓 구운 고등어 한 마리』(서정문학, 2009) 이래 지속되는 한병석 시의 조어법에 해당된다. 이는 한편, 시어가 선험적으로 종속될 시학 이론의 관점에서 보자면, 한병석 시세계의 미학적 한계라고 지적될 수 있는 요소이기도 하다. 대개 문학의 수월성이나 시적 가치는 신비평이나 구조주의와 같은 이론적 입장에서 일차적으로 평가의 근거가 확보되곤 하기 때문이다.

그렇다면 한병석 시의 고유한 특성과 수준은 어떻게 설명되어야 하는가. 당연한 말이겠지만 한병석 시세계는 사전적 의미의 집합체로서 언어 구성물 차원을 넘어선다. 여기에는 묘한 역설이 담긴다. 지극히 일상적인 진술의 외형을 지닌 시편들은 모종의 반어와 도약을 구조론적으로 지니고 있는 것이다. 이를테면 한병석 시는 무형식의 형식을 통해 시라는 장르의 외연과 내포를 구성하려는 발상을 시종일관 견지하고 있다. 이는 한병석 시세계의 역설과 성취를 귀납하는 과정이 만만찮은 지적 지양의 단계임을 예고하는 형식적 자질일 것이다.

02

4부로 구성된 시집은 마지막 부 10편을 제외하고는 20편씩, 총 70편의 시를 담고 있다. 앞서 연역한 것처럼 적지 않은 이 시편들의 사이를 관류하는 몇 가지 특성이 있다. 형식적으로 보자면 무엇보다 일상적인 언어를 간명하게 다듬어 특유의 해학을 드러내는 방식이 주목된다.

지금이 몇 공화국이지?
어림도 못 잡는데

길가다 마주친 중국집 간판이
히죽거리면서 알려준다
'짬뽕 공화국'

—「중국집 간판」 부분

거리에 '짬뽕 공화국'이라는 간판을 단 한 음식점이 있다. 식당 사장은 자신의 가게가 중국 음식점이라는 점과 대표적 메뉴를 강조하려는 의도에서 그 이름을 걸었을 것이다. 간판 저변에는 '공화국'이라는 개념이 함의하듯이 자신의 식당 경영 및 음식의 질 등이 민주적 제도에 비견되기를 바라는 희망이 깔려 있기도 하다. 또한 동종 업종을 대표하길 원하는 바람에서 국가적 차원의 가치를 인상적으로 지시하고자 했을지도 모른다. 어떤 것이든 시정의 대중적 식당 간판 정도를 넘어설 수 없는, 근거 희박한 과장된 수사에 불과하다.

이 유치한 수사가 한병석 시에서는 우리 시대의 정치적 현실과 수준에 대한 명명으로 전유된다. 우연히 마주친 간판이 시대의 상황을 "히죽거리면서 알"리고 있는 장면은 물성의 재현이라기보다는 언어 스스로의 지극한 냉소를 표현하는 듯하다. 이런 이미지를 가능케 하는 것이 행간 여백에 암시되어 있는 숙의, 즉 우리 사회와 역사에 대한 오랜 경험과 그에 대한 가치판단임을 독자는 유추할 수 있을 것이다.

기술상으로 볼 때 한병석 시는 시적 진술에 의해 시상을 이끄는 방식이 지배적이다. 이미지의 구상에 있어서 원관념과 보조관념 사이는 직접적이라 할 만큼 근접한 거리를 유지한다. 시적 이미지를 극한으로 조각함으로써 비약을 무릅쓰고 물성의 구현을 파생하는 데 이르는 시어의 근본적 발상을 찾아보기 어려운 것이다. 이런 기법은 사실 시인 스스로 표명하듯 "누구나 그냥 쉽게 읽을 수 있는 재미난 시"(「자서」, 『갓 구운 고등어 한 마리』)의 추구가 낳은 선험적 수위일 수 있다. 언어의 비의를 향한 세련보다는 우직한 언어를 통해 정직하게 삶을 반성하는 태도, 그러면서도 익살과 풍자를 잃지 않는 여유가 이미 그의 것이다. 이런 경향은 앞선 시집에서 "민족의 유일무이 해학 소설가"(「김유정역」)와 같이 김유정에 대한 기억과 헌사를 통해 예고된 바 있다.

시어의 희생을 대가로 부각되는 것은 의미의 확정성이다. 지극히 사인화된 경계를 구획하고 있는 현 단계 시단의 부박한 실정과 달리 분명한 의미를 확정하고 사회적 공감을 화두로 던지고자 하는 것이다. 그리하여 한병석의 『애인 求함』은 앞선 시집의 사변적 사유를 이어 세태 풍자의 작품들이 특화된 의미망을 형성한다. 그 중 시집 표제로 걸린 「애인 구함」은 현대인의 필수품인 스마트폰을 소재로 하고 있다.

시도 때도 없이 안아 달란다
눈을 맞춰 달란다
밥 먹는 시간도 아깝단다
세수도 하지 말란다
심지어 운전 중에도 떼를 쓴다

—「애인 구함」 부분

젊은 시절의 열정적인 사랑은 지극히 이기적인 욕망의 구체적 체현 국면을 지니기도 한다. 이 철없고도 일방적인 사랑이 아름다울 수 있는 것은 가장 순수한 인간의 감성을 서로 인정하고 이해하며 받아들이는 데에 있다. 휴대전화는 그 절대적인 사랑처럼 간절한 것이다. 화자는 스마트폰에 매달리는 인간의 감정을 위와 같이 애인의 사랑법으로 유비하고 있다.

주목할 부분은 종연인 3연의 수사인데 이 작품은 "먹고 사는 일도 이렇게 뜨거웠더라면/ 아직도 애인 구함이다"로 끝난다. 이 표현은 다소 중의적이어서 스마트폰과의 뜨거운 사랑을 현재진행의 사건으로 존속시킴과 동시에 사랑의 진정성으로 채워지지 못했던 현실적 삶에 관한 회한의 정서를 생성하게 된다. 이 중의적 맥락은 「애인 구함」이 보편화된 디지털 문명을 향한 익살적 묘사로만 한정되지 않는 이유이기도 하다. 즉 "먹고 사는 일"과의 직간접적 매개를 걸침으로써 삶의 국면에 대한 시화라는 단서를 영리하게 제공하고 있는 것이다. 하여 이 작품은 문화 비판의 관점에서 분석될 여지를 개방한다. 다음은 『애인 求함』에서 휴대전화를 소재로 한 기타 시편들이다.

동네 지리를 익히고 나면
사는 게 희한하게 편하다
오늘 밤은 어디로 마실 나갈까
'카페'에서 촉촉한 시 감상이나 할까
'미즈넷'에서 세상사 푸념 상담이나 할까
스마트폰 골목이 불야성이다.

—「신도시」 부분

웬걸, 스마트는 고사하고
모든 게 더 구겨졌다
제대로 작동을 못해 구겨지고
누가 설명을 해줘도
무슨 말인지 몰라 구겨지고
덩치나 작나
양복 윗주머니에 넣어도 구겨지고
양복 바짓주머니에 넣어도 구겨지고

—「스마트폰」 부분

채찍도
섬뜩한 눈초리도 없는데
하나같이 말을 잘 듣는다
조막만한 저 주인,
어떤 힘이 저들을 사로잡은 것일까

주인을 안마하는 사람
넋 놓고 바라보는 사람
속삭이며 애교를 부리는 사람

—「노예」 부분

이 작품들은 오늘날의 디지털 문명을 상징하는 대표 상품인 스마트폰을 공통적으로 전경화하고 있다. 하지만 그 배경과 전언은 모두 다르다. 같은 소재를 다루는 일련의 작품들이 제각각 의미 지향을 달리하고 있는 것은 디지털의 다층성과 유비되는 맥락이기도 하다. "스마트폰 골목이 불야성"(「신도시」)을 이루는 현실은 그것이 지닌 부정할 수 없는 효용의 결과일 것이다. 이를 '신도시'에 비유해 하나의 제도화된 공간 개념으로 설정한 것은 참신할 뿐만 아니라 시적 효과를 극대화하고 있다. 지극히 일상적인 작시의 관성에 비하자면 개성적이고도 문학사회학적인 비유가 아닐 수 없다.

르페브르에 따르면 모든 공간은 사회적 공간이며, 그런 의미에서 생산된 공간이다. '도시'는 현대사회의 제도화된 공간을 대표하는 범주이다. 이때 도시를 위시한 공간은 그것의 생산 과정에서 구획되고 위계화된 일종의 정치적 범주일 수 있음에 유념해야 한다. 그런 면에서 도시는 물리적 공간에 한정되지 않는다. 스마트폰이 매개하는 새로운 관계와 디지털 공간을 도시에 견주는 「신도시」의 상상력은 우리 시대의 공간과 장소를 사유하는 데 있어 시의적인 의미를 지닌다고 하겠다.

치명적이라 할 만큼 매력적인 신도시의 효용 이면에는 역설적으로 "모든 게 더 구겨"(「스마트폰」)질 수밖에 없는 개인적이고도 현실적인 불편, "하나같이 말을 잘 듣"(「노예」)도록 강제하는 시대적이고도 보편적인 병폐 등이 수반된다. 첨단의 문명이 유비쿼터스적 환경을 실현하지만 그것이 개인을 구속하고 공동체를 획일화한다면 이는 결국 빅 브라더의 도래와 다르지 않다. 이런 형상을 21세기의 '노예'로 비유하는 것은 섬뜩하지만 결코 과장된 수사가 아닐 것이다. 또 다른 시편에서는 디지털 문명이 새로운 현실을 만들어냄에도 불구하고 그 이면에 기존 관계와의 단절을 수반할 수밖에 없음을 익살스럽게 표현하기도 한다.("광명역 대합실에서 극적으로 재회한 그녀/ 공중전화", 「재회」) 이러한 시적 인식 속에는 문화산업의 첨병으로 기능하고 있는 디지털 문명에 대한 문제적 시선이 불가분 내재될 수밖에 없다. 한병석의 일상적 어법 속에서 간과할 수 없는 부분이 이처럼 문명 풍자와 현실 비판에 궁극적으로 가닿는 날카로운 촉수일 것이다.

이와 관련된 사례에는 사회적 사건을 대상으로 하는 양상이 포함된다. "나주 배농사 짓는 아저씨의 얼굴이/ 하얗게 피었다가/ 종내는 까맣게 타버"(「정말 왜 이러는 거야」)릴 수밖에 없었던 농산물 시장의 파국, "일반교통의 발달과 승용차의 증가 등으로 철도이용객이 급속히 감소"(「모량역」)한 까닭에 폐쇄되어야 했던 고향 역의 비애 등이 그것이다. 이러한 작품들은 문명 비판 혹은 현실 풍자의 시의식을 구성하는 주요한 요소로서 시세계 내 자리하고 있다. 한병석 시세계의 미학적 근거로서 해학을 이해하고 나아가 문명 비판과 현실 풍자의 방식을 설명하기 위해서는 이러한 요소들을 종합적으로 귀납해야만 한다.

03

한병석 시세계의 문명 비판적 요소는 다양한 스펙트럼을 지닌다. 앞서 살핀 디지털 매체에 대한 중층적 형상화 이외에도 『애인 求함』에서 주목되는 요소는 섹슈얼리티의 양상이다. 예컨대 「구멍 정복은 짜릿하다」를 보면, "구멍은 작지만/ 본능적으로 움츠리는 습성이 있어/ 쉽게 정복되지 않"음으로 인해 "구조적으로 구멍 정복을 좋아하는/ 남정네"들을 이끈다. 이 노골적인 성적 기제는 "단풍 꽃비에 젖어" 의외로 "매끄럽게 쏙쏙 빨려들어" 정복하게 된 "난공불락의 그린 홀컵"에 대한 수사인 것으로 귀결된다. 화자는 짐짓 성적인 수사를 적나라하게 드러내지만 그것은 결코 천박하지 않은 실재와 연동되고 있다.

개천 따라
집어등이 대낮처럼 출렁거리자
물 쏘기 좋아하는 오징어들이
삼삼오오
거짓말처럼 모여들기 시작합니다

(중략)

性이 聖스럽지 못한 불야성의 城
용주골
오늘 밤도 만선입니다.

—「용주골의 밤」 부분

접붙이기
그 살갗 부딪히는 소리가 얼마나 요란하던가
달빛마저 잠든 밤
돌담장 뚫고 댓돌 지나 문지방 건너
여과 없이 비구니 잠자리에 쳐들어온
숨죽여도 이빨 사이로 삐져나온 숨넘어가는 소리
그 은밀한 소리

—「운문사의 비밀」 부분

위 작품들은 한병석의 시적 섹슈얼리티가 각각 사회적 차원과 자연적 차원으로 변주되는 양상에 해당된다. 집창촌의 대명사로 기능했던 '용주골'을 시화하는 첫 번째 작품은 "性이 聖스럽지 못한 불야성의 城"이라는 언어유희를 통해 상품화된 성을 고발한다. 이때에도 화자는 "물 쏘기 좋아하는 오징어들"의 비유를 부각한다. 성스러움을 상실한 성의 타락이 특정 장소나 개인의 문제로 한정되지 않는다는 정치경제적 시선을 견지하고 있는 것이다.

두 번째 작품은 보다 본질적이고 성스러운 섹슈얼리티를 구현한다. "숨죽

여도 이빨 사이로 삐져나온 숨넘어가는 소리/ 그 은밀한 소리"는 성교의 순간을 관능적으로 재현한다. 그런 외양과는 달리 소리의 주체는 접붙이기를 한 경내의 단풍나무이다. 이때 쾌락의 소리는 인간의 차원을 넘어 존재의 본질을 알리는 감각으로 전이된다. 따라서 "바늘도 어쩌지 못하는 지독한 시련"은 비구니의 고통이 아니라 오히려 물활론의 비의를 깨닫는 경이로운 환희에 가깝다. 한병석 시의 섹슈얼리티는 이처럼 만물의 존재론적 감각을 현현하기도 한다.

한병석 시의 섹슈얼리티가 이르는 도덕적 판단 양상이 시적 공감을 형성하기만 하리라고는 볼 수 없다. 역으로 따지자면 이러한 시상 패턴은 억눌린 욕망의 대리 만족이자 감정적 배반이기도 하다. 한병석 시세계의 섹슈얼리티가 결국 사회적 긴장으로 귀결되는 구조는 도덕적 의장일 것이지만 기만의 포즈이기도 한 것이다. 주체의 감정에 진솔하자면 성적 행위의 객체는 성적 대상이어야 한다. 푸코의 탁월한 묘파가 증거하듯 성적 욕망의 통제는 전역사적 과정 속에서 감시와 처벌의 기제로 기능해 왔다. 성욕의 억제와 도덕적 규율은 권력이 작동하는 방식의 결과이기도 한 것이다.

이러한 분석은 한병석 시세계의 시적 성취를 상쇄하지 않는다. 그보다는 미적 자율성에 기반한 자아의 내면세계로부터 벗어나려는 역동을 보고자 한다. 신체적 욕망으로부터의 탈주는 서정시의 운명을 극복하려는 강제적 장치이자 의도일 수 있다는 점을 주목하려는 것이다. 이러한 메커니즘은 앞서 본 문명 비판의 양상과 결합되어 한병석 시세계의 고유한 지평을 형성하게 된다.

그래서 시인을
시시한
인간이라고 한답니다

요게,

요즘 초등학생 입에서 칼날처럼 튀어나온 말이랍니다

콘크리트로 칠갑한 세상
아이까지도 콘크리트로 만들어 버렸습니다.

—「Fool Proof」 부분

시인의 가치가 존중되지 않는 세태를 풍자하는 이 작품은 그 비하의 언명 주체가 '초등학생'임에 주목한다. 순수해야 할 동심의 세계에 왜곡된 현실이 비쳐지기에 더더욱 심각한 실정임을 강조하려는 듯하다. "콘크리트로 칠갑한 세상"은 문화 자체가 사회적 시멘트 역할을 한다는 프랑크푸르트 학파의 경구를 환기한다.

동심의 삐딱한 시선은 어린이 개인의 잘못이 아니다. 그것은 구조적인 문제이고 사회적 관계의 결과에 가깝다. 프랑크푸르트 학파의 대중문화론에 따르면 물신화된 세계에서 산업화된 문화 구조는 비판의식을 차단하고 그 결과 대중의 특이성을 집단화된 정체성으로 이끈다. 이런 특성이 곧 사회적 시멘트로서 대중문화를 규정하는 근거가 된다. 위 작품은 생산 시스템에서 '실수예방 장치'(Fool Proof)를 설명하기 위한 시적 비유로 씌어졌지만, 그로부터 나아가 우리 사회와 문화의 문제적 상황을 진단하고 불량 제로의 사회적 공정을 희구하는 무의식을 엿볼 수 있다.

한병석의 풍자 세계를 완성하는 그 밖의 요소들이 있다. 우선, 「해독(解讀)」을 위시하여 시집 2부에 바쳐진 '어머니'에 대한 헌시가 그것이다. 가령 「빈 화분」에서는 "언제나/ 철철 넘칠 거 같"지만 "어느날/ 밑자바리 통째로 뚫려버린/ 화수분" 같은 존재로 어머니를 그린다. 주지하는 바와 같이 어머니라는 상징은 가장 본질적인 것에 해당된다. 생명의 궁극적 요소이자 원형이기도 하다. 이에 대해서는 별도의 설명이 필요치 않으리라 본다. 해당 시편들은 기타 작품의 요설적 표현으로 인한 오해, 관능적 묘사가 결과할 범박함 등을 상쇄하려는 시적 장치로 기능하고 있다. 한병석 시세계의 인간적 요소를 드러내는 적나라한, 그런 만큼 순수한 수사들일 수도 있겠다.

다음으로, 위와 같은 시와 비시 혹은 비유와 직설의 긴장이 길항하는 시세계 한편에 '자연'에 대한 신뢰가 자리하고 있다. 자연은 "하얀 물방울무늬 박힌 쪽빛 블라우스에/ 아랫도리 훤한/ 짧은 황금색 미니스커트로/ 우아하게 치장한,/ 익을 대로 익어/ 터질 듯 탱글탱글한 그 자태"(「가을에 꼴려」)라고 하는 관능적 이미지로부터, "세상을 걸어가는데/ 턱없이 부딪히는 게 많거들랑/ 갈대밭을 구경하거라// 갈대밭에는/ 바람이 세상에서/ 가장 편안한 자세로 걸어가더라"(「갈대의 지혜」)와 같은 혜안의 소유주에 이르기까지 폭넓게 형상화되고 있다.

기다렸다는 듯이
아등아등
산수유가, 홍매화가, 개나리가
훌렁훌렁 벗고 있네요

살짝 눈길만 줬을 텐데
스스럼없이 홀딱 벗게 하는
저 부드러운 카리스마

땡빛을 내서라도
이놈의 행동거지를
철저하게 닮고 싶어 봄, 봄, 봄

—「벤치마킹」 부분

자연에 대한 전유는 서정시의 오랜 숙명이기도 하다. 한병석의 자연 시편들은 이러한 관성으로부터 자유롭지 못함을 증거하고 있지만 위와 같이 특유의 해학과 섹슈얼리티를 변주함으로써 개성적 지점을 마련한다. 또한 미메시스의 영원한 원천이자 동일시 대상으로서 자연과 계절을 호명하는 형국도 남다른 재현의 국면이라 하겠다.

오늘날의 인식론적 지평은 자연에 함의된 중층적 층위를 다양하게 설명하고 있다. 예컨대 자연이라는 것은 스스로의 가치를 인식하지 못한다. 자연 혹은 자연 공간은 연출의 대상이 아닌데 그것은 이유가 존재하기 않기 때문이다. 같은 맥락에서 "한 송이의 장미에게는 '왜?'가 있을 수 없다. 장미는 그냥"(앙리 르페브르, 양영란 역, 『공간의 생산』, 에코리브르, 2011) 개화하는 것이다. 결국 의미를 지니는 장소를 창출하고 그 가치를 구성하는 것은 인간에 의한 사회적 생산의 결과라 볼 수 있다. 자연은 따라서 그 자체로 '작품'에 해당된다. 반면 시는 작품이면서 곧 '상품'이기도 하다. 이는 아우라의 부재로써 현대 사회의 예술을 진단하는 벤야민을 인용하지 않더라도 익히 알 수 있는 사실이다. 우리 시대의 시는 인쇄의 순간과 동시에 반복 생산되며 유통되는 상품 메커니즘 속으로 편입될 수밖에 없다.

관건은 상품으로서의 시라는 운명에 대한 인정 여부가 아니다. 문제는 상품 자체가 아니라 상품이 물신화되는 경향에 있다. 이때 무한 증식하는 자본의 논리에 맞서 진정한 '자율예술'(아도르노)을 실천하려는 의지가 주요하게 부각된다. 한병석의 자연은 적어도 본연의 가치를 지닌 대상으로서 그 물성을 존중하려는 시각에서 형상화되고 있다. 또한 이를 전유하는 과정에서 특유의 장치와 해학을 견지하려 한다. "부드러운 카리스마"는 대상의 가치를 확정하고, "철저하게 닮고 싶어"는 생산적 전유의 의지를 드러낸다. 더불어 '벤치마킹'이라는 표제가 사회적 생산과 전유의 메커니즘을 상징하는 한병석 식 개념으로 유효적절히 기능하고 있다.

04

이상의 맥락을 통해 한병석 시는 궁극적으로 인간성과 진정성 회복을 위한 주술의 세계로 귀결된다고 종합할 수 있겠다. 이는 신세기의 해학을 자처함으로써 시적 실천을 지속코자 하는 한병석 식 연금술의 세계이기도 할 것이다. 그 시세계가 세태 풍자의 기법과 주제로만 특화되는 것은 아니다. 즉 서정적 자아 외부를 향한 고발과 재구의 구조만이 전부라고는 할 수 없다. 이와 관련하여 시집 전편 중 독특하게 주목되는 시 한편이 있다.

원고 청탁은 한 5년 치가 밀렸고요
강의 예약은 최소한 3년 전에
인터뷰는 아예 사절

이게 요즘의 제 근황이랍니다
여기는 시인이 딱 저 한 사람이거든요.

—「해왕성」 전문

이 작품은 실제 사건이나 현실을 근거로 하지 않은 거의 유일한 작품이면서 화자 스스로를 대상으로 하는 바람이 담긴 시적 허구를 묘사하고 있다는 점에서 기존 시편들과 다른 결을 지닌다. 여기서의 '해왕성'이 행성 이름이 아닌 화자만의 가상 공간이나 특수한 문단 에콜을 비유하는 것이라 하더라도 "한 사람"의 시인만이 존재하는 문학장은 이미 존재의 의미를 지니지 못한다. 이 허구적 근황에는 시에 대한 믿음과 희망이 전제되어 있다. 이런 신뢰야말로 부박한 이미지들에 진정성의 무게를 부여하는 근본적 기제라 할 수 있을 것이다.

위와 같은 판단을 보완하는 작품류로서 자신의 삶과 글쓰기를 반영하는 일종의 메타시적 경향을 부기해야만 한다. "내가 밥 먹고 사는 일은/ 사람 만나서 꼬시는 일이다/ 비수를 숨긴 채/ 그래서 언제나 긴장한다"(「밥, 밥, 밥」)는 자전적 고백이나, "컨설턴트 H 선생은 깔끔하기로 유명하다/ 그의 지갑도 예외는 아니어서/ 지갑 칸칸마다/ 들어가는 내용물이 정해져 있다"(「3정 5S」)는 스스로의 타자화 등을 예시할 수 있다. 이들 작품은 화자 자신을 반영하면서 시와 삶의 일치를 꿈꾼다. 인간성과 진정성을 향하는 한병석 시세계의 내면이 궁극적으로 귀속될 거처라 할 수 있겠다.

이때 경계할 것이 스스로의 정체성에만 함몰되는 이른바 '부패한 사랑'의 방식이다. 네그리와 하트에 따르면 "정체성과 통일성으로 인해 부패된 사랑"은 "창조를 포함하지 않으며 차이 없는 반복"에 그친다. 진정한 사랑은 "공통적인 것 안에서 이루어지는 특이성들의 마주침과 실험"이라는 것이다.(안토니오 네그리·마이클 하트, 정남영·윤영광 역, 『공통체』, 사월의책, 2014) 이러한 입장은 한병석 시의 세태 풍자와 근친적 사랑이 자신만의 정체성을 넘어 특이성들과의 조우를 실천하려는 의지로 개방되어야 함을 시사한다. 이는 근공간 중심의 장소애 혹은 자연의 선험적 가치론에 집중되는 시선으로부터 인식론적으로 단절하는 과정이기도 하다. 그리하여 자연과 세태의 시화는 원형적 수준의 '전용'을 넘어 실정적 가치의 생산으로 '전유'되어야 할 것이다.

요컨대 한병석의 『애인 求함』은 일상적 언어를 그대로 부려 쓰는 시적 진술에 의해 대개의 시상이 전개되고 있다. 시어의 조직과 긴장이 상대적으로 느슨하다는 점에서 그의 수사들은 시적이라기보다는 문학적 요설에 가깝다. 그 요설을 해석하는 입장은 다양할 수 있다. 이 글은 확보 가능한 의미를 최대한 에둘러 살피고 구성하는 길을 택했다. 한병석의 시작이 본 발문에서 지적했던 방식을 의도했다고는 단정할 수 없다. 애당초 현학적이고 이론적인 시학으로부터 거리가 먼 원심력으로 작동하는 것이 그의 시세계가 공정되는 원리인 듯 보이기 때문이다. 하여 한병석 시는 독자들의 지평 속에 그저 원시림처럼 남게 될 것이다. 이를 취해 자신만의 시적 공간을 생산하고 전유하는 것은 문명을 앞둔 원시인들, 바로 우리 스스로의 몫이다.

거울나라의 사설
—김영석의 『거울 속 모래나라』

01

근대 제도의 전지구적 확산과 더불어 서사시는 사라진 장르가 되었다. 미분화된 제도는 시간과 공간은 물론 초인적 세계관을 과학적으로 재구하는 결과를 낳았다. 서사시의 언어는 전인류적이고 초국가적인 사유를 대리하는 표상이었다. 대지모신의 상상력을 매개하던 서사시는 인간 내면을 떠나 언어의 물성을 현현하는 도구이기도 하였다.

전면화된 이성중심주의가 장소와 감성을 분할하면서 언어 역시 기호의 차원으로 전락하게 된다. 지시적 언어에 충실하는 이른바 산문의 시대가 도래하게 된 것이다. 현대 사회에 일반화된 단형 서정의 운명은 이러한 국면으로부터 비롯된다. 시는 이성의 시대라는 패러다임에 걸맞게 지극한 동일성의 세계로 특화된다. 대상을 전유하여 내면의 이미지로 재현하는 방식은 오늘날 서정시의 대표적 발생 원리로 지속되는 중이다.

신화와 역사의 세계로부터 멀어진 서정시의 운명은 그 자체로 미적 인식의 한계를 동반하는 것이기도 하다. 거대 담론으로서의 기능을 스스로 제한하는 현대적 의미의 서정시는, 미학적 제도가 부여하는 다양한 예술적 가치에도 불구하고, 동일성의 원리에 의해 전유된 이미지의 현재적 순간이라는 제한으로부터 자유로울 수 없다. 시는 미적 텍스트가 지닌 고유의 아우라 혹은 정론으로서의 담론 기능을 상실한 지 오래다. 이런 차원에서 보자면 소위 현실주의적 관점의 시나 현대판 서사시의 노력은 문학이 지녔던 정치성을 회복하고 전역사적 의미를 구현하기 위한 도전들이었다고 해석할 수 있겠다.

한국 현대문학의 흐름 속에서 김영석의 산문시편이 지니는 특별한 의미 역시 이와 연동된다. 김영석은 배재대 교수로 정년퇴임할 때까지 대전지역을 중심으로 활동하면서 자신만의 독특한 시세계를 구축해 왔다. 스스로 '사설시'라 부르는 김영석의 시편들은 기존 서사시와도 다르고 이른바 이야기시류와도 차별성을 지닌다. 시인 자신은 "산문으로 된 이야기를 배경으로 두고 쓴 시로서, 시와 산문이 하나의 구조로 결합되면서 좀 더 높은 수준의 새로운 시적 영역"(「시인의 말」)이라 설명한다. 『거울 속 모래나라』(황금알, 2011)의 시편들은 확실히 새로운 형식을 보여주는 데 성공하고 있다. 하지만 새로움 자체가 미적 수월성을 담보하는 근거가 아니라면 이 형식의 전위성에 대해서는 보다 면밀한 논의가 필요하리라 본다.

김영석 사설시의 도발적 상상력을 추인하는 동력은 무엇보다도 사물화된 현실로부터 비롯될 것이다. 부박한 현실과 그에 관한 진지한 소통의 시적 추구는 김영석 문학의 특장으로 이미 증명된 바 있다. 김영석의 사설시가 전제하는 현대 사회는 일종의 괴물 표상이 지배하는 현실을 배경으로 지닌다. 「그 짐승」이나 「매사니와 게사니」 등은 우리 시대에 존재하는 괴물을 형상화하는 대표적 작품이다.

> 조용한 짐승.
>
> 그것은 실물이 아니라 무슨 그림자이거나 사람들이 그런 것이거니 하고 믿고 보는 헛것인 것만 같았다.
>
> 그리고 공중에 떠도는 듯한 그 불길한 그리메가 갑자기 제 모습을 나타낸 것처럼 사람들이 동시에 화들짝 놀란 것은 우리 안에서 잔뜩 겁을 먹은 눈으로 사람들을 보면서 화려한 보신용 녹용을 이따금 흔들어 보이는 사슴들은 정작

그 짐승이 전혀 보이지 않는 것처럼 행동했기 때문이었다. 사슴은 그 짐승이 거기에 아예 없는 것처럼 지나가다가 발에 무엇이 걸린 듯 곱게 넘어갈 뿐 그 짐승은 거들떠보지도 않았던 것이다. 그제서야 가랑잎이 굴러가거나 쉬파리만 날아가도 일쑤 짖어 대던 농장의 개조차 그 짐승을 보거나 단 한 번도 짖어 대지 않았다는 것에 생각이 미쳤다. 분명히 짐승들한테는 그 짐승이 보이지 않는 모양이었다.

(중략)

이 말도 안 되는 난리통에 어느새 누가 지었는지 사람들은 이렇게 미친 사람들을 <언둔갑言遁甲>이라고 불렀다. 언필칭 언둔갑이라 하니 딴은 그럴듯한 작명이었다. 온갖 것으로 둔갑하는 그 짐승을 보고 발병하여 말을 가지고 둔갑을 하니 그런 이름이 생겨날 법도 하였다.

—「그 짐승」 부분

도대체 꿈이 아니고서야 세상에 어떻게 이런 일이 일어날 수 있단 말인가. 그러나 분명 꿈은 아니었다. 꿈이기는커녕 멀쩡하게 시퍼런 눈을 뜨고서 목숨이 왔다 갔다 하는 것을 보고 있는 판이었다.

(중략)

누가 처음에 그렇게 부르기 시작했는지 또 그것이 무슨 뜻인지도 모르는 채 사람들은 언제부터인지 그림자 없는 사람을 매사니라고 부르고 임자 없는 그림자를 게사니라고 부르고 있었다. 어느덧 세상은 온통 게사니떼의 뜨더귀판이 되어 있었다.

—「매사니와 게사니」 부분

괴물은 예고 없이 불현듯 나타난다. 「그 짐승」에서 어느 날 문득 "이 무슨 대낮에 난데없이 낮도깨비가 튀어나와 애들 앞에서 재주넘는 일"처럼 발견된 "아주 이상하게 생긴 짐승"은 다른 동물에게는 보이지 않고 카메라 영상 속에도 잡히지 않는다. 그러던 중 갑자기 사라지는가 했더니 "갖가지 짐승과 가축이 그 둔갑하는 짐승으로 변하"였으며, 짐승들을 본 사람들은 위의 '언둔갑' 증상을 앓게 된다.

「매사니와 게사니」 역시 "꿈이 아니고서야 세상에 어떻게" 일어날 수 없는 사건을 그린다. 언제부터인지 모르게 그림자가 없는 사람이 생겨나 '매사니'로 불리고, 임자를 상실한 그림자는 '게사니'로 거듭나 "제 어미와 자신까지 죽이"는 존재가 된다. 게사니떼의 천적이 흰 토끼라는 소문에 "바야흐로 세상은 토끼의 천국"으로 변해가는 촌극이 연출되기도 한다.

이런 정황은 그 허황됨의 이면에 몰상식과 기형적 사건이 항존하고 있는 세태를 환기한다. 말장난과도 같은 이 황당한 이야기들은 결코 몽상의 차원으로 한정되지 않는 것이다. 기괴한 짐승들과 언둔갑의 횡행, 스스로 매사니가 되어가는 파국적 세태 등은 결국 시대를 반영하려는 풍자 정신이 과잉된 결과라고 해석할 수 있다. 화자는 산문시의 형식을 빌어 기이한 괴물들의 출현이 우리 시대와 무관하지 않음을 직접적으로 진술하기도 한다.

그렇기에 지극히 상징적인 구조로 현실의 비의를 지향하는 김영석 시편들은 때때로 놀랄 만한 시사성을 드러내기도 한다. 2000년대 한국사회가 직면한 다양한 괴물들을 보면 「그 짐승」이나 「매사니와 게사니」의 서사와 이미지가 과잉된 것이 아님을 인정할 수밖에 없다. 세월호 비극이나 메르스 사태는 괴물의 현재성에 관한 대표적 예시이다. 이 부끄러운 사건들을 직면한 권력과 제도는 김영석의 작품에서 괴물을 대처하는 방식과 마찬가지로 무기력할 따름이었다. 즉 "하나마나한 발표문"(「그 짐승」)을 공표하는 데 그치거나 "일정한 장소에 수용하여 관리하는 것이 고작일 뿐 속수무책"(「매사니와 게사니」)이었던 것이다. 『거울 속 모래나라』의 상상된 이야기들이 결국 이 시대의 삶과 일상을 환유하고 있다는 사실은 시집에 드리운 우울한 그림자가 우리 모두의 묵시록에 해당되기도 한다는 점을 은연중 웅변하고 있다.

02

김영석 사설시의 특징 중 하나는 판타지 양식을 취하고 있다는 점이다. 판타지라고 하는 외장은 우리 시대의 유령에 맞서는 김영석의 시적 전략이라고 할 수 있겠다. 문학장의 흐름과 관련하여 판타지에의 주목은 중층적이고도 시의적인 입장에 해당된다. 현대 문화에 자리한 판타지의 높은 위상은 문화 권력을 좌우하는 후기자본주의적 속성에 유비되기도 한다. 그럼에도 불구하고 판타지는 차후 예술의 미래를 전조할 상상력의 주된 화소임을 부정할 수 없다.

판타지의 부각은 그 자체로 거대 담론의 해체와 재현의 다양성을 증거하는 포스트모던적 현상이겠지만 문학적 판타지가 근대에 의해 구획된 제도로 한정되지는 않는다. 전통 신화, 민담, 전설 등 설화의 장 속에서도 시공간 설정이나 인물의 배경과 능력 등에서 판타지적 요소를 발견할 수 있다. 장자의 호접몽이 상징하는 동양철학의 구조적 성격도 이와 연동된다. 가시적 실재를 넘어 초월 세계를 전제하는 구도의 메커니즘이 동양적 세계관의 한 특성임은 주지하는 바와 같다.

김영석 시의 경우 환상적 서사를 이끄는 핵심 기제로서 변신 모티프를 들 수 있다. 거울 속의 자신으로 자아 탐색의 기행을 떠나는 「거울 속 모래나라」는 이와 관련된 대표적 작품에 해당된다.

> 그가 거울 속으로 들어오게 된 것은 순식간에 벌어진 일이었다.
>
> 몇 달째 끝을 맺지 못하고 고심하고 있던 「언어와 인식의 형상으로서의 세계」라는 논문에 매달려 있다가 잠시 생각의 실마리를 풀기 위해서 그는 방안을 이리저리 서성거렸다. 그러다가 벽에 걸려있는 거울 앞에 멈추어 서서 찬찬히 자신의 모습을 바라보았다.
>
> 거울에 비친 자신의 모습이 마치 처음 보는 사람처럼 생소하다고 느끼고 있는데 그 때 갑자기 수천 마리의 불개미떼가 뇌수를 파먹기라도 하는 듯 참을 수 없는 두통이 몰려왔다. 그는 두 손으로 머리를 감싸쥔 채 비틀거리며 거울에 이마를 기대려고 상반신을 숙였다. 그런데 아무런 물체의 저항도 받지 않고 머리통과 상반신이 그만 앞으로 쑥 들어가는 것이었다. 그 바람에 넘어지지 않으려고 급히 한 두 걸음을 내어 딛으면서 눈을 떠 보니 거울 속이었다.
>
> —「거울 속 모래나라」 부분

'그'는 이렇게 "아주 낯설고 이상한 도시"인 "거울 속"으로 들어오게 된다. 거울 속은 "쌍동이처럼 똑같은 사람들이" 살고, "알고보니 이 나라는 냄새가 없었"으며, "모든 것들은 한낱 모래의 신기루에 불과한 모래나라"인 곳이었다. 그러던 중 "자기와 똑같은 신세"의 여자를 만나 함께 탈출을 시도한다. 전지적 시점의 화자는 친절하게 그의 내면을 묘사하는 동시에 이 환상의 여행이 지닌 본질을 설명하고 있다. 즉 그는 "문제는 거울이다. 거울 속의 〈나〉를 바라보다가 돌이킬 수 없는 사태가 발생했다. 그러니 이곳을 벗어날 수 있는 길도 거울에 대해서 그리고 거울을 바라본다는 것에 대해서 좀더 곰곰이 따져보면서 찾아볼 수밖에 없는 일"임을 발견한다. 결국 그는 해법을 찾아내는데, "이제 여길 빠져나갈 길을 찾았습니다. 그러니까 거울을 보면 안됩니다. 어디까지나 거울에 등을 돌리고 뒤로 가야 합니다"와 같이 거울나라를 탈출하는 방법은 곧 뒤로 걷는 것이었다. 그렇게 거울을 빠져나온 그는 모래나라에서 헤어진 그 여자의 서점을 찾아가지만, 어찌된 일인지 서점에 있던 여자는 자신을 전혀 알아보지 못한다. 결국 "모래나라의 이야기는 영원한 비밀로 묻어두어야" 하는 그는 "거대한 허공의 거울"만을 바라볼 수밖에 없다.

자아를 찾는 심리적 여정은 오랜 문학적 화소이기도 하다. 1930년대 이상의 문제적 작품으로부터 전후 소설, 1980년대 이후 해체주의 문학에 이르기까지 불안한 주체에 대한 문학적 탐구는 지속적으로 등장해 왔다. 「거울 속 모래나라」는 변신 모티프로써 중층적 내면 심리를 묘파한 최상규의 걸작 『새벽기행』(문학사상사, 1989)을 연상케 한다. 이 장편 소설은 어느 순간 주체의 자리('Q')에 끼어든 '그'로 인해 진지한 자아 성찰의 여정을 떠나게 되는 '나'의 이야기이다. 소설은 나를 대신하는 그가 등장하는 "그 일이 일어났던 날 새벽"에서 출발하여 "우화등선(羽化登仙)에 실패한 나의 귀환"을 맞아들이는 같은 날 새벽에 끝이 난다. 이 같은 구조는 일종의 원점 회귀형 플롯으로서 여기서의 이야기는 환상의 시간을 통해 전개되고 있다. 「거울 속 모래나라」의 그가 경험하는 거울 속의 기행은 소설의 일부 장치를 반복한다. 예컨대 소설 속에는 모래헤엄 치는 여자, 뒤로 걷는 노인 등이 등장하는데 위 사설시에도 모래와 뒤로 걷는 행위가 거울 속의 세계를 반성하는 주요 기제로 작용하고 있는 것이다. 이렇듯 『새벽기행』과의 대비는 이 시를 이해하는 데 있어 주요한 참조점을 제공하리라 본다.

『새벽기행』은 결국 "말할 수 없이 피곤하고 초췌한 모습"으로 나의 자리에 귀환하며 마무리된다. 우화등선에 이르지 못했지만 그것은 실패의 모험만이 아니었다. "나는 그때, 땅을 무너뜨리자면 무너뜨릴 수도 있다는 자신감을 가지고 걷"게 되었던 것이다.[1] 끝내 우화등선에 실패하여 초췌한 모습으로 복귀할 수밖에 없다고 하더라도, 그런 기행은 불안한 모든 주체를 충동한다. 나라는 인식 주체는 언어의 세계를 뚫고 솟아오르는 억압된 무의식을 영원한 타자로 동반하고 있다. 소설은 이처럼 내 안의 타자라는 존재를 인식케 하고 나아가 자아 성찰의 욕망을 충실히 재현해 보인다. 이러한 결말은 「거울 속 모래나라」와 확실히 대비되는 지점이다. 모래나라의 그는 "거대한 허공의 거울" 아래 반영될 수밖에 없었고, 후화에서는 "두 개의 옛 거울은 잃어버린 채/ 남은 한 개의 거울만을 오른 손에 들고서/ 늙은 무녀가 댓잎 서걱이는 소리로/ 헛되이 헛되어 넋을 부르는/ 천지사방 모래바람 날리는 이 곳"의 거울나라가 전경화될 뿐이다. 거울이라는 라깡 식 상상계의 표상은 "세 개의 거울"로 중층 분리되어 "거울 사이 다시 한 번 금사다리를 놓아"야 하는 주술의 대상으로 변주된다.

결국 이 작품은 자아 탐색이나 주체의 정립 문제보다는 언어의 무화 자체가 주요 계기로 작용하는 셈이다. 언어의 무용은 모래나라 속의 헛것들이 사용하는 언어에서도("그것은 말이라기보다 차라리 쇠붙이를 긁어대는 소리이거나 무슨 물건들이 서로 부딪치는 소리"), 거울의 미망과 존재의 속성을 깨닫는 그의 언어에서도("그의 풀죽은 말들은 자음과 모음이 제각각 뿔뿔이 흩어진 채 부실부실 모래알처럼 떨어져 내렸다.") 공히 발견된다. 앞서

1) 최상규, 『새벽기행』, 문학사상사, 1989, 331쪽.

인용한 서두 부분에서 그가 매달리고 있었던 논문의 제목이 '언어와 인식의 형상으로서의 세계'였음은 이 사설의 향방을 암시하는 복선과도 같다. 작품의 제사로서 제시된 "사다리는 올라가는 것만도 아니고 내려가는 것만도 아니다./ 그것은 미로迷路의 다리, 한 가지로 오르내리는 것"이라는 비의적 문구도 언어를 대체하는 사다리, 거울 안의 상상계와 거울 밖의 상징계를 잇는 가교로서의 도구를 강조하고 있다. 이처럼 언어의 문제는 김영석 사설시집 전편을 관류하는 메인 모티프에 해당된다.

언어에 관한 사유를 전면에 내세우면서 변신 모티프를 취하는 작품으로서 「바람과 그늘」이 또한 주목된다. 이 작품에서 김영석 시세계의 변태 중 하나인 오달삼은 "섬뜩한 꿈에 외마디 소리를 내지르며 잠이 깨었다. 얼굴만 빼꼼히 내놓은 채 머리 뒷부분이 온통 흙 속에 묻힌 듯이 뒷골이 무겁고 지끈거"리는 증상으로 탈주의 여정을 시작한다. "황당하게도 하룻밤 사이에 ㅂ중학교 교사인 박 구열이라는 사내로 변신"한 그는 "최 지민. XX물산회사 제 3 과장"으로 변태를 반복한다. "거듭되는 자기의 황당한 변신" 앞에 방황하던 그는 존재를 증명하기 위해 고향을 찾고, 그곳의 '넋바위' 앞에서 "그를 기다리고 있었다는 듯이 오 달삼 씨와 박 구열 씨가 나란히 서 있"는 모습을 발견한다.

> 「당신들은 누구야?……나는 누구야?」
>
> 절규하는 소리가 미처 메아리가 되기도 전에 세 사람은 흔적도 없이 바위 속으로 사라져 버렸다.
>
> 투명한 햇살이 눈부셨다.
>
> 불어오는 바람이 넋바위에 일렁이는 갈꽃의 그늘 무늬를 고요히 드리웠다가 지우고 드리웠다가 지웠다.
>
> 이러매 내가 노래한다.
>
> (중략)

눈부신 정오의 태양 아래서
너는 생각한다
그러므로 시간은 흐르지 않고
알알이 보석처럼 빛난다
본능과 야성의 어둠에서 깨어난
보석들의 빛 속에서
너는 마침내 거울을 본다
거울 속에는 광대한 제국의 지도가 펼쳐지고
너는 거울마다 똑같은 얼굴들을 무수히 복제하여
천 개의 팔뚝에 도끼를 들고
끝없이 변경의 숲을 개간해 나가리라
그러나 보라
언어의 우울한 물질로 네가 지은
대사원大寺院의 그늘은
이제 비가 와도 젖거나 흐르지 않고
바람은 소리도 없이 잠들어 있다

—「바람과 그늘」 부분

이 작품은 위와 같은 서사의 마무리와 이어지는 후화를 지닌다. 이러한 시적 외장에는 언어의 문제가 내용과 형식상 긴밀히 관련된다. 사설시라는 형식이 언어의 과잉된 포즈를 취하지만 그 기표들은 정작 "언어의 우울한 물질로 네가 지은/ 대사원의 그늘"일 뿐이라는 자의식이 선명하다. 언어에 대한 화자의 모순적 태도에 주목할 필요가 있다.

문학은 언어를 매개로 하는 예술이다. 문학 행위는 효율적인 기호로써 인간 삶과 사건을 재현한다는 점에서 언어에 대한 고도의 사유가 필수적으로 요청된다. 서정시는 가장 경제적인 언어로 문학의 정의를 체화한다는 점에서 절정의 언어적 긴장이 수반된다고 할 수 있겠다. 그런데 김영석의 사설시편들은 시어의 운명과 관련된 발본적 성찰을 담고 있다. 앞서 본 「그 짐승」이 지닌 황당한 공상의 중심에도 언어라는 상징이 자리하고 있다. 언둔갑 환자들은 "도무지 말이 통하지 않"는 증상을 보인다. 이를 두고 화자는 "그가 말하고자 하는 속뜻은 밥 너머에 있는 그 무엇인데, 그 무엇이 딱 잡히지 않는 오리무중이어서 우선 급한 대로 밥으로 둔갑하고 또 그 밥이 밥만이 아닌 까닭에 자꾸 다른 것으로 둔갑하는 것이 아닌가 싶"다고 설명한다. 이런 유희의 본령에는 역설적으로 언어가 지닌 한계에 대한 인식이 담겨 있다.

언어를 부정하는 선명한 자의식은 김춘수 식 무의미시를 환기하기도 한다. 그러나 김영석의 언어도단은 김춘수 류와는 다른 것이다. 김영석은 언표의 발생 원리 자체를 부정하지 않는다. 김영석 사설시의 어법은 기호를 파괴하는 것보다는 기호의 지시적 의미를 활용하여 기호 지평의 부정성을 물화하려는 논증에 가깝다. 언어의 현전을 통해 언어의 부재를 감각코자 하는 것이다.

이와 더불어 「바람과 그늘」에는 몇 가지 중요한 상징이 반복해서 등장한다. 표제로 사용된 '바람'과 '그늘', 그리고 그가 정체성을 확인하는 '고향'이 그것이다. "움직이지도 변하지도 않는 잔인한 공간"이 그늘에 유비된다면, "잠시도 쉬지 않고 변하는 나"는 바람을 환기한다. 고향에 대해서는 "되돌아가는 곳이 아니라/ 날마다 꿈꾸는 미지의 땅"으로 형상화하고 있다. 언어의 존재론은 이들 중심 모티프의 내적 연관 속에서 보다 선명해진다. 언어는 "우울한 물질"로서 "대사원의 그늘"을 드리우는 도구이다. 반면 모든 존재는 "바람으로 떠나야 하"는 운명을 지닌다. "모든 것은 제 무게만한 그늘을 드리우고/ 제 그늘 속으로 떨어"지는 것이다. "미지의 땅"인 고향은 안식처나 해결책이 될 수 없다. 이때 언어의 존재는 불가항력이자 불립문자다. 김영석 시의 판타지는 결국 언어의 주검이요 무덤을 그리고 있다.

03

김영석의 사설시가 극단적 상상의 구조로만 점철되는 것은 아니다. 일부 작품에서는 역사나 가족에 시선이 가닿고, 때로 인간의 삶을 구성해가는 무명씨의 흔적을 애처로운 촉수로 포착하기도 한다. 예컨대 "이름도 없는 작은 암자에 가서 파라치온을 마시고 자살해야만 했던" 동창생을 통해 "하늘이 둘로 나누어질 수밖에 없는" 이유를 체현하는 감각(「두 개의 하늘」), "빨갱이 삑다구"일 수도 있고 "군경의 유골"인 듯도 한 "아직 흩어지지 않은 채 고스란히 남아 있는 백골 한 구"의 경험(「지리산에서」), "광해군의 처족들과 권신들을 풍자하여 지은 궁류시宮柳詩가 비명의 화근이었"던 허균에 대한 기억(「독백」), "그의 무덤은 어느 한 장소에 있는 것이 아니라 흰옷 입은 사람들이 사는 곳이면 어디든지 있을 수밖에 없는 것"이라고 명시되는 전봉준의 현재성(「아무도 없느냐」) 등은 개인과 역사를 넘나들며 삶의 진정성을 진지하게 반성하는 시적 표현들이다. 집단 내 갈등으로 스스로를 도륙한 고대의 종교적 사건을 통해서는 "끔찍한 인간성의 한 비의"(「외눈이 마을」)를 발견하기도 한다.

이처럼 다양한 의미망을 지닌 김영석의 사설시를 일반화하는 기존 시론이 가능한가의 문제가 제기된다. 김영석 사설시편들은 현 단계 어떤 시학으로도 설명할 수 없는 특수한 자질을 지니고 있다. 제도화된 이론으로는 그 의미와 지향을 설명하기 어려운 것이다. 이는 언어의 용도 자체를 근본적으로 회의하는 김영석 시세계의 전반적인 경향과 연동된다. 무의미를 가리키는 기표로서의 이른바 비의미 시를 일관되게 추구했던 김영석 시세계의 전사가 참조되어야 한다.

주목할 점은 김영석 시의 언어에 대한 입장이 무의미의 실제를 가리키는 기표로서의 언어라는 전제에 입각한 것이며, 이는 이른바 상징계의 질서와도 다른 층위를 형성한다는 점이다. 라깡의 이론적 전제에 따르면 상징계는 '아버지의 이름', 곧 언어적 규율에 의해 성립되는 법과 질서의 장이다. 반면 상상계는 자아의 정립 이전에 충만한 이자관계를 형성하지만 주체의 입장에서는 원초적인 소외 단계로서 지양의 대상일 수밖에 없다. 이러한 무의식적 범주의 사회학적 전유는 이들 개념이 결과적으로 탈중심화 혹은 소외의 영역을 다룬다는 이론적 입장으로부터 비롯된다. 김영석 시세계의 핵심 상징 중 하나인 '거울'은 상징계와 대타적 단위를 이루는 상상계에 비견될 것이지만, 상징계의 전제 자체가 무화됨으로써 거울 역시 범주적 대립항 층위를 넘어선다. 「거울 속 모래나라」에서 암시된 것처럼 거울은 '사다리'와 같은 언어의 변태를 인식하는 장인 것이요 불가항력의 언어는 비의미 혹은 무의미를 봉합하는 부표일 뿐이다.

김영석 사설시의 개성적인 자질은 분명 근대적 시학의 공준을 근본적으로 재구하고자 하는 의도적 노력의 결과일 것이다. 여기에는 화자의 동일성의 세계로 귀납되는 서정시의 발생 원리 자체에 대한 불신과 회의가 전제된다. 이는 곧 근대라는 제도가 보편화한 미학 원리에 대한 반성적 성찰이자 도전적 모험일 수 있다. 더더욱 『도의 시학』(민음사, 1999)이 집약하는 것처럼 동양 시학의 보편적 지평을 오랜 시간 이론적으로 모색해 온 전력은 그의 상상력의 세계가 목표로 하는 지점을 암시하는 결정적 단서라고 하겠다. 김영석 시의 언어관은 동양 사상에 내재된 다원적이고 연기론에 근거한 세계관을 반영하고 있다.

그럼에도 불구하고 김영석의 시편들은 서정시가 지닌 근본적 인식 구도에서 벗어나지 못하는 모순의 구조를 내포하기도 한다. 이는 이야기 제시의 사설과 단형 서정의 결사를 잇는 "이러매 내가 노래한다"의 형식에서 결정적으로 드러난다.

> 이러매 내가 노래한다.
>
> 하나의 쇠붙이가 종과 포탄으로 나뉘어
> 한쪽에서는 폭음이 울리고
> 또 한쪽에서는 종소리가 울리네
> 한 몸 한 마음이 천지와 만물로 나뉘어
> 저저금 제 소리로 외치고 있네
> 대추나무에 포탄 종을 걸어 놓은 까닭은

이제는 포탄과 종이 하나가 되어
하늘 끝까지 땅 끝까지 울리라는 뜻이네
잘 익은 대추가 탕약 속에서
갖은 약재를 하나로 중화시켜
생명을 살려내고 북돋우듯이
대추나무 포탄 종을 울리라는 뜻이네
천지는 나의 밥이고
나는 또한 천지의 밥이니
쉼 없이 생육하고 생육하라는 뜻이네

—「포탄과 종소리」 부분

김영석 사설시편들의 구조적 특징 중 하나는 결사 부분이 위와 같은 형식으로 반복 구성된다는 점이다. 위 작품에서 화자는 소년 시절을 "변산반도 마포나루에서 바로 건너다보이는 섬"의 "원불교의 요양원이나 수도원 비슷한 그런 곳"에서 보내게 되는데, 이때 "하루 세 끼 공양 시간을 알리는 종"이 "육이오 전란의 유물임이 분명한 커다란 포탄 껍데기"임을 기억하고 있다. 이에 대한 긴 사설을 진술한 이후 위 인용 부분이 후화로서 제시된다. 기억의 핵심 전언은 "죽음의 포탄이 지금은 생명의 종소리로 바뀌었다는 사실"이다.

주목코자 하는 대목은 "이러매 내가 노래한다"는 일종의 제시문 부분이다. 이는 곧 사설의 주문이 '나의 노래'임을 명시하는 것이요 시화의 전편이 서정적 자아의 세계 내부에 존재함을 단정하는 형태이다. 또한 독립된 행으로 처리됨으로써 사설과 후화의 분리를 가시적으로 구현하는 효과를 낳는다. 이러한 구성은 이 시집의 내용과 형식이 지닌 특징을 강하게 표상한다. 지시문 시행은 긴 사설을 결국 '나'의 내면으로 귀납시키는 서정적 지표인 것이다. 이 내화된 진술 속에는 이야기의 화소와 전체 시상이 집약된다. 즉 "생육하고 생육하라"와 같이 궁극적 주제를 담은 시행이 이 단형 서정에 포함되고 있다.

서정적 자아의 내면화를 통해 단일한 목소리로 이야기를 귀결하는 양상은 의도적인 사설시의 지향, 즉 다성성의 혼재 양상과 모순되는 지점을 형성하게 된다. 어쩌면 김영석 시의 무의식이 정박되는 시적 형식이기도 할 것이다. 김영석 시세계의 출발은 이미 지극히 서정적인 것이었다. 시인은 스스로 "시대의 어둠과 암울을 장광설로 쏟아내는 장시의 풍"[2]에 대한 대타적 시선을 의도적으로 견지한 채 시단에 발을 디뎠던 바 있다. 김영석 시는 사물화된 현실 속에서 장르적 구성 자체를 재구하려 하지만 결국 천성의 서정시 범주 안에 귀속되었던 것이다.

이 시집의 시편들이 성스럽게 제안하는 존재론적 경구 중 하나로서 앞서 본 "모든 것은 제 무게만한 그늘을 드리"(「바람과 그늘」)운다는 명제를 들 수 있다. 모든 존재가 스스로의 그늘을 벗어날 수 없으니 그늘은 곧 감옥이기도 하다. 결국 삼라만상은 스스로 지닌 양태만큼의 감옥과 더불어 존재하는 것이다. 이런 혜안은 사회학적인 것일 수도 있고 정신분석학적인 것일 수도 있으리라 본다.

> 눈썹 끝 타오르는 노을 속에서
> 수많은 새떼들이 부화하여 날개를 치는
> 서해 바다 뻘밭으로 우리는 가자
> 여기저기 막혀서 끝내 더는 갈 수 없을 때
> 세상의 모든 길 다 죽어버린 곳
> 세상에서 어찌할 수 없는 것들만 모여 사는 곳
> 온갖 징역살이의 시커먼 머리채가
> 바람결로 풀려서 일렁이는 곳
> 서해 바다 뻘밭으로 우리는 가자
> 거기 노을 속 막막한 뻘밭에
> 새벽같은 알몸들을 딩굴게 하여
> 온 몸을 칭칭 감은 사슬자국 멍을 삭이고

2) 김영석, 『말을 배우러 세상에 왔네』, 황금알, 2015, 11쪽.

아무도 뺏을 수 없는 우리들 성욕으로
천 이랑 만 이랑 푸른 파도를 만들자
천 이랑 만 이랑 푸른 어깨를 겯고
멱찬 밀물되어 우우우 뭍으로 달려가는
새끼짐승들의 희고 튼튼한 발굽들을 만들자
길어 내어 길에 갇힌 너희들은 모른다
어떻게 뻘밭에서 파도가 파도를 낳는지
아무리 많은 길을 내어 다져도
길을 벗어난 더 많은 가슴들
드넓은 벌판과 깊은 숲이 얼마나 많은지
바람과 새들이 왜 숲 속에 깃들고 깨어나는지
길에 갇힌 너희들은 모른다

—「길에 갇혀서」 부분

인용 부분은 학창 시절 경험한 괴짜 선생님과의 일화를 소개한 후 이어지는 후화에 해당된다. 고교 시절 폭력 사건으로 수감된 화자는 감방 안에서 교원노동조합 결성 관련으로 검거된 선생님들과 조우하게 된다. 그 중 "괴짜로 유명했던, 일반사회 과목을 가르치던 정 일곤 선생님"은 감방 안에서도 예의 기행을 일삼는다. 그러다가 "성가대 아가씨들을 보고 발작하듯 성충동이라도 일으"키는데 그런 선생님의 모습이 "붙들고 있던 창살이나 보이지 않는 벽같은 것들, 그러니까 정상적으로 말을 건넬 수 없는 것들 앞에서 답답한 마음의 응어리가 터져나오는 그런 외침일" 수 있음을 깨닫게 된다.

이런 리비도의 정체는 정신병적인 것이다. 화자와 선생은 억압의 선을 뚫고 나오는 증상을 앓는다. 숙주는 병든 사회요 현실의 이면이다. 그런데 사회적 상상력을 포착하는 이런 순간에도 김영석 시는 예의 "바람과 새들"의 지평을 간과하지 않는다. 또한 "하늘 아래 있는 것 치고 새로운 것은 하나도 없으며 동시에 예대로 있는 것 또한 하나도 없다"(「그 짐승」)는 연기의 선을 놓지 않는다. 이는 그 자체로 김영석 시의 특장이요 개성일 것이다.

한편 문학사회학적 입장에서 보자면 김영석 시의 주술 세계는 강력한 구심력의 장일 수밖에 없다. 닫힌 길을 여는 원심의 지향은 김영석 시에서 내면으로 가라앉는다. 르페브르식으로 비유하자면 길을 포함한 모든 장은 사회적 장이며, 그런 의미에서 생산된 장이다. 길은 장의 생산 과정에서 구획되고 위계화된 일종의 정치적 범주일 수 있다. 그렇다면 "길을 벗어난 더 많은 가슴들"의 장은 전유되고 생산되어야 한다. 바람과 새의 장, 자연이라는 것은 스스로의 가치를 인식하지 못한다. "공간-자연은 연출의 공간이 아니다. 왜냐하면 '왜?'라는 것이 존재하지 않기 때문이다."[3] 그럼에도 불구하고 김영석 시는 구심의 자장이 주관하는 성역을 "길을 벗어난 더 많은 가슴들"과 자신만의 언어로 그리고 있다.

04

분명한 것은 김영석의 사설시가 기존 단형 서정의 지평을 훌쩍 벗어나는 사유의 깊이를 보여주고 있다는 점이다. 12편의 산문시를 담은 『거울 속 모래나라』는 시집을 넘어 이 시대의 존재론이요 새로운 세기의 미학적 가능성에 값하는 시론이라 할 만하다. 인간이라는 존재가 지닌 한계와 철학적 성찰이 곳곳에 시적 이미지로 각인되어 있다. 이는 김영석식 사설시의 형식이 아니고서는 쉽게 운용하기 힘든 시상이라 하겠다.

병든 세상을 치유하고 부재의 언어를 재단하는 김영석 사설시의 세계는 성스러운 사유의 장일 것이다. 반면 잉여의 언어와 그로 인한 요설은 일견 세속적이고 자의적이다. 성과 속이 충돌하는 시적 사유의 선 굵은 궤적은 작금의 부박한 문단에 남다른 울림을 남긴다. 김영석 시가 취하는 판타지의 상상력 역시 현실을 에두르는 정치적 욕망이면서 보편적 흥미를 수반하는 대중적 장치이기도 하다.

---

3) 앙리 르페브르, 양영란 역, 『공간의 생산』, 에코리브르, 2011, 130쪽.

판타지적 상상력 자체가 이중적인 것이다. 오늘날 문화 담론의 주류 코드이기도 한 판타지는 예술성과 상업성의 긴장 사이를 항상적으로 길항하고 있다. 또한 판타지는 비현실적 몽환의 구성물인 동시에 이데올로기의 억압으로부터 비롯되는 급진적 상상력의 형식일 수 있다. 지젝과 같은 이론가는 판타지를 통해 상징적 현실이 구성되고 주체가 그 속에 속박되는 메커니즘에 주목한다. 상징적 현실은 하나의 허구로서 비일관성과 균열로 점철되어 있으며, 판타지는 그러한 사실을 은폐하는 기능을 한다는 것이다.[4] 판타지는 따라서 현실 혹은 상징적 질서의 구조적 원리를 드러내는 동시에 감추는 중층적 계기일 수 있다. 김영석 시는 '사설'이라는 문제적 범주를 내세워 전통적이고 독자적인 환상의 영역을 개척하였다. 지양의 바람이 오래 나부껴 왔다.

> 바람은 꽃잎을 나부껴
> 제 몸을 짓고
> 꽃잎은 제 몸이 서러워
> 바람이 되네.
>
> —「낙화」(『모든 돌은 한때 새였다』, 시와시학사, 2003) 전문

김영석의 사설시편들이 행하는 대중적 포즈의 여정은 독자들의 여전한 관심사이기도 하다. 성과 속이 공존하는 거울나라의 사설이 아직 진행중이다. 그런 취향은 현 단계 미적 공준의 조명 밖일 수도 있겠다. 하지만 기존의 시선은 김영석 시세계의 지향과는 애초 무관할 수 있다. 파편적 이미지가 범람하는 시단의 세태 속에서 김영석 시는 위 「낙화」를 빌면 바람처럼 "꽃잎을 나부껴/ 제 몸을 짓"듯이 떠다니기 때문이다. 독자들은 바람에 존재가 부유하는 어느 순간, 무의미를 정박하는 언어의 틈 사이로 문득 그의 시를 다시 만날 것이다.

---

4) 슬라보예 지젝, 주은우 역, 『당신의 징후를 즐겨라!』, 한나래, 1997, 11-12쪽.

꽃말의 비의
—정수경의 『시클라멘 시클라멘』

01

언어는 물성을 재현한다. 기호로서의 운명을 벗어나 사물이 존재하는 방식을 현현하는 언어 기제는 그 자체로 마법의 주문과도 같다. 시어는 그런 주술의 극단에 놓인다. 경험적 의미망을 벗어나 물활의 감각을 여는 시어는 시인이 지닌 욕망의 구체적 조형물이자 언어가 매개하는 생성의 미학적 지평이기도 하다.

정수경의 시어 역시 물성의 비의(祕意)를 찾아 오랜 시간을 헤매어 왔다. 그렇게 해서 빚어진 시편들은 어느 하나 단순한 재기로 그치지 않는다. 중층적인 이미지 연관 속에서 시인의 사색과 사물의 본성이 서로를 물고 이어진다. 그 중심에는 단연 꽃의 감각이 자리한다.

『시클라멘 시클라멘』(현대시, 2015)은 시집 표제부터 '시클라멘'이라 한다. 등단(2008년 『시로 여는 세상』) 이래 오랜 숙의를 거친 정수경의 첫 시집 표제에 그 기표가 의미심장하게 반복되는 순간부터 독자들은 부득이한 혼돈에 빠진다. 식물에 문외한인 이는 사전부터 찾아봐야 한다. 표준국어대사전에는 설명이 이렇게 나온다.

> 1. 시클라멘속 식물을 통틀어 이르는 말. 앵초과에 속하며 약 15종(種)의 꽃

피는 다년생초로 이루어졌다.

2. 앵초과의 여러해살이풀. 땅속에 덩이줄기가 있고 여기에서 잎과 꽃줄기가 나온다. 잎은 길고 굵은 잎자루 끝에 달리며, 달걀 모양 또는 심장 모양이다. 겨울철에서 봄까지 흰색, 자홍색, 홍색, 담홍색 따위의 꽃이 피고 열매는 원형의 삭과(蒴果)를 맺는다. 관상용으로 온상 또는 실내에서 재배한다. 지중해 연안이 원산지다.(Cyclamen persicum)

지중해 연안이 원산지라는 이 외래의 명명을 반복해서 놓은 이유가 무엇인가. 굳이 그런 표현을 시집에 건 미학적 소이와 무의식을 우선 헤아려야 한다. 이는 이국 취향을 반영한 과잉된 의도인가, 관련 상식을 앞세우는 현학적 치기인가. 이들 의도는 시를 낯설게 하는 대표적 방식이지만 그런 만큼 상투적 의장이기도 하다. 정수경 시집을 관류하며 남다른 미적 지평으로 배치되는 꽃의 존재론에 유념해야 하는 이유가 여기에 있다. 시는 이렇다.

나는 나를 질투한다

저온성 무릎을 접어 직립의 감옥을 무너뜨린다
오렌지색 모자를 쓴 햇빛,
죽은 새들의 비행시간 수첩을 버린다

거꾸로 질주하는 핸들의 기적들
꿈의 씨앗을 심는 유리창들
무늬 없는 유리잔과 꽃무늬 물병이 지키는 식탁들

말랑말랑한 시간 버티는 콘크리트는
어둠 속 얼굴들이 잃어버린 목록,

저녁이면 부딪치고 금이 가는 것들은
뼈마디의 연골이 사라지는 순차적 크기

잠을 지운 빈 방들이
상처 난 지느러미 끌고 골목을 떠돈다

오래 충혈된 숨구멍들
그림자 부족의 울음을 대신 울고

환한 어둠이 홀린 고양이 푸른 눈
이중거울 속으로 사라진다

—「시클라멘 시클라멘—도시를 필사하다」 전문

보는 바와 같이 정작 작품은 시클라멘 외부에 존재한다. '도시를 필사하다'라는 부제까지 붙임으로써 식물의 형상에 기댄 모더니티의 감각으로 시상이 전개됨을 명시하고 있다. 파편화된 요설이 낯설거나 혹은 식물과 도시의 연관이 떠오르지 않는다면 꽃의 모양을 찾아볼 것을 권한다. 시클라멘의 시각적 이미지를 본떠 도시의 외관으로 미끄러지는 의뭉스런 구성을 확인할 수 있을 것이다.

이미 식물에 익숙하다면 행간에 도사린 비의적 심상과 도시, 그리고 화자의 내면이 맺는 관계에 주목해야 한다. 쇄말화된 이미지들은 도시와 관련된 개연적 연상을 허락하지 않는다. 질투와 관계된 시클라멘의 꽃말이 지시하는 것처럼 스스로를 투기하는 음울한 분위기만이 지배적인 정조로 부각되고 있다. 이는 곧 화자의 불확실한 내면 상태를 반영한다. 낯선 시어들 사이의 먼 미적 거리는 내면으로 깊숙이 침잠된 사변에 의해 조율된다.

이렇듯 「시클라멘 시클라멘」은 꽃의 형상을 빌어 시상을 이끄는 정수경식 상상력의 구조를 전형적으로 보여준다. 식물 스스로가 지닌 이국적이고 중층적인 물성이 비의적 시상을 환기하는 요소로 작용하고 있다. 이런 류의 작품은 대개 동화나 투사의 대상인 객관적 상관물에 집중하기보다는 시인의 내면 자체를 대상화하려는 의도를 지닌다. 들뢰즈 식으로 보면 화자 스스로의 '꽃-되기'를 시화하고 있는 것이다. 이 과정에서 '고양이, 모자, 새, 식탁'

혹은 거울의 '이중성' 등이 배치되어 있음을 기억하기로 한다. 이들 상징 장치는 정수경의 몽환적 시세계를 이끄는 단골 화소로 시집 전편에 반복되고 있기 때문이다.

02

『시클라멘 시클라멘』을 이해하는 관건은 실로 꽃-되기의 전모를 파악하고 감상하는 차원에 있다고 하겠다. 시집 대부분에서 다양한 꽃의 양태를 만날 수 있다. 식물의 상상력은 거대 담론의 시대를 거쳐 온 우리 시단이 새로운 세기를 전후하여 구성한 서정의 신지평에 해당되는 화두이기도 하였다. 그렇다면 정수경 시는 이를 반복하는 궤적 속에 놓인다고 볼 수도 있다. 하지만 그것은 전혀 다른 몸과 언어를 지닌다. 차원을 달리하는 꽃의 정동(affect)이 정수경 시세계의 것이라는 점을 주목해야 할 것이다.

꽃은 인식한다

꿈을 가둔 바람의 울타리와
식탁을 사이에 둔
책과 책장,
밖을 내다볼 수 없는 금기禁忌에 막혀

빛의 파장을 읽어가는 허공에
구름의 손가락이 건반 음계를 짚는

결빙의 지문 새긴
단단한 비늘조각 하나씩 벗을 때마다
물의 비책이 자라고
들여다볼수록 어둠을 확장하는 방

불면의 벽 뚫고 나온
목젖 누르는 탄성의 기억들까지

—「아린芽鱗」 전문

정수경의 꽃-되기 맥락에는 위와 같은 꽃의 인식론이 펼쳐지기도 한다. 이 작품은 아린, 즉 꽃과 잎을 보호하는 비늘의 운명을 식물적 입장에서 세밀하게 묘사하고 있다. 대상을 전유하는 방식으로는 꽃의 정동을 재현하기 어렵다. 그리하여 화자는 스스로 식물이 된다. 여기 등장하는 몇몇 소재들, 예컨대 '결빙, 금기, 벽, 어둠, 울타리' 따위는 비늘 조각에 쌓인 겨울눈의 상태와 존재적 질감을 가리키는 요소에 해당된다. 인간의 감각으로는 파악될 수 없는 식물적 신체를 현현하는 구상태이자 추상태인 것들이다.

이런 식으로 「아린」은 꽃의 인식을 드러내고자 한다. 인식을 매개하는 것은 언어이다. 꽃에게는 스스로의 몸이 언어라 하겠다. 아린의 형상은 꽃의 몸이요 식물의 언어인 것이다. 식물의 몸은 바람의 결을 음절이자 문장으로 삼아 자신을 표현한다. "바람 습성을 따라 나서는/ 꽃의 몸/ 계절이 편애하는 향료의 본적을 찾아"(「건너가다」) 떠도는 것이 그 운명이기 때문이다.

유월에 당신은
붉은 장미를 가장한 말의 이면에 대해 연연해서는 안 된다

잘 맞는 옷 입은 말은
어이없이 저쪽 담장에서 되돌아오는 일이 없기 때문이다

발설되지 못하고 입술에 선명하게 남은
꽃말의 보송한 날개에도 때로는 가시가 돋는다

그러나 말의 상처를 건드리는 일은 용납되지 않으므로
물 위에서 지워진 새의 발자국처럼 가시는 부드러워져야 한다

뿌리 없이 무성한 말은
투명한 물방울무늬 속으로 들어가는 저녁 무렵을 떠올리고

말의 잔치는 향기로운 꽃의 나날
검은 해가 꽃 피는 시절의 향기를 거두어 쓸쓸히 서쪽으로 쓸어간다

입술 기억하는 핏빛 말들이여, 허공을 떠돌다 떠돌다
적당히 무른 곳 찾아 밑줄 아래 그만 앉아 있으라

바람이 수시로 말의 그늘을 흔들고
구름은 발효된 침묵의 비를 뿌리며 지나가느니

시침과 분침이 유행처럼 지나가는 길목
어느 심장 지나온 꽃말이 장미의 種을 흉내 내고 있다

—「붉은 꽃말」 전문

한편 위 작품은 꽃의 언어를 직접적으로 다루고 있어 주의를 요한다. '붉은 꽃말'은 "붉은 장미를 가장한 말의 이면", "뿌리 없이 무성한 말", "말의 그늘", "어느 심장 지나온 꽃말" 등과 유비되면서 언어의 진정성에 반하는 이미지를 산파한다. 상대적으로 "잘 맞는 옷을 입은 말은/ 어이없이 저쪽 담장에서 되돌아오는 일이 없"다. 「붉은 꽃말」은 이처럼 꽃의 언어를 향하는 감각적 전이를 대비적으로 보여준다. 화자의 시선은 "시침과 분침이 유행처럼 지나가는 길목", 즉 모든 존재가 거처하는 장으로서의 시공간 속에서 모방을 벗어난 꽃말을 주시하고 있다.

그 밖에도 정수경 시편에서는 언어에 대한 강박과도 같은 집착을 쉽게 발견할 수 있다. 화자는 "불운을 탈피하고 싶은 진부한 문장과/ 사용 금지된 단어들// 책장에 꽂힌 책 중 어떤 것을 읽을지 결정하는/ 독서대가 나를 펼"(「꽃의 파문」)치는 자의식에 사로잡히기도 하고, "혀에는 아직 음운이 없었다/ 입술 열고 나오는 첫마디/ 젖이 발음되는 그때/ 비로소 피가 돌고

심장이 붉어"(「뿌리의 코드」)지는 식으로 꽃인 언어의 기원을 묘사하기도 한다. 이는 모두 "세상의 딸들이 불빛 없는 집안에서/ 풍화된 서사를 엮고 있"(「목적牧笛」)는 것처럼 자연의 이야기에 점철된 시선으로부터 빚어지는 형상이라 하겠다. 그리하여 꽃의 이야기는 화자의 운명과도 같다. "이제 내가 할 수 있는 건/ 나뭇잎 도톰한 입술을 무럭무럭 키우는 일/ 속도 줄인 파도의 문장에 귀를 던져주는 일"(「사소한 재생」)인 것이다. 한편 "매너모드에 갇힌 낱말들/ 날개를 파닥거린다"(「전화기 속으로 내리는 비」)거나 "매듭을 돌아나간 고요와 마주 앉은/ 말[言]을 잠근 생의 이면들"(「겨울 숲의 사육제」) 따위의 표현은 생의 일부로 점착된 언어에의 강박을 드러내 보인다.

지퍼는 빗나간 순서에 반항하듯 옷자락을 물고 있다
시간이 녹아 흘러내린다

저녁 목구멍이 햇빛을 삼키고
우울한 식탁에선 키 다른 젓가락들 키 맞추는 소리

잠은 청할수록 불면의 뒤란에 양귀비를 키우고
시간의 벽 뒤에는 꽃뱀이 숨어 있어

고양이 방울이 피아노 줄 고르듯 암호를 딸랑거리면
꽃뱀은 양귀비꽃 한 송이 꺾어 들고 잠 속으로 들어온다

지퍼 발자국에 모자를 벗어던진 빗방울
구름 속에서 발바닥이 간지러워 잠을 끌어다 덮을 때

불순한 꽃을 오려 만든 가면 쓰고
외진 밤, 붉은 심장을 부르며 새 떼가 날아간다

구름무늬 골라 딛는 당신 잠 속으로 또 다른 꽃을 물고

—「꽃으로 만든 가면」 전문

급기야 이 작품은 꽃의 가면을 쓴다. 지극한 파편적 이미지들이 결합되어 의미 구조를 형성하기에 그 실체가 무엇인지 단정하기 어렵다. 다만 꽃을 포함하여 '고양이, 모자, 새, 식탁' 등의 대상들이 서로를 간섭하며 배치되고 있음을 보게 된다. 모두의 「시클라멘 시클라멘」을 언급하면서 기억한 바와 같이 이들 소재는 화자의 사유를 이끄는 매개 요소들이었다. 이런 양상을 통해 정수경 시가 얼마나 치밀하게 혹은 강박적으로 내면의 이미지를 주조해 나가고 있는가를 확인할 수 있다.

시인의 꽃-되기가 완전한 변태를 거둘 수는 없다. 시인은 꽃의 가면을 구해 시를 쓰는 것이다. 우화등선을 향한 시인의 변태는 대개 위와 같이 꽃을 빈 퍼소나가 되고자 한다. "불순한 꽃을 오려 만든 가면"을 쓴 새들이 "당신 잠 속으로 또 다른 꽃을 물고" 비상하고 있다. 수면의 시간은 몽환적 분위기를 더하며 비의의 색감을 짙게 한다. 연속되는 일련의 잠투정과 같은 이미지들이 엇물린 지퍼처럼 불편하지만, 그런 몽환의 판타지가 「꽃으로 만든 가면」이 재현하려는 감응의 실체일 것이다.

결국 정수경 시가 꽃의 가면을 빌어 궁극적으로 추구하는 것은 꽃의 언어요 이는 곧 언어의 새로운 경계에 대한 모색이라 하겠다. 꽃의 언어를 향한 강박은 시인의 자서에서 이미 드러난다. 그는 "여전히 첫 문장을 찾아 헤매는 중"에 있다. "안과 밖/ 어느 쪽의 선택도 받지 못한/ 빛과 색,/ 고립을 견디는 처방 한 장 남겨주지 않은/ 점점 낯설어지는 이름들"을 향한 언어의 구도 과정이 그녀의 시쓰기인 것이다. 결벽과도 같은 언어에의 집착이 반복될 수밖에 없는 이유가 이로부터 확인된다.

03

이 집요하고도 중층적인 꽃의 변주곡을 주관하는 시의식을 규정하기는 쉽지 않다. 두드러진 현상으로 접근해 보자면, 꽃이 지닌 보편적 이미지와 달리 정수경 시편의 배면에 흐르는 어조는 우울하다. 이 우울함의 정서를 감각하는 것은 『시클라멘 시클라멘』을 감상하거나 이해하는 데 있어서 중요한 한 층위일 것이다.

실로 그녀의 시편들에는 왠지 모를 불안함이 있다. 낡은 음반을 볼 때도 "습관처럼 구월의 슬픈 저녁"(「오래된 음반」)을 부르고, 어느 예술가를 생각하며 "기울어진 내 슬픔"(「슬픔은 15도로 기울어진다」)을 공명하는 발상이 익숙하게 반복된다. 우울함의 배면에는 가족사로부터 비롯된 상처도 크게 자리한다. "북쪽에서 당도한 서책 갈피에서/ 엄마와 어머니를 읽는다/ 깍지 낀 손 안의 무릎은/ 외로움의 연대기/ 우리는 다만 시간일 뿐, 달이 기울고 있었다"(「퇴적층 유물」)는 연대기는 가족을 잃은 슬픔만큼이나 낮게 가라앉은 정서를 문자로 그린다. 모친을 보내는 아버지의 슬픔은 "마지막 제주祭酒와 겹쳐지던 생의 무게,/ 사소한 울음까지도 발효시키는 달구질소리"로 울리며 "결별의 문에 음각陰刻"(「음각」)으로 기록된다.

보도블록 균열을 뚫고 민들레가 안테나를 세우면,
땅의 근육을 밀어 올린 나무들은 저마다 귀를 활짝 연다

캄캄한 나무의 뼈들은 물이 던진 밧줄을 이파리 심장에 연결하고
선량한 시간 속 동면, 침묵을 꺼낸다

나무는 크고 작은 분수대
연초록 수도꼭지를 열어 콸콸 숨을 쏟아내는 이파리들 실루엣
몇 세기의 웃음이 출렁거린다

언제나 다급하게 물이 오르는 건 나무가 아니라 나였다

바람이 휘파람으로 신발 벗은 구름을 불러온다
숲은 구름이 벗어놓고 간 신발마다
꽃향기 화석들과 꽃뱀 웃음을 발라 신접살림을 차린다

나무들은 물 오른 어깨에 노랗게 익은 달을 앉히고, 호들갑스런 새들이
달의 일정표를 훔쳐보는 동안
꽃 지고 열매 낳는 것 어느 틈의 일이다

틈 사이와 사이가 공모해 나를 속여먹는 일은
날아가는 민들레 씨앗 같은 것

엑스레이 필름을 읽는 것보다 더 정확하게
내 표정이 판독당하고
빛 속에 드러난 한 줄기 불안은 책갈피에 스캔들을 숨긴다

불안은 친숙함이 녹아 있는 결정체,
누군가 놓고 간 과월호 갈피, 갈피에서 나는 안전지대를 모색 중이다

—「친숙한 불안」 전문

정수경 시편에서 인위적인 듯한 표현을 심심치 않게 발견하게 되는 이유도 근본적으로 불안한 정서와 무관하지 않아 보인다. 정형화된 기표로는 불안을 다스릴 수 없다. 하여 불안은 불안을 넘어 "친숙함이 녹아 있는 결정체"라고 한다. 이 역설의 감각은 어느 사소한 대상이라도 단순하게 묘사하지 않는 기술적 습관을 배태한다. 미시적 순간에 집중하는 정수경 시작의 특수한 패턴인 것이다.

위 작품에서도 여전히 꽃이 등장한다. '꽃뱀, 구름, 새, 시간' 등은 이제 정수경 시의 비의적 시상을 이끄는 익숙한 장치가 되었다. 그 속에서 화자는

보도블록 사이로 오른 우연한 민들레의 발견을 통해 꽃-되기를 시도한다. 식물의 귀와 뼈와 심장이 된 이상 "물이 오르는 건 나무가 아니라 나"이다. 꽃이 된 감각 속에서 "몇 세기의 웃음"은 순식간의 사건이 되고, "내 표정" 따위는 감정이라 할 수도 없는 불안함의 대상이 된다. 이러한 꽃-되기의 감각을 통해 불안은 친숙함을 응결한 결정체일 수 있는 것이다.

땅을 향해 내리꽂을 기세로 서 있었죠
혈관 서늘해지는
뱀 대가리 닮은 나는
비밀 간직한 이름 하나 얻었죠
어둠이 마녀처럼
반하半夏 하고 부르면
거문고자리 향해 목이 구부려졌죠
시린 모가지는 직녀성 품은 상처
완벽한 슬픔 친친 감고 동물성 풀씨로 떨어졌죠
대궁 속 무늬가 요약한 기도를 할 때
맨몸 파고드는 초록 피를 발견했죠
해 저물고 왼쪽 눈썹 지운 별이 떨어졌죠
민머리에 심지 돋우고
땅속 깊이 광대의 칼을 꽂았죠
소외의 혈통 물려받은
낮과 밤이 귀 막고 소리 내어 울기 시작했죠
유배의 땅에서 나는
타인 이야기처럼
비단 버선 벗어놓고 간
어미와 아비의 모자를 번갈아 써야 했죠

—「페인트를 섞다—이중모자」 전문

이 작품은 정수경 시의 경향을 구조화하는 대표적 작품 중 하나라고 할 만하다. 시세계의 전모를 전조하는 비의의 색감을 지님은 물론 시상이 전개되는 방식을 전형적으로 보여주면서 시집 모두에 자리하고 있기 때문이다. 주인공은 '반하'라는 식물이다. 페인트 붓을 닮은 반하의 외형에 포착된 시선은 식물의 생리를 교묘하게 빌어 '이중모자'를 쓰는 운명을 그려 나간다. 이중모자로 명시된 중층성은 자웅동주라는 식물의 생리를 넘어 작품의 비의를 더하는 의장으로 기능한다. 그 속에서 반(半) 여름에 싹이 나와 꽃이 핀다고 하여 "비밀 간직한 이름"을 얻게 된 유래로부터 특성과 종자, 생육 과정 등이 페인트처럼 섞여 반하의 운명을 구성하고 있다.

정수경 시의 이런 경향에 대해서는 시학적으로 다양한 평가가 가능할 것이다. 에둘러 보더라도 이러한 양상은 시적 경험의 구조적 한계를 반증한다. 요컨대 『시클라멘 시클라멘』의 대다수 시편들이 보이는 소재적 경향은 가족사와 자연에 할애된다. 정수경의 미시적 시선이 집착하고 있는 언어는 이들 진부한 소재의 미적 감각을 구현하기 위한 필연의 결과라고 볼 수 있겠다.

문제는 그것이 꽃말의 생성에 어느 정도 성공하고 있는가에 있다. 다시 「붉은 꽃말」을 보면, 화자에게는 "어느 심장 지나온 꽃말이 장미의 種을 흉내 내고 있"음이 안타깝게 비쳐진다. 말의 진정성을 향한 고투를 드러내는 표현일 것이다. 모방을 벗어난 꽃말이 어떻게 가능할 것인가? 르페브르가 쓴 『공간의 생산』에서의 비유를 빌면 한 송이 장미에게는 '왜'가 있을 수 없다. 한 송이 꽃은 자신이 꽃이라는 것을 알지 못하기 때문이다. 그러면서도 자연은 그 유일함으로 인해 작품이 되고, 이에 반해 기호와 이미지 등의 노동 기계는 자연을 살해하는 데까지 이른다. 이런 맥락 속에 정수경 시의 꽃-되기 장소 혹은 아틀리에가 전유해야 할 사회적 지평이 놓여 있을 것이다.

04

『시클라멘 시클라멘』은 꽃의 언어에 집중된 꽃-되기의 결정체라고 부를 만하다. 이 시집 중 꽃에서 벗어난 소재는 쉽게 보이지 않는다. 이는 역으로 식물의 범주 밖 작품에 주목하는 것이 꽃의 시학을 에두르는 유용한 수단임을 시사한다.

> 4늑골과 5늑골에서 기름을 제거한 근육이
> 경제면 물가상승 지표를 잡고 있다
>
> 상추 마늘 쌈장을 두른
> 명백한 휴식은
> 죽음의 들러리,
> 마지막 몇 줄 울음이 불판을 번역한다
>
> 기름진 일상 속에 꼭꼭 숨겨 둔
> 우연을 가장한
> 비린 생의 비밀이 풀밭으로 내려앉는다
>
> 혈류가 돌지 않는 불꽃의 시퍼런 침묵
> 우리檻를 벗어난 힘줄은
> 치열한 삶이 타는 아름다운 계명
>
> 실타래처럼 풀어진 완벽한 연인들
> 세 들어 사는 단칸방
> 웅혼한 냄새가 혀의 밀도를 점검한다
>
> 삼겹살은 일용할 양식에 대한 기도로
> 거룩한 작별의 팻말을 꽂고 있다
>
> —「기름기를 제거한 삶에 대한 구체적 진술」 전문

삼겹살을 소재로 한 이 작품은 드물게도 구체적 대상을 일상적인 언어로 묘사한 작품에 해당된다. "물가상승 지표", "비린 생의 비밀", "거룩한 작별"

등의 표현은 소재가 지닌 경박한 깊이를 상쇄하려는 "웅혼한 냄새"에 비견될 것이다. 이 작품에서도 부각되는 것은 결국 언어의 층위이다. 고기를 굽는 장면을 "불판을 번역"하거나 "아름다운 계명"으로 형용하는 데에서 언어에 대한 화자의 강박이 여지없이 드러난다. 이렇듯 이 작품에서는 "기름기를 제거한 삶"의 구체성이 정육점에 걸린 고기를 다루는 언어유희로 희화되고 있다. 그 과정에서도 꼼꼼하고 오랜 관찰로부터 빚어지는 언어의 빛나는 순간을 정수경 시는 놓치지 않는다.

새로운 것에 더 후한 점수를 주는
연습 없는 삶의 폭풍 속으로
붉은 눈물 냄새 나는 비경의 문을 연다

외지에서 하룻밤은 외풍이 세고
내 안을 떠돌아다니는 불면의 문장 끌어다
어제의 무릎을 덮는다

—「얼룩무늬 문장」 부분

내 어린 시절은 포플린 치마 끝처럼
도르르 말린 꽃잎,
갈증은 일상의 기억으로
메마른 땅에서도 석 달은 꽃 피울 수 있었다

암술 깊숙한 곳에 별을 숨기는 꽃들
하지만 나는 자줏빛 꽃술, 나의 중심을 밀어 올렸다

(중략)

멀어지는 두리안의 계절 뒤로
다시 펼칠 수 있는 치마가 없어 서러울 뿐

어린 엄마의 열여덟 번째 여름이
란제리 광고방송 자막으로 지나가고 있었다

—「루드베키아」 부분

한편 『시클라멘 시클라멘』에서 구체적 경험의 폭을 보여주는 시편들이라면 위와 같은 작품을 들 수 있다. 전자는 "파도의 땅에서 떠돌던 바람/ 커튼 얼룩무늬로 모여드는 땅끝마을 민박집"에서 머문 여행을 소재로 한다. 여기서 화자는 낯선 장소의 경험을 "불면의 문장"으로 전치하며 하루를 마감한다. 후자는 "캄보디아에서 시집 온 호츠은릉엥(18세)/ 남편을 살해한 죄로 수감"되었다는 화면 자막을 본 소회가 시상을 이끈다. 흔한 화단용 초화류인 루드베키아의 슬픈 전설이 결혼 이민자의 비극적 생을 유비하는 대상으로 전유되고 있다.

이들 작품은 여행에서의 소회와 타자를 향한 연민을 정수경 식의 절묘한 감각으로 형상화하는 경우에 해당된다. 언어를 다루는 시인의 재기를 확인하기에 충분한 기제라 하겠다. 다만 이런 류의 장치들이 지속적으로 반복되고 있다는 데서 일종의 수용적 장애 혹은 오해가 유발될 수 있다는 점을 경계해야 한다. 이러한 시편들의 패턴은 경험의 폭과 깊이가 이르는 수위를 반증할 수 있을 것이다.

『시클라멘 시클라멘』을 통해 확연히 드러나는 정수경의 시작 원리는 미시적인 관찰과 세련이라 하겠다. 이는 시인이 지닌 지배적인 감각임이 분명하다. 다시, 시인이 자서에 기록한 의미심장한 진술을 보면 "그들의 자취에/ 어눌한 나의 언어를 겹쳐놓는" 작업은 "살아가는,/ 사랑하는 내 방식"이라고 한다. 그 누구도 아닌 '나'의 방식이요 '인간'의 방식인 것이다. 그런데 내면으로 집중된 언어는 정수경 시가 궁극적으로 추구하는 꽃의 언어와 본질적으로 배치될 수 있다. 정수경 식 꽃의 정동은 내면의 언어요 '시쓰기'의 언어이고, 이는 곧 인간의 언어로 귀속된다. 반면 꽃은 리좀과 같은 다양성과 생성을 특징으로 지닌다. 그것은 생물학적인 종차 구분과 경제학적인 관계 구성을 벗어나 존재한다. 이때 내면의 개방은 인간의 언어가 경계를 넘어 리좀의 다양성을 현현할 수 있는 물리적 조건일 수 있다.

정수경 시가 구성하는 꽃의 경계가 스스로를 뚫고 생성의 지평에 오르기를 바라는 것은 독자로서의 기원이겠지만 그의 작품이 달라질지는 미지수이다. 정수경의 첫 시집은 개성적이고 단단한 시학을 이미 선취하고 있다. 꽃의 언어라는 감각이, 그 비의의 꽃말이, 아주 오랜 숙련을 거쳐 배태된 구심력으로 내면을 향해 견고히 작동하고 있다. 이는 정수경 시세계에 존재하는 식물의 장을 이끄는 강력한 중력이기도 하다. 고유한 또 하나의 천체가 이렇게 운동하는 중이다.

적멸 이후의 서정
—김승희의 애도법

01

죽음이라는 실존의 한계 앞에서 수많은 시작(詩作)의 순간들이 머물러 왔을 것이다. 적멸을 응시하는 숱한 흔적들은 그만큼의 추억과, 죽음의 감각에 비견될 언어라는 신체를 남겨 놓았다. 문학사가 지닌 절명시편들은 그렇게 죽음을 이긴 부활의 결과물일 수 있다. 존재 자체를 사유하는 유일한 현존재를 증거할 고도의 미적 구체태이기도 하리라 본다. 김승희의 열 번째 시집 『도미는 도마 위에서』(난다, 2017)는 이처럼 숭고한 비망록의 계열에 속할 21세기의 판본으로 우리 곁에 왔다.

김승희 시가 어느 제도에 의해 신서정의 기념비가 되었다는 소식은 일단 반갑다.(2018 한국서정시문학상) 하지만 그런 결과가 별로 새삼스럽지는 않다. 그는 10권의 시집을 상재하는 중에 개성적인 사유와 언어를 지속적으로 견지해 왔다. 이론과 창작 모두에서 독자적 지평을 전유한 시인을 두고 남다른 시적 성취라는 수사는 특별한 것일 수 없다. 현 단계 한국 문학장 내에서 운영되고 있는 각종 문학상의 외장을 보면 종종 부박한 상징자본적 욕망 혹은 모종의 팩셔널리즘만이 전경화된다. 무릇 시의 생성을 온전히 지시할 수 있는 제도적 양식은 존재하지 않는다.

시에 있어서 새로움이란 기존 범주를 넘어서는 내용과 형식을 뜻한다.

이는 일종의 무정형적 양태와 같다. 애시당초 예측을 불허하는 생성의 운동이기도 하다. 그렇게 볼 때 김승희 시의 신서정에 관한 해설은 아이러니한 이론적 욕망에 불과할지 모른다. 서정이라는 감각 자체가 설명적 언어를 통해서보다는 신체의 반응으로 현전하는 하나의 정동과도 같다. 가장 적실한 조명은 김승희 시가 재현하는 감각의 장에 기투하는 수용자의 몸들일 것이다.

기존의 시세계가 그래 왔듯이, 이번 문학상의 대상인 『도미는 도마 위에서』가 동반하는 서정 역시 다양한 스펙트럼으로 변주되고 있다. 그 중 두드러지는 화소가 죽음이다. 이 글 모두에 적멸의 비망록을 운운한 이유가 여기에 있다. 도마 위 도미라고 하는 표제의 상징 자체가 죽음을 환기하고 있지 않은가! 이런 기류는 시인이 근년에 주목해 온 문학적 지향을 반영할 수밖에 없다. 독자들은 "떠난 당신을 위해 세상의 모든 꽃들"('시인의 말')의 제사에 경도되어야만 했던 시인의 근황을 떠올리게 된다. 그렇게 볼 때 이 시집은 부재에 대한 성찰, 상처에 관한 반성의 장이라 할 만하다.

어느덧 시력 40년을 훌쩍 넘은 시인이 죽음을 묵상하고 있다. 완숙한 경험과 농익은 언어가 펼치는 서정의 세계가 오롯한 가운데, 장엄한 애도의 레퀴엠이 은은하게 울려 퍼지는 형국이다. 이를 감상하기란 쉬운 일이 아니다. 독자로서는 감각의 촉수에 날 세우고 온 신경을 집중해야 할 것이다. 지금 당장이라도 "머리 위로 떨어지는 칼"(「오른편 심장 하나 주세요」)을 그이의 시가 벼리고 있기 때문이다.

02

죽음을 정면으로 바라보는 김승희의 시선은 이미 첫 시집 『태양 미사』(고려원, 1979)에서부터 발견된다. 이러한 배치는 적멸에 대한 사유가 사랑을 잃은 전기적 배경으로부터 특화된 것만이 아닌, "예술의 말(馬)을 타고/ 알 수 없는 그림"(「그림 속의 물」)을 꿈꾸던 등단(『경향신문』, 1973) 무렵의

싱그럽던 그녀에게 이미 깊숙이 각인된 것이라는 사실을 반증한다.

> 나의 時間은 思惟 속에 싸이프러스를 키운다.
>
> 나의 끝나는 곳—밤이 끝나는 곳.
>
> 다시 태어나면
> 가장 빨리 달리는 태양의 말(馬)이 되고 싶다.
>
> 해가 되면
> 認識의 감옥수들을 가장 많이 비추리.
>
> —「죽음」(『태양 미사』) 전문

보는 바와 같이 김승희 시세계의 처녀지에 자리한 죽음은 생물학적 죽음이라기보다는 관념의 기제로 작동한다. 어둠의 지양, 인식의 재생 등을 희구하는 추상적 계기로서 전유되고 있는 것이다. 그런 까닭에 죽음의 표제 아래 죽음이 등장하지 않는다. '끝'은 적멸이 아니라 울창한 사이프러스 가지처럼 재생과 계몽의 주문을 분비해 낸다. 화자는 태양을 섬기는 제단 위에서 인식을 구원할 사도로 거듭나고, 죽음은 그 기꺼운 투신을 조명하는 배경으로 장식되고 있다.

40여 년의 진화를 거친 후에도 비의적 순간은 여전하다. 『도미는 도마 위에서』의 경우 죽음은 관계의 단절을 사유하는 상징적 대상으로 여러 차례 등장한다. 예컨대 "죽음의 문제는 죽음 혼자 풀 수 없고/ 삶의 문제도 삶 혼자서 풀 수가 없듯이/ 낮의 문제도 낮 혼자 풀 수 없고/ 밤의 문제도 밤 혼자 풀 수가 없다"(「아무도 아무것도」)는 진술에서, 죽음은 삶과 더불어 연기(緣起)의 존재론을 매개하는 시어가 된다.

죽음이 파생하는 기연의 범주는 중층적이다. 무엇보다도 "그렇게 당신은 나의 생인손"(「생인손」)이었던 사랑을 상실한 국면이 있다. 생손앓이와도 같이 모든 것들을 배경으로 물러서게 하고, 세상의 고통을 지배하는 것과 같던 '당신'의 부재는 시집 전체를 관류하는 우울을 전조한다. 죽음의 경계는 사회적 죽음으로 확대된다. 「손톱으로 가득찬 심장」, 「노숙의 일가친척」, 「세월호에서 산다는 것」, 「미선나무에게」 등은 고독사나 노숙자 문제로부터 세월호 사건과 미선·효순 사건을 아우르는 사회적 시선을 특유의 환몽적 구조로써 재현하고 있다. 한편 관계의 단절과 적멸에 담긴 아이러니를 일갈하는 선시류의 작품은 또 다른 결을 형성한다. "다 끝나서 속이 시원하다는 듯이/ 속없는 멍게가 노랗게 웃는" 이유가 "미끄러지는 쾌에 슬픔을 담은 까닭"(「멍게」)이라고 유비하는 맥락은 적멸의 순간에 공존하는 쾌감과 비애, 역설적 죽음충동의 메커니즘에 관한 우화처럼 읽힌다.

이상 연기론적 죽음 모두를 아우르는 『도미는 도마 위에서』의 지평이 있다면 그것은 애도의 시학으로 수렴될 수 있겠다. 애도에 관한 이론적 모색은 시인이 예의 주시해 온 방법론적 태도이기도 하다. 시인의 논저 『애도와 우울(증)의 현대시』(서강대학교출판부, 2015)는 이를 집약하는 대표적 결과물일 것이다. 이 책은 한국 현대시사에서 통시적으로 작동하는 애도의 사회학을 섭렵하고 있다. 여기에 김수영(1921-1968)이 등장한다. 저자는 김수영 시에 대해 "욕망과 피로 속에서 새로 발견한 사랑의 기술과 그 변주"라고 썼다. 시대적 애도 속에서 절망을 넘어서는 기교의 성취를 강조한 바 있는 것이다. 실로 김수영은 위악성의 포즈를 취해 시적 현대성의 극단을 추구하는 등 다양하고도 과감한 시도를 펼쳤다. 오늘날 현대시의 미학적 수준은 그의 도전과 성가를 크게 의심하지 않는다. 그런데, 이처럼 시대적 애도를 끌어안고 가닿은 시적 도약은 마치 김승희 시편 스스로를 형용하는 듯하다.

도미가 도마 위에 올랐네
도미는 도마 위에서
에이, 인생, 다 그런 거지 뭐,
건들거리고 산 적도 있었지,

삭발한 달이 파아랗게 내려다보고 있는 도마 위
도미
물방울이빨랫줄에조롱조롱

도미는 도마 위에서 맵시를 꾸며보려고 하지만
종말에 참고문헌과 각주가 소용이 될까?
비늘을 벗기고 보면 다 피 배인 연분홍 살결
그래도
고종명에 참고문헌과 각주가 소용이 되느니
물방울이빨랫줄에조롱조롱

도마가 도미 위에서
도미가 도마 위에서
몸서리치는 눈부신 몸부림
부질없는 꼬리로
도마를 한번 탕 치고 맥없이 떨어져
보랏빛 향 그윽한 산천
물방울이빨랫줄에조롱조롱

—「도미는 도마 위에서」 전문

시집의 표제가 된 이 작품은 김승희 시의 관성을 내용과 형식 면에서 응축한 구상태라 할 수 있다. 여기에는 죽음에 관한 추상과 언어유희적 감각이 마치 도마 위에 놓인 활어처럼 꿈틀거린다. 도미의 건들거리는 외장은 생이 지닌 영롱함을 역설적으로 유비하는 듯하다. 삭발한 달의 응시가 도마 위를 향하고 있는 비의적인 순간이 이를 의뭉스럽게 전조한다. 느닷없이 등장하여 이어지는 연 모두를 마감하고 있는 시행, 즉 "물방울이빨랫줄에조롱조롱"의 배치에 주목해야 한다. 이는 그 앞에 나열되는 상투적인 위악의 포즈를 일순간 소거하며 시적 비의의 국면을 연출한다. 띄어쓰기 없이 기호가 연속되는 유일한 시행인 것도, 도미가 처한 정황과 비약적으로 단절하는 시행인 것도, 모두가 남다른 시적 순간을 위한 고도의 장치라 할 수 있다.

이 시행에는 적멸의 중층성에 강렬한 정동을 부여하는 '시간'이 함축되어 있음을 발견해야 한다. 시인은 다른 작품인 「유일한 시간」에서 "무덤덤한 고요가 세상을 시계를 밀고 간다"고 표현한 바 있다. 그 고요하고도 유일한 시간 위에 "빨랫줄 위에 조롱조롱 햇살이 묻어 있다"는 발견이 연동된다! 이와 관련지어 보자면 「도미는 도마 위에서」의 마지막 시행은 고유한 시간이 응집되어 띄어쓰기의 거리마저 무화시킨 형상이라 하겠다. 그렇게 적멸을 넘어서는 서정, 짐짓 취한 위악적 애도 이면의 시적 생성이 '조롱조롱' 매달려 빛나고 있다.

03

그 밖에도 김승희의 시상이 섭렵하는 감각 영역은 실로 방대한 것이다. 국내 각 지역은 물론 미주와 유럽에 걸치는 장소성, 신화와 이론 혹은 환상과 현실을 넘나드는 상상력의 경계는 숙련된 독자의 상식 수준을 넘어선다. 예술의 각 장르는 물론 종교적 영성의 아우라에 이르면 해석의 길이 막막해지고 만다. 시어 하나를 곱씹어 새기는 시간 자체가 충분한 미덕일 것이지만, 나아가 한국 현대시가 지닌 서정의 경계를 확장하였다는 점에서 더 큰 자부심을 거론할 만하다. 서정시문학상이라는 제도는 제대로 된 임자를 만난 셈이다.

한때 시인은 자신의 노후를 시적으로 설계한 바 있다. "육십이 되면/ 나는 떠나리라/ 정든 땅 정든 집을 그대로 두고/ 장롱과 식기와 냄비들을 그대로 두고/ 육십이 되면 나는/ 떠나리라/ 갠지스 강가로"(「육십이 되면」, 『미완성을 위한 연가』, 나남출판, 1987)와 같은 다짐이 그것이다. 미련 없는 떠남은 허언이 아니었다. 김승희 시는 "어느덧/ 나에겐 나만 남았네"(「사랑의 북쪽」)와 같이 고립된 실존을 발견한다. 시인의 삶은 남편을 떠나, 자식을 떠나, "한쪽 발은 북극해에 다른 쪽 발은 라틴아메리카나 페루 해변가에"(「

낙천(樂天)」) 두는 서정의 세계에 현전하고 있다. 그런 삶을 비의적인 낭만으로 한정해서는 안 된다.

애도의 순간을 변주하는 제의 과정에 있어서도 삶의 구체성에 대한 이미지는 사라지지 않는다. 한때 김승희 시의 형용어구로도 기능했던 우울한 여성성의 상징, 예컨대 "나는 몹시 아픈 환자의 역할을 맡은/ 약물시음용 배우인 것만 같다"(「제목 없는 사랑」, 『달걀 속의 생』, 문학사상사, 1989)와 같은 현실 인식은 지속되고 있다. 여기에 비견되는 무수한 이미지들은 시인의 관심과 감각의 촉수가 가닿는 영역을 지시할 것이다. 그리하여 시인이 걸어온 시력의 도정 곳곳에는 희망의 메시지가 웅크리고 있다. "가장 낮은 곳에" 자리한 "그래도라는 섬"(「그래도라는 섬이 있다」, 『희망이 외롭다』, 문학동네, 2012)이 그 거점일 것이다. 김수영 식으로 부르자면 그것은 김승희 시가 기어코 버릴 수 없는 리얼리즘의 등마루(backbone)와도 같다. 김수영은 자신의 작품 「잔인의 초」에 대해 "죽음의 총성과 함께 스타트한 시"이며, '생명'과 '죽어라'의 대치를 통해 "이 작품의 리얼리즘의 백 본을 삼으려는 음흉한 내심"(「시작 노트 5」, 1965. 11. 1)을 품었음을 고백한 바 있다. 김승희에게 그것은 애도로 환기하는 재생, 저 낮은 곳에 실재하는 희망의 거점이 아니었을까.

꽃들이 펼치는 일련의 제의 행위에 동참한 이후에 남는 아쉬움이라면 반복되는 화소들이 상쇄하는 긴장의 수위를 들 수 있겠다. 시집 곳곳에 분포되어 있는 언어유희는 제의의 엄숙한 무게를 벗으려는 의도적 외연이겠지만, 미적 거리의 반감은 부득이한 변수일 것이다. 이미와 아직, 하필, 차라리 등 단어의 축자적 이미지를 감각적으로 활용하는 패턴 역시 이번 시집에서는 매너리즘이 되었다. 그럼에도 불구하고 변치 않는 김승희 시의 지대가 있다. 그런 영지는 구체적 체험으로부터 빚어지는 다스한 감각에의 기대를 부른다. "무서운 밤이 흰 떡국처럼 참 따뜻하다"(「한겨울 밤의 서정시」)는 서정의 언어가 여전하다.

애도의 시계는 시계 방향으로 돌지 않는다
시계 방향으로 돌다가
시계 반대 방향으로 돌다가 자기 맘대로 돌아간다
애도의 시계에 시간은 없다

—「애도 시계」 부분

애도의 장 위에서는 절대 존재인 시간마저 정위를 잃는다. 시간의 부재는 미결정의 충만한 시간이기도 하다. 항상적 시간은 희망에 가깝다. 김승희 시는 이미 "이제 병이 깊"은 '당신' 앞에서도 "희망은 종신형"(「희망이 외롭다 1」, 『희망이 외롭다』)임을 선언한 바 있다. 때로는 "희망도 짐이"(「벼를 세우는 시간」) 될 수 있음을 누구보다 잘 아는 이가 시인이다. 하여 "꽃이 도마에 오른다/ 말도 안 되는 희망이라니"(「맨드라미의 시간에」)와 같이 희망의 꽃도 도마 위에 오른다.

태양 제단을 향한 꽃의 등원은 죽음충동을 중층결정하는 최상위의 기제일 수 있다. 도마 위에 오른 꽃이 "타오르다 서서 죽"을지라도, 그것은 희망의 다른 이름이기에 늠름한 죽음이다. 기표가 재현하는 언어의 물성이자 서정의 본령이 그와 다르지 않다. "시퍼렇게 세운 칼날"(「미나리꽝 키우는 시인」)로서의 시가 환상의 제단 위에 오롯하다. 필자로서는 그런 비의적 상상이나 언어의 재기보다도, 기교를 낳는 절망보다도, 그녀의 깊고 그윽한 눈빛이 적멸을 넘어서는 신서정의 길을 강제하리라 믿는다. 애도의 시간은 영원할 것이다.

출처

이 책에 수록된 글들은 아래에 근거하여 수정, 보완되었습니다.

1부

문학적 문제화의 층위 : 『신생』 2019년 봄호.
경계의 안과 밖 : 『내일을 여는 작가』 2020년 하반기호.
문학장과 로컬 히스토리 : 『두타문학』 42, 2019.
문학, 운동, 로컬리티 : 『작가마당』 2017년 하반기호.
경계의 중층성 : 『경계』(『짭』 4), 2016.
해양문학의 현 단계 : 『신생』 2018년 봄호.

2부

스러져 다시 빛나는 : 심연수, 『국경의 하룻밤』, 강릉문화원, 2019.
생활의 시학 : 『인문사회과학연구』 6, 강원대학교 인문사회과학연구소, 2017. 6.
모더니티 너머의 계절 : 『문예연구』 2020년 가을호.
활자, 시어의 숙주 : 『동안』 2018년 가을호.
언어 너머의 감각 : 『애지』 2018년 봄호.
자화상을 변주하는 방식 : 『동안』 2020년 가을호.
어느 문학적 관포지교 : 류재만·이상웅, 『묵호에 진 부채』, 그늘빛, 2018.
혁명의 미학, 소설의 당위 : 『교산 허균과 난설헌 허초희 연구』 7, 교산·난설헌학회, 2020. 11.

3부

서정의 본령 : 최월순, 『그대의 즐거운 노래』, 머그, 2019.
장소의 정동 : 이애리, 『동해 소금길』, 시로여는세상, 2019.
시적 윤리의 모험 : 고완수, 『낯익은 초면』, 시시울, 2019.
신세기의 해학 : 한병석, 『애인 求함』, 문원출판사, 2015.
거울나라의 사설 : 『시와미학』 2015년 가을호/강희안 편, 『김영석 시의 깊이』, 국학자료원, 2017.
꽃말의 비의 : 정수경, 『시클라멘 시클라멘』, 현대시, 2015.
적멸 이후의 서정 : 『시를사랑하는사람들』 2018년 9-10월호.

제도 너머의 문학
남기택 평론집

초판 1쇄 인쇄 | 2020년 11월 25일
초판 1쇄 발행 | 2020년 11월 30일

지은이 | 남 기 택
펴낸이 | 조 승 식
펴낸곳 | (주)도서출판 북스힐

등 록 | 1998년 7월 28일 제 22-457호
주 소 | 서울시 강북구 한천로 153길 17
전 화 | (02) 994-0071
팩 스 | (02) 994-0073

홈페이지 | www.bookshill.com
이메일 | bookshill@bookshill.com

정가 15,000원

ISBN 979-11-5971-320-0

Published by bookshill, Inc. Printed in Korea.
Copyright ⓒ bookshill, Inc. All rights reserved.
※ 저작권법에 의해 보호를 받는 저작물이므로 무단 복제 및 무단 전재를 금합니다.
※ 잘못된 책은 구입하신 서점에서 교환해 드립니다.
* 이 책은 강원도, 강원문화재단 후원으로 발간되었음.